EL REGALO DE MIRANDA

LUJÁN ARGÜELLES

El regalo de Miranda

PLAZA JANÉS

Papel certificado por el Forest Stewardship Council®

Primera edición: febrero de 2025

© 2025, Luján Argüelles
© 2025, Penguin Random House Grupo Editorial, S. A. U.
Travessera de Gràcia, 47-49. 08021 Barcelona

Penguin Random House Grupo Editorial apoya la protección de la propiedad intelectual. La propiedad intelectual estimula la creatividad, defiende la diversidad en el ámbito de las ideas y el conocimiento, promueve la libre expresión y favorece una cultura viva. Gracias por comprar una edición autorizada de este libro y por respetar las leyes de propiedad intelectual al no reproducir ni distribuir ninguna parte de esta obra por ningún medio sin permiso. Al hacerlo está respaldando a los autores y permitiendo que PRHGE continúe publicando libros para todos los lectores. De conformidad con lo dispuesto en el artículo 67.3 del Real Decreto Ley 24/2021, de 2 de noviembre, PRHGE se reserva expresamente los derechos de reproducción y de uso de esta obra y de todos sus elementos mediante medios de lectura mecánica y otros medios adecuados a tal fin. Diríjase a CEDRO (Centro Español de Derechos Reprográficos, http://www.cedro.org) si necesita reproducir algún fragmento de esta obra.

Printed in Spain – Impreso en España

ISBN: 978-84-01-03513-5
Depósito legal: B-21.241-2024

Compuesto en M. I. Maquetación, S. L.

Impreso en Rotativas de Estella, S. L.
Estella (Navarra)

L035135

A la personita con la que comparto mi día a día,
el mejor espejo en el que mirarme
para seguir descubriendo la belleza de la vida.
Miranda, mi gran regalo

ÍNDICE

Introducción		11
1.	Mi hija, mi tesoro. ¿Y mi trabajo?	25
2.	No a las etiquetas, tu opinión no me define, te define a ti	34
3.	Verla crecer...	44
4.	Miranda es Miranda y Luján es Luján	51
5.	La crianza de hijos con padres separados	61
6.	Hoy me siento la reencarnación de una ministra	69
7.	Los sentimientos están, pero no lo pienso...	76
8.	Este cuarto es una leonera	83
9.	Mi hijo es un consentido	93
10.	Parezco un disco rayado: repite, repite, repite...	103
11.	Fenómenos paranormales	111
12.	Quiero... quiero... quiero... ¿qué quiero?	117
13.	La invasión de los piojos	125
14.	No es tan importante. Desdramatizar	131
15.	Miedo, tengo miedo	138
16.	El gran discurso de Miranda, hasta que llegó el miedo	147

17.	«Decidir», el verbo con más magia del castellano	153
18.	Miranda y el pelo con bollos	161
19.	Los carnavales de Venecia	167
20.	Exámenes y tareas del cole. ¿Me examino yo?	175
21.	El chat de madres	182
22.	La era de la tecnología y de la IA	190
23.	¡¡¡Por fin, vacaciones!!!	197
24.	El síndrome del nido vacío	204
25.	Las dichosas palabrotas	210
26.	¡Tierra, trágame!	218
27.	«Mamá, me he enamorado»	227
28.	Esto no es *First dates*, hija	234
29.	Hablemos de «eso»	242
30.	Ser competitivo y el mejor puede ser tu gran castigo	250
31.	No, porque lo digo yo	259
32.	El día del SÍ	267
33.	Análisis de las frases de madre y su aplicación en el siglo XXI	275
34.	Atención: FRASES TÓXICAS. No usar	284
35.	Luján suegra. ¡SOCORRO!	292
36.	Los sistemas familiares y el papel de los niños	301
37.	Se busca un político a la altura	309
38.	Ser optimista es una obligación	316
39.	Sentir presencia	327
40.	Tú sí que vales	334

POR CONCLUIR...	341
AGRADECIMIENTOS	347

INTRODUCCIÓN

Decir que tener un hijo te cambia la vida es una obviedad y, además, se queda corto. Por otro lado, son muchas las vivencias —y más los relatos— que se han hecho y se harán ante un episodio tan «sobrenatural» —entendiendo por ello, y en clave metafórica, que dar a luz una vida es algo mágico—. Cada uno de nosotros podemos dar fe, solo atendiendo a nuestro entorno, de la multitud de experiencias sobre la maternidad que hemos escuchado. Por eso, repetiré en varias ocasiones a lo largo de estas páginas que todo lo que escribo es sobre mi experiencia, mi manera de enfocarla, de encajarla, de abordarla y de exprimirla. No hay una única manera de ser madre o padre. Aquí está recogida la mía.

Podría decir, como gran titular, que fue un auténtico tsunami. Sin duda, un gran cataclismo emocional, personal y laboral no comparable con nada de lo que había vivido hasta ese momento ni de lo que he experimentado después. Lo calificaría como el gran aprendizaje, la mayor responsabilidad a la que me he enfrentado y el gran desafío que me ha planteado la vida. Y, fundamentalmente, el gran regalo que me ha hecho. Sin embargo, al principio no fui capaz de verlo ni entenderlo así. Para expresarme y que se comprendan con más profundidad las cosas que quiero exponer, utilizaré a menudo muchas frases que se han convertido en mantras y que me resultan muy útiles en el día a día. Lanzo algunas muy certeras:

«La vida la vives hoy para entenderla mañana». Fue lo que pasó.

«El alma necesita crecimiento, como crecen las plantas o el pelo. No puede estar estancada». Y eso era lo que iba a ocurrir.

«Cada momento de la vida es un milagro y un misterio». Estaba justo ahí, ante el misterio de por qué mi vida me colocaba ante ese escenario sin quererlo y ante el milagro que suponía la llegada de Miranda.

Pero empecemos por el gran día, porque se acumulan un montón de cosas que debería contar.

Nunca antes había pensado ni programado cómo sería la Luján madre ni en qué momento tomaría la decisión de traer una vida al mundo. De hecho, no tenía ni la menor idea de si iba a hacerlo algún día porque no estaba convencida de desear formar una familia ni había sentido la llamada de tener descendencia. Creo que, como muchas de mi generación, estaba educada en lo importante de ser independiente, desarrollar una carrera profesional sólida y aprovechar las ventajas de estar en un momento histórico en el que las mujeres «tienen voz y voto», así que, vivía enfrascada en esa vorágine sin pensamientos relacionados con churumbeles y hogares. Ya tendremos tiempo de analizar cuánto nos limitan o posibilitan las grandes verdades

Introducción

provenientes de nuestro entorno más cercano, y cuánto de ese entorno es artífice de las decisiones que vamos tomando con vistas al futuro... Ahora trato de explicarte y compartir cómo analizo hoy en día el porqué de lo que sentí o viví.

Lo cierto y verdad es que llegó por sorpresa y de sopetón. No había intención ni hoja de ruta y tampoco había un escenario donde encajar esa bienvenida. Se había convertido en un problema de Estado.

Pero llegó y se confirmó. Recuerdo que ni tan siquiera sospeché que estaba embarazada hasta que una sastra de la televisión hizo un comentario que, por otro lado, me molestó.

—A esta chica le ha cambiado el cuerpo, tiene las caderas más anchas —le dijo a mi estilista—. ¿Está embarazada?

—Qué cosas dices, Lara. Habrá cogido unos kilos. Tengo una relación de amistad con Luján. Si estuviera embarazada, yo lo sabría —contestó airado Antonio.

La sastra no se equivocaba. Yo no tenía ni idea de la buena nueva, puesto que llevaba años sin prestar atención al calendario de fertilidad. Posiblemente porque en mi subconsciente se había instalado la idea de la imposibilidad y porque no tenía ninguna intención de encontrar los días óptimos para darle continuidad a la especie. Cuando pienso en todo aquello, siento una enorme culpa por mi actitud. O más bien, vergüenza por mi inconsciencia. Reflexiono sobre la cantidad de mujeres que, en estos momentos, sufren el paso de los años y ven mermadas sus posibilidades —con la frustración de tener claro que desean ser madres y no conseguirlo—.

Pero también es cierto que cada uno de nosotros tenemos nuestra biografía, nuestra historia de vida y siempre hay un porqué, un por algo, un significado. Es recomendable, a una determinada edad, ser consciente de ello y encajar todos los interrogantes. Si no es así, tengo la sensación, después de todo lo que he vivido, de que no encontramos el sentido de la vida en su máxima expresión. De cualquier manera, hablar de este tipo de cuestiones sería objeto de otro libro.

Sigo con lo que estaba. Luján madre. Al salir de aquella prueba de vestuario para un programa que estábamos preparando, mi estilista me comentó el suceso. Repito que me contrarió el comentario. «¿Más ancha o más gorda? GRACIAS». Sin embargo, algo en mi cabeza me recomendó cerciorarme sobre la hipótesis de un embarazo.

—Mientras grabo en el plató hazme un favor, Antonio. Vete a la farmacia que está enfrente y compra un aparato de esos.

—Anda, no te obsesiones que te vuelves loca con cualquier cosa —me contestó.

—No, de verdad, vete porque el fin de semana pasado, un amigo bromeó con este tema y me estoy empezando a agobiar.

Atención a la palabra: agobiar. Eso era lo que me generaba tan solo el pensarlo. Entendamos que, si no está en los planes la llegada de un hijo a tu vida, solo la idea agobia.

Por resumir, esa misma noche se confirmó. Y lo cierto es que no lo acepté. No lo comenté con nadie, no compartí el resultado y las dos rayitas me parecieron un error o una broma que me estaba gastando la farmacéutica, así que, al día siguiente por la mañana repetí la prueba. Paseo a la farmacia, compra del dispositivo y volvemos a la carga. Dos rayitas. No había error, nada de bromas, Miranda era una realidad.

A partir de ese momento Luján empezó a cambiar. De hecho, lo sigo haciendo y es, precisamente, el gran motivo por el que escribo este libro.

Durante meses, encajar esa situación supuso mucha desazón. Personalmente, insisto, no tenía un deseo irrefrenable por convertirme en madre, no sabía si la persona con la que compartía mi vida era el gran compañero de viaje que me gustaría; profesionalmente estaba en un momento álgido y necesitaba prestarle mucha dedicación a eso; aún no había agotado todas las posibilidades que me brindaba la treintena; quería seguir acumulando experiencias y necesitaba libertad de movimiento; la casa en la que vivía era espectacular y cumplía todos los requisitos de una mujer independiente y expansiva que organizaba reuniones y fiestas con mucho *networking*, y donde un bebé estaría muy desubicado —era una construcción muy moderna y nada operativa para un niño—. Etcétera, etcétera.

¿QUÉ HAGO CON ESTO?
¿CÓMO LO ENFOCO?
¿CÓMO LO ASUMO, CÓMO LO ACEPTO, CÓMO LO GESTIONO, CÓMO LO COLOCO?
¿¿¿CÓMO PUEDE SER???

Ahora mismo, escribiendo sobre todos los interrogantes que me asaltaron en aquel momento, sigo sorprendiéndome del giro de guion que supuso la llegada de un retoño. Sigo maravillada por cómo he evolucionado en todos estos años; me quedo pasmada cuando me paro a pensar en cómo lo he interiorizado, y maravillada con el mundo que se abrió paso ante mí.

De hecho, he tomado unas notas de lo que significa Miranda en mi vida a día de hoy. Siento pudor al escribirlo, pero es tal cual lo he reflejado en el papel. Ahí va:

«He descubierto la grandiosidad y la belleza de la vida. Miranda es la portadora de conocimiento continuo y, sin lugar a dudas, la maestra que impartió mis primeras clases sobre la verdadera sabiduría».

¡Pero no lo sabía! La vida estaba haciéndome su mayor regalo y yo estaba ciega ante él. ¡Qué ignorante era y qué afortunada fui!

Tardé un tiempo en hacer el descubrimiento, en darme cuenta del camino de transformación que estaba haciendo y de la cantidad de regalos que iba a traerme. A veces ocurre que no nos percatamos del enorme potencial de los acontecimientos que nos tocan vivir y los analizamos desde las verdades absolutas del momento sin dar paso a nuevos análisis y perspectivas que son los que en realidad nos llevan a un nuevo crecimiento. Y ese es el sentido de estar aquí: crecer, avanzar y conquistar un nuevo «yo» a medida que pasa el tiempo.

Hablaba en un párrafo anterior de mi educación. Querría reflexionar sobre ello porque ¿hasta qué punto la historia de un país, de una sociedad, de un pueblo, puede influir en las decisiones individuales de sus miembros? Siendo más concreta, me gustaría saber con precisión cuánto impactó en mi forma de ver las cosas y en mi biografía ser hija de una generación marcada por la limitación de libertades para las mujeres. Me explico porque no quiero hacer un discurso político, solo entender que la educación que damos a nuestros retoños será la semilla sobre la que se desarrolle su vida —qué gran responsabilidad—.

Introducción

En mi caso, y en el caso de las mujeres de mi quinta, fuimos guiadas por unas madres, desde las más progresistas hasta las más frustradas con el rol social impuesto, que volcaron sus esfuerzos en recordarnos cada día lo importante que era ser independiente y libre, poder decidir y ser autónoma, formarse en la universidad y ejercer una profesión, dar prioridad a lo académico para luego tener el control de nuestras decisiones y la batuta de nuestra economía. Ellas fueron mujeres que no pudieron salir de la cocina, que descubrieron la democracia de adultas tras una dictadura y accedieron al voto después de mucho batallar. Señoras que asistieron a la aprobación del divorcio en nuestro país como consecuencia de lo anterior.

No pretendo lanzar aquí soflamas feministas ni alegatos contra el machismo imperante, solo intento recordar cómo fui educada, cómo era aquella Luján que se abría paso en la vida y por qué tomaba sus decisiones. Además, no es buena idea generalizar o dogmatizar.

Sin embargo, tampoco es buena idea olvidar sin aprender de lo vivido. Me he encontrado con demasiadas «señoras» de mi edad —ya tenemos unas cuantas arrugas— que comparten este mismo pensamiento. Tal fue el hincapié que se hizo en que entendiéramos el mundo de posibilidades que teníamos a nivel individual que muchas olvidamos la importancia de lo colectivo —pareja, familia, descendencia—. Empeñadas en realizarnos y tener casa y coche, iban pasado los años sin pensar en los óvulos.

(Si no estás de acuerdo con lo que acabas de leer, lo entiendo. Hay ocho mil millones de personas en el mundo y ocho mil millones de maneras de ver una misma realidad. Solo comparto aquí una de las hipótesis que me ha convencido del porqué llegué a los —casi— cuarenta sin plantearme una vida familiar. Es un problemón el bajo índice de natalidad que tenemos —no es una hipótesis, es una realidad—. Ahora pienso que hubiera sido maravilloso haber disfrutado de la maternidad mucho antes, pero estaba programada para alcanzar otras metas). Desde que fui madre se desencadenó en mí una necesidad de reconocerme y encontrarme, un deseo ardiente de volver a leer mi libro de instrucciones y sintonizar bien los canales. Sentía que estaba en otro *mood*, en otro pentagrama, en un escalón diferente y había llegado la hora de la metamorfosis. Estaba dentro de la crisálida y en plena transformación para convertirme en una mariposa. Al igual que ellas, los seres humanos vivimos nuestra metamorfosis de forma diferente —el tiempo de conversión depende del tipo de insecto o de las condiciones de temperatura—. En mi caso, estuve casi cuarenta años siendo una oruga y metida en el huevo de mis verdades limitantes. Pero se hizo la luz y di a luz a Miranda y a mí misma —es muy ñoño, diría que ridículo, lo que acabo de escribir, pero así fue—.

Cierto es también que durante este tiempo han cambiado muchas cosas en mi vida que me han llevado adonde estoy —siendo, *a priori*, grandes catástrofes emocionales—. Separarme del padre mi hija me supuso otro gran mazazo. La historia de una familia perfecta se rompió y los inconvenientes que ello conlleva son muchos. Entender que no era posible ser un triángulo perfecto pero sí un triángulo indivisible ha sido otro grandísimo nudo que hemos ido deshaciendo con el tiempo con el objetivo de caminar juntos pero no revueltos para acompañar a Miranda en su crianza y desarrollo.

Introducción

Es muy difícil convenir desde el desamor, pero se hace más sencillo cuando lo haces desde el desapego. Cuando no permites que tus emociones más destructivas se impongan y dejas paso a las que suman y aportan —a las que tienen que ver con la impresionante tarea de contemplar a un ser humano avanzar libre y sin bloqueos externos— eres mucho más capaz de perdonar y perdonarte por no haber conseguido ser un modelo perfecto. Te permite aprender y ser muy consciente de que no responder a las expectativas de un entorno tradicional no te convierte en un fracasado, un inmaduro o un inestable. Descubres un camino diferente de entendimiento y de avance que también es mágico porque te obliga a desarrollar la paciencia y a olvidarte del «yo» para priorizar el producto del «tú y yo» —que no es otro que tu hijo—. Parece un trabalenguas ¡y así es en muchas ocasiones en tu cerebro! Pero es crucial recordárselo en multitud de momentos para salir del bucle de tu intransigencia sumada a la intransigencia del otro.

Estamos asistiendo a una oleada de rupturas familiares que necesitan urgentemente asimilar el nuevo escenario que se abre. De no hacerlo, nuestros hijos son los verdaderos náufragos del tsunami que ello conlleva. Y es posible —y muy sanador para nosotros, los padres— hacerlo mejor, con más responsabilidad y amor. Recuerdo y subrayo el mantra que me guía por si puede servir en algo:

«Somos un triángulo indivisible por mucho que nos hayamos convertido en un triángulo imposible. Mi hija es tu hija y es un cincuenta por ciento de ti más lo mismo de mí».

No convivimos, no nos amamos, no nos acompañamos en nuestra biografía futura, pero hemos escrito el capítulo más bonito juntos, por y para siempre. ¿El resultado? El precioso diamante al que ambos tenemos que dar forma para que brille con toda su fortaleza y en todas sus caras.

Para concluir, llevo nueve años al lado de Miranda en modo apertura y aprendizaje. A través de ella y su proceso de maduración, vuelvo a colocar las piezas y a observarlas desde la madurez y la serenidad que me ha traído este momento. Sin olvidarme de la importancia de acompañarla con la mayor sabiduría que pueda, despojándome de todas las capas que se fueron creando a lo largo de mi trayectoria que no me permitieron ver con claridad la inmensidad de mi «yo» y de mi papel en esta locura llamada mundo. Ese mundo es un disparate fascinante que me divierte profundamente y del que no paro de absorber enseñanzas; y ha dejado de ser, por fin, un entorno opresor donde el ritmo está impuesto sin opción de salida. Es más, tengo la certeza de que estoy ante un videojuego en el que debo pasar pantallas con cada vez más nivel de dificultad. Si quieres avanzar, tienes que alcanzar una determinada puntuación, si no, te quedas atrapado en ese nivel.

Y con esa interpretación, intento que Miranda sea una experta *gamer*, al nivel de Ibai Llanos o Mikecrack, para que no pare de sumar puntos y nunca se quede anclada. Me gustaría que no tuviera que esperar tantos años como yo para descubrir todos los trucos del juego, así que se los voy chivando. Siempre a sabiendas de que algunos van a servirle y otros no funcionarán en su pantalla porque así es este dichoso entretenimiento en el que estamos. Nunca despejas todas las incógnitas y cada uno de nosotros tenemos que descubrir individualmente si nos funcionan las mismas estratagemas que al de al lado. Solo hay una norma común y eficaz: esta partida la ganas si te concentras en ser tu mejor versión, y esa siempre es el resultado de muchas pantallas anteriores —algunas cargadas de marcianitos a los que tienes que exterminar y otras con muchos comodines—.

Entramos ahora en la parte donde hablo de todo lo que aprendo con ella y de ella. Todos los pensamientos y reflexiones a los que me empuja. La gran cantidad de incógnitas que me plantea. Los innumerables escenarios sin respuesta que pone encima de la mesa. El sinfín de situaciones en las que me lleva a cuestionarme mis verdades absolutas.

En resumen, cómo me lleva sin proponérselo a encontrar la verdadera sabiduría de la vida: cuál es mi propósito y en qué medida puedo orientarla a encontrar el suyo.

Antes de eso, me gustaría agradecer a la editorial que haya considerado que mis vivencias y la forma en la que acompaño a mi hija en su desarrollo pueden ser interesantes. Debo confesar que, cuando me lo plantearon a raíz de una entrevista en la que comentaba el gran regalo que supuso Miranda para mí, me generó algunas dudas puesto que no soy ninguna autoridad en el mundo educativo, el *coaching* o el ámbito de la psicología. Sin embargo, después de varias reuniones, entendí que su deseo no era publicar un tratado sobre la nueva forma de educar o un estudio sobre educación responsable. Simplemente pretendían que volcara en unas páginas mis pensamientos sobre este momento de mi vida que había sido tan peculiar y tan constructivo. Entiendo que les sorprendía el cambio de paradigma que planteaba y cómo había pasado de ser una mujer exitosa pero que se confesaba perdida, a convertirme en una señora segura y apasionada con todo como consecuencia de un «problema de Estado» llamado Miranda.

Siguiendo esas directrices, arranqué a escribir capítulos recogiendo momentos, ideas, reflexiones o dudas que me van asaltando en mi faceta de mamá. Es un relato muy personal y seguro que muchas de las cosas que cuento no se alinean con tus teorías. ¡Fantástico! Todos estamos aprendiendo a protagonizar ese papel de progenitores, así que somos compañeros en esta tarea. Es de enorme utilidad que compartamos nuestras aventuras y les saquemos todo su jugo. Cuanto más nos preguntemos cómo preparar el siguiente capítulo, más respuestas iremos encontrando. Así que, cualquier apunte que pueda serme útil, estaré feliz de poder descubrirlo y aplicarlo. Aquí dejo mi mail por si alguien quiere compartir sus andanzas conmigo: lujanarguelles@hotmail.com.

Por último, puede ser que se queden temas en el tintero. Mejor. Ir descubriendo poco a poco todos los recovecos que esconde la fascinante experiencia de vivir es el mejor motor para el movimiento. Tener la certeza de que hay más sorpresas guardadas despierta nuestra curiosidad y nos impulsa a seguir. En consecuencia, saber que no conoces todas las respuestas es estupendo porque te mantendrá en modo aprendizaje y, por tanto, en evolución constante.

Nuestros hijos son una gran oportunidad que se presenta en nuestra vida para repasar cada esquina, cada pliegue, cada punto ciego que hay dentro de nosotros y que, de otra manera, puede que no decidiéramos explorar. De esta forma lo interpreté cuando me di cuenta de cómo mi cuerpo respondió ante la llegada de mi hija.

Después del cataclismo brotó una necesidad de cambio que me ha llevado hasta aquí, y estoy absolutamente convencida de que la responsable de mi nuevo «yo» fue ella.

Fue Miranda, mi gran regalo.

1

MI HIJA, MI TESORO. ¿Y MI TRABAJO?

Miranda es una prioridad en mi vida. Quizá es una afirmación que, como madre, no tiene mucho sentido que haga, después de lo dicho anteriormente. Sin embargo, es algo que me repito muchos días en mi vida. ¿Por qué?

Me encanta mi trabajo y no barajo la posibilidad de renunciar a él. Sería como abdicar de una de las misiones más importantes que tengo para desarrollarme plenamente como ser humano. Por tanto, es un conflicto que me asalta en muchas ocasiones. ¿Acudo a esta cena de empresa o doy una excusa —más o menos creíble— para quedarme viendo *Henry Danger* con ella? ¿Acepto este nuevo reto profesional o implica días fuera de casa y tengo que desestimarlo? ¿A qué hora pongo el cartel de «recibimos mañana»?

Leí una frase que veo que se torna muy certera. La comparto:

«Cuando dices que no tienes tiempo para nada o que tienes tiempo para todo, es que algo estás haciendo mal».

Si la analizo con detalle y la aplico a mi situación actual, se convierte en un mantra. Dar respuesta a las diferentes cuestio-

El regalo de Miranda

nes que me plantea la Luján madre y la Luján comunicadora implica tener tiempo para algunas cosas y dejar otras a un lado. O lo que es lo mismo, elegir —casi— constantemente. Con sinceridad, eso no es fácil para mí. Creo que, para la mayoría de nosotros, elegir implica renuncia, pérdida, sentir que avanzas en una dirección dejando otros caminos sin recorrer. Y da miedo equivocarse.

Sin duda, hay decisiones que no son determinantes y que resuelves en pocos minutos. Me suelo decir con contundencia: «Querida, la Luján comunicadora tiene que entender esto: ahora mismo, tu prioridad es Miranda».

El conflicto de mayor grado llega cuando se cruzan oportunidades que vienen disfrazadas de únicas. Esos proyectos que, a todas luces, son un escalón más en tu carrera pero que requieren esquinar a mi hija durante un periodo. Ahí sufro, me cuesta, me siento víctima y me pregunto ¿por qué a mí?

Normalmente, cuando tomas la decisión y pasan los meses, descubres que sigues siendo una mujer muy válida y sin limitaciones. Es decir, que nada es para siempre y que nunca dejan de llegar nuevas cosas. De repente, ese programa único y necesario para tu currículum ya no lo es tanto y aparece una nueva ilusión que sí es compatible con tu papel de madre. Pasado el tiempo, hacer de tu prioridad una brújula u oráculo tiene un resultado satisfactorio. No obstante, no te libra de volver a sentir una desazón enorme cuando vuelves a enfrentarte a una situación similar.

Cuando nació mi hija me despidieron de mi trabajo. No fue un despido al uso. Simplemente, el anuncio de que estaba embarazada y la no renovación de mi contrato en la cadena coincidieron. Para que se entienda bien, yo trabajaba en televisión. Estaba presentando diferentes espacios en el canal Cuatro de Mediaset. Corría el mes de diciembre de 2014. Mi vinculación laboral con ellos se revisaba cada dos años. Así había sido desde 2008. No tenía ninguna duda de que firmaríamos nuestro compromiso por dos nuevas temporadas y estaba absolutamente tranquila. Me equivocaba. Se anunció mi estado de buena esperanza en las llamadas revistas del corazón y la firma nunca llegó. Quizá no exista ninguna relación. De cualquier forma, dos meses después de nacer Miranda, volvía a estar trabajando para ellos. Y en diciembre de 2015 sellábamos un nuevo compromiso de dos años. Creo que no fue por casualidad… o quizá sí… No sé… da igual.

El hecho de no seguir vinculada a mi empresa durante la gestación fue un mazazo. Me salta a la mente el día en el que me encontré, con mi tripa de cinco meses, a un directivo de los implicados en el «no contamos con usted». Los ojos se me llenaron de lágrimas —que no brotaron porque controlé el dolor— y le expresé mi necesidad de hacer cosas, de que me tuvieran en cuenta. La petición cayó en saco roto. En esos momentos tan complicados, no conté con su apoyo. Fue durísimo y me produjo un enorme dolor. Sin embargo, creo que la herida que supuso todo este episodio fue la responsable del mágico cambio que he experimentado después.

Estoy absolutamente convencida de que ese sufrimiento fue la palanca que me llevó a desarrollar otras facetas profesionales que siempre había tenido y a las que no estaba dando salida. Por ejemplo: producir mis propios programas, hacerme socia de una productora, escribir formatos, enfocarme en el mundo de la em-

El regalo de Miranda

presa y los eventos, escribir un libro o cuidarme a mí misma para rescatarme. El dolor consiguió, años después, todo eso. Y la llegada de Miranda, de nuevo, mi gran regalo…

Por eso ahora siempre intento mantener mi mente en «modo espera». Le doy también al botón del «modo confía» y repito tres veces «la vida la vives hoy para entenderla mañana».

Desde antes de nacer, mi hija me ha estado enseñando y guiando. Me ha llenado el camino de túneles, *a priori*, sin salida, y ha conseguido que, de repente, viera el final y se hiciera la luz. Ha sido la responsable de empujarme a decidir y a avanzar. De soltar el victimismo y subirme al tren de las oportunidades. Antes de su llegada, caminaba siguiendo la ruta establecida y ahora cojo el GPS y elijo el destino. Suena un tanto exagerado —es que yo lo soy, soy muy expansiva y entusiasta— pero lo que es, es.

De cualquier manera, lo verdaderamente importante es que, con la llegada de mi compañera de vida —Miranda—, he podido descubrir que soy una mujer decidida y estoy dispuesta a escribir mi historia sin limitaciones o injerencias. Mi vida me pertenece. Mis decisiones son mías. El futuro me espera con múltiples finales para cada episodio, y Cervantes —que soy yo— se encarga de coger la pluma y escribir.

No obstante, el miedo está y aparece a pesar de tenerlo todo tan claro en apariencia. Vamos con algunos momentos clave en los que vino a visitarme con toda su artillería.

Mi hija tenía siete años. No hace mucho de esto. El motivo por el que los ejemplos son muy recientes es porque, cuando era bebé, me resultaba más fácil dejarla con mi madre y cumplir con mis compromisos. Ella no me preguntaba por qué ni me planteaba elegir. Yo sola daba respuesta a todo y organizaba mi calendario. Cuando fue creciendo la cosa cambió y ahora es muy diferente.

¿Por qué te vas, mamá?, ¿adónde vas, mamá?, ¿no puedes decirles que no, mamá? A través de la boca de Miranda, con esos interrogantes de si puedo o no puedo, la vida me lleva al límite y a la reflexión. En consecuencia, al aprendizaje. Pero sigamos con el relato.

Acababa de terminar un proyecto con TVE que había disfrutado mucho y había podido compaginar con mi vida —con mucho esfuerzo porque grababa fuera de Madrid y viajaba de madrugada para regresar en el mismo día—. Una vez a la semana dormía menos que los antiguos serenos, pero eso me resultaba mucho más fácil que eliminar la culpabilidad de no estar en casa. En cierta medida, me permitía compaginar todas las lujanes que hay en mí.

Sonó el teléfono y me comunicaron que tenían mucho interés en que liderara un proyecto de gran envergadura que se iba a empezar a grabar. No voy a dar muchos detalles sobre el mismo porque lo rechacé y lo puso en marcha otra compañera. Digamos que se trataba de la gran apuesta de la temporada en el horario de máxima audiencia. Me mostré encantada y me sentí superfeliz, solo que había un gran problema: tenía que estar tres meses fuera de España. Al oír eso, la alegría se esfumó y la incertidumbre dijo: ¡Hola!

Planteamiento de manera inmediata:

«Querida Luján comunicadora, sin duda, es una oportunidad impresionante. ¿Qué vas a hacer? La respuesta está en manos de Luján madre y, en estas cosas, ya has tomado la decisión de que ella sea el voto de calidad porque la prioridad es la niña».

Estuve un par de semanas dándole vueltas con muchísimo estrés y atormentándome por los posibles escenarios que tenía delante. El salario era muy alto y se trataba de un éxito claro y sin precedentes. Ese programa iba a triunfar seguro. Lo que suponía más ediciones en futuras temporadas.

La respuesta fue NO. Me costó y tuve miedo. Lógico. En cambio, poco después, otra nueva aventura llegó para hacerme olvidar lo anterior —que, por cierto, no tuvo la acogida esperada y no se renovó—.

El ejemplo que viene ahora también implica tomar decisiones. No tuve tanto temor al desenlace, pero me resultó muy complicado plantear mis necesidades.

Sonó el teléfono y me comunicaron que tenían mucho interés en que liderara un proyecto de gran envergadura. Lo de siempre, siempre cuentan lo mismo. Es paradójico que, luego, cuando pasan de ti porque consideran que no te necesitan, no te contestan nunca y tu profesionalidad no es tan grande —en esta frase hay rabia mezclada con ironía—. Continúo. Era una propuesta de Mediaset España para un programa en máxima audiencia en su canal Telecinco. Se titulaba *Vaya vacaciones*. Suponía viajar al Caribe durante veinticuatro días.

En un primer momento me entraron escalofríos y tuve la sensación de estar ante otra opción inviable —se avecinaba una negativa—. Sin embargo, me estaba precipitando a los acontecimientos y no estaba analizando todos los matices. Se hizo la luz.

—¿Cuándo me has dicho que se graba? —pregunté.

—Tienes que viajar el treinta de mayo y regresas el veintitrés de junio más o menos —me informó mi interlocutor.

Mi hija, mi tesoro. ¿Y mi trabajo?

—Para mí es un problema. Te comenté en nuestra reunión anterior que no voy a ponerme al frente de proyectos que impliquen irme de mi casa. Mi situación actual ha requerido que priorice mi familia y estoy en esas. Mi hija es muy pequeña y quiero estar con ella.

Solté abruptamente mi respuesta, probablemente debido al enfado que se apoderaba de mí ante una nueva pérdida en lo laboral.

—Sí, lo hablamos, pero son tan solo veinte días. Piénsalo y me dices. Es muy poco tiempo.

Colgamos y mi enfado se hizo mayúsculo.

«¿Poco tiempo?, ¿pocos días?, ¿piénsalo? Pero ¿ES QUE ESTE HOMBRE NO SE DA CUENTA DE LA IMPORTANCIA QUE TIENE ESTAR CON UN HIJO?», gritaba la Lujan madre mientras la Luján comunicadora la miraba con resignación y aceptación.

Gritos, rabia, tono elevado… Todo dentro de mi cerebro, claro. Hasta que pasaron unas horas y recuperé la serenidad. Ahí pude empezar a pensar. Hasta cierto punto, ese hombre tenía razón. Eran pocos días. En cierta medida, podía planteármelo y, quizá, embarcarme en ese proyecto. Además, era en el mes de junio y Miranda estaba terminando el cole. Por otro lado, en junio, los niños tienen muchos planes y seguro que no iba a notar ningún vacío. Podía recurrir a mi madre y no iba a suponer trauma alguno —¡benditas madres!—. Es más, ¿por qué no plantear que se viniera conmigo?

¡VUALÁ! —de la expresión francesa *voilà*—. Resuelto el laberinto emocional en el que me hallaba y contentas todas las lujanes.

Así fue. Vivimos una de las experiencias más bonitas en lo que llevamos de historia juntas. Aterrizó en Samaná —República Dominicana— el diez de junio de aquel año acompañada por una de sus mejores amigas. Vivieron una experiencia mágica, según comentan incluso hoy. Los compañeros con los que trabajaba se volcaron con ellas para que estuvieran bien —como auténticas reinas diría—.

Aprovecho para agradecer a la productora Cuarzo su entrega. A Juanra, Ángeles, Meritxell, Quique y tantos otros compañeros de viaje que las hicieron sentirse como diosas. Compartimos vínculo y trabajo. Pudo hacerse, se puede hacer. Soy consciente de que no es habitual, pero, de otra manera, probablemente no hubiera aceptado. O, de hacerlo, me hubiera sentido culpable por dejar mi casa durante tantos días…

De igual modo, si no lo hubiera aceptado la culpabilidad también me habría destrozado por seguir desaprovechando oportunidades profesionales… Son las travesuras que tiene la vida y su forma de ponerte al límite para que encuentres soluciones intermedias o entiendas que «no pasa nada, porque los meses venideros llegarán abriendo nuevos caminos».

Tengo que reconocer antes de terminar con mis aventuras, que plantear que Miranda y su amiga vinieran al rodaje hizo que me sintiera poco profesional cuando lo expuse. Pero tuve muy claro que tenía que dar un paso al frente. Soy madre y vivimos en una sociedad que, aparentemente, se preocupa por la conciliación y la familia. Era —es— mi prioridad y no alteraba en nada mis capacidades profesionales el hecho de que mi hija me acompañara. No tenía que arrugarme y esquinar ninguna de mis necesidades. Todas podían convivir. Así que, ¡vamos, que es tarde!

Por cierto, hay una frase que me ayuda muchísimo cuando pienso que lo que voy a explicar a continuación puede encontrar reticencias o pensamientos que me puedan invalidar como una buena profesional ante los ojos de otra persona que no conozca mis circunstancias:

«Los pasos que no das también dejan huella».

Lánzate y dilo. Los demás no están en tu cabeza y tú no estás en la de ellos; no sabes lo que puedan pensar de ti ni te debería importar.

2

NO A LAS ETIQUETAS, TU OPINIÓN NO ME DEFINE, TE DEFINE A TI

Me propusieron escribir este libro por un comentario que hice grabando un pódcast con mi amiga Carmen Fernández de Blas. En el mundo literario todos saben quién es. Editora de prestigio, con muchos títulos editados a sus espaldas, decidió bajar el ritmo profesional y dedicarse a su pasión, los libros, pero desde un punto de vista diferente. Cada semana se sienta con un autor y plantea diferentes temas a partir de los libros que ha escrito. En mi caso, hablamos de mi anterior publicación en la que cuento cómo ha cambiado mi vida después de un proceso largo —pero fascinante— de crecimiento personal.

Aprendí muchas cosas en ese periodo; entre ellas, el poder dañino que tiene etiquetar a los humanos. Como es lógico, muchos de esos aprendizajes los adapto, reescribo, reinterpreto y utilizo para contarle a Miranda cómo abordar los diferentes escenarios que le plantea su día a día. Sin duda, uno de los mayores desafíos a los que los niños se tienen que enfrentar es a la opinión de los otros. Paso a contar lo que dije en esa entrevista con Carmen.

—¿Es muy difícil, en una profesión como la tuya, no obsesionarse o fustigarse con las críticas sobre los programas que estrenas que lees en las redes, los *haters* y otros usuarios, o en medios especializados? —me preguntó ella.

—No ha sido un proceso fácil, pero todo se puede aprender, es cuestión de elegir las gafas con las que miras una misma realidad. Al principio, cuando trabajaba en la radio y abordábamos temas muy polémicos, normalmente políticos, recibía cada semana, casi en cada programa, diferentes críticas sobre los argumentos que íbamos planteando. Había incluso insultos y reproches muy desafortunados. Me afectaba muchísimo y lo sufría enormemente. Al llegar a la televisión, esa asignatura ya la tenía aprobada y con nota. También observé que, al ser la presentadora, todas las miradas apuntaban hacia mí. Así que cualquier opinión sobre lo que fuera, iba a ser como un misil en una guerra. Cualquier cosa que comenta el presentador, corre como la pólvora por la redacción, producción y dirección. Por eso decidí mantener la boca cerrada y, simplemente, presentar sin observación alguna. Al salir del entorno de la grabación, me di cuenta de que los espectadores comentaban o debatían en las redes sociales sobre todos los detalles del programa. Los favoritos eran: cómo va vestida la presentadora, cómo habla, qué le ha dicho al concursante, qué actitud o gesto ha hecho… Por eso también decidí mantenerme alejada de esos foros, no escribir y, a veces, ni tan siquiera leerlos. Ahora soy totalmente impermeable a los *haters* y no tengo ningún rifirrafe con ellos. No entro. Por otro lado, he aprendido que ese es un comportamiento extendido y que, desde la infancia, es una práctica habitual y, posiblemente, lógica.

A partir de ahí empecé a ejemplificar con lo que le digo a Miranda. Y de ahí surgió la idea de este libro.

Voy a desarrollar aquí esta idea que planteé en la entrevista: eso de que criticar es una práctica habitual. Desde niños, en el patio del colegio, hacemos y marcamos las diferencias. Empezamos a etiquetar.

Es lógico pensar —y está estudiado— que, cuando somos seres de luz —así llamo a los peques hasta que tienen unos ocho o nueve años— no tenemos un nivel de consciencia que nos permita entender el daño que estamos haciendo con una palabra. Tampoco tenemos ninguna fórmula para referirnos a lo que vemos. Solo aplicamos un filtro: lo que vemos es, o no, igual o comparable a lo que veo normalmente.

Si hay un niño diferente, más gordo, más alto, más bajo, pelirrojo, con rasgos asiáticos, con gafas o incluso celiaco —come diferente en el comedor—, el resto de los escolares se fijan en él, lo marcan, lo miran y comentan su diferencia. Sin maldad y sin voluntad de hacer daño, empiezan a cuchichear entre ellos sobre «lo distinto». Y la onda expansiva que se produce es inmediata. Ese niño es distinto y siente con claridad como todos los demás marcan ese detalle y fomentan los cuchicheos. Se ha desatado un ejemplo muy claro de poner etiquetas.

Insisto en que no hay voluntad de generar dolor, es simplemente una acción lógica en un momento en el que el ser humano no tiene otra fórmula para entender o describir qué ve en su entorno.

Si los adultos no abordamos esa conversación con nuestros hijos, esos niños se acostumbrarán a poner calificativos a las personas de manera automática. De forma natural y sin reflexionar o entender lo que eso significa, aprendemos a señalar. Por eso es tan importante explicarles el contexto.

Recuerdo una conversación con Miranda cuando me habló de una compañera de clase que era «distinta».

—Verás, cielo, es normal que no te des cuenta de lo que está ocurriendo, pero te voy a contar. Cuando estás poniendo tu mirada en ese rasgo en concreto, que Silvia es pelirroja, estás definiendo una realidad. Es pelirroja. El problema es que, como los demás no lo sois, os resulta extraño. Y no lo es. —Aviso para navegantes: cada vez que salga un nombre propio, que sepáis que es producto de mi imaginación.

—Bueno, mamá, ninguno somos pelirrojos, es diferente.

—Cierto, pero ¿es malo? —Ahí empieza el proceso de etiquetar.

—No. A ver, algunas de mis amigas dicen que no es un color de pelo bonito —respondió atribuyendo el comentario a otros, lo cual, también es habitual.

—¿A ti qué te parece?

—Nada. A veces bien, a veces no me gusta —dijo vacilando. Normalmente lo hace esperando mi respuesta.

—Perfecto, te entiendo. Hay días que sí, días que no. A mí me pasa igual que a ti con muchas cosas. Pero es importante que no olvides lo que te voy a contar. Es muy probable que a Silvia no le guste sentir que estáis hablando sobre su pelo todos los días. Seguro que se siente mal porque opináis sobre ella a sus espaldas. Además, ser pelirrojo es maravilloso, piensa en la Sirenita —a ella le encanta—. A ti te gusta mucho, ¿no?

—Sí, pero no es lo mismo. Ariel es una princesa —dijo complicando la conversación.

—Definitivamente, sí. Pero ¿te gusta la Sirenita? Para mí, es muy guapa...

—Es de mis favoritas, ya lo sabes, mamá, no lo había visto así, no me había imaginado a Silvia como una princesa. ¡Yo quiero tener el pelo de una princesa, mamá!

—Es muy guay, ¡yo lo quiero tener como Rapunzel, largo y frondoso! —Mi hija sonrió—. Además, no te olvides de que es tu amiga, y hablar a sus espaldas puede hacerle sentir mal. No es un tono habitual, pero eso no significa que sea bonito o feo, simplemente no es como el vuestro y por eso os llama la atención.

El lugar al que quise llevar a mi hija ese día era muy simple. Quería hacerle ver que su amiga no era en absoluto diferente, únicamente lo era dentro de su círculo cotidiano. También quería que pensara sobre la importancia de no hacer sentir mal a los demás con nuestras actitudes. Le hablé también de qué es una etiqueta y lo que podemos leer en ella —cosa que también comenté en el pódcast de Carmen—.

Una etiqueta no es más que una opinión de lo que es válido o no para la persona que la cuelga. Y una opinión es la interpretación que hace un individuo en concreto sobre algo. Pero TU OPINIÓN NO ME DEFINE.

Lo he puesto en mayúsculas porque es la enseñanza que he sacado después de leer muchos libros y escuchar a muchos expertos.

Cuando tú dices algo sobre mí, eso no es quien soy yo. Esa consideración de mí no me pertenece y no es verdad. Lo que me está desvelando esa etiqueta es cómo ves tú el mundo, cómo clasificas lo que ves en el mundo, en qué apartado lo colocas y cuál es tu percepción —buena o mala— de esa etiqueta.

No a las etiquetas, tu opinión no me define, te define a ti

Cuando Miranda y sus compañeros hablan del pelo rojo, describen la realidad y luego le ponen el matiz: bueno, malo, bonito, feo, común, raro… En función de la etiqueta que coloques, sabré si a ti te gustan los pelirrojos o no, si te parecen atractivos, si has viajado a Irlanda o Escocia —países con mayor porcentaje de pelirrojos— y de ahí que lo normalices o no. Una etiqueta me permite saber de ti, no me describe a mí.

Enseñarle a mi hija que clasificar a las personas o las situaciones puede generar dolor es importantísimo para que sea muy consciente de la responsabilidad de sus acciones. Pero hacerle entender, además, que todo eso es una radiografía de sus propios valores supondrá mayor aprendizaje y mucho más autocontrol.

Es habitual que mantengamos charlas de café con nuestros amigos en las que criticamos a unos y a otros. Solemos juzgar comportamientos, reivindicar soluciones o arreglar todo un país en nuestras reuniones. Descargamos toda la energía negativa que vamos acumulando a lo largo de la jornada atacando el juego del Real Madrid en su último partido como si fuéramos Mourinho. Y, desgraciadamente, no pensamos que ese lenguaje embarra, mancha, intoxica el ambiente y, además, hace más un relato de quiénes somos o el momento que estamos atravesando que de la realidad.

Cierro el capítulo poniendo ejemplos muy fáciles de entender.

—Cuando mi cuñado lanza todo tipo de exabruptos sobre su equipo de fútbol —inútiles, vagos, cantamañanas, etc.—, ¿lo son? ¿Pensarán lo mismo los familiares y amigos de los jugadores? ¿Tiene mi cuñado la gran verdad? Pues es simple. Para él, en esa jornada, esos deportistas son cualquier cosa menos profesionales que entrenan cada día y están federados y reconocidos por su club para desarrollar esa función. ¿Es así? Humildemente creo que la información que me da esa actitud es que mi cuñado está frustrado por algo, que algo se escapa a su control y que desata su ira contra los jugadores a los que cualquier otro día admira. Seguro que tiene algún problema que no es capaz de resolver, siente presión y, de ahí, un discurso tan beligerante sobre lo que se supone que es su entretenimiento más preciado. Claramente está comportándose como alguien intransigente o poco tolerante ante los errores de los demás. Quizá no es el mejor día del equipo. Pero nadie es perfecto.

—Cuando me enfado porque mi vecina hace ruido y no puedo dormir. El ruido no me gusta y necesito absoluto silencio para descansar. Algo que no siempre me pasa porque, en verano, duermo a pierna suelta en la playa tomando el sol mientras a mi alrededor hay gente que juega a las palas. Quizá el enfado está haciendo que me ponga nerviosa y ese nerviosismo me impide roncar como un mamut. Es cierto que mi vecina está montando jaleo. Igual no se da cuenta ni ha hecho las mediciones oportunas tratándose de paredes de pladur. A lo mejor no está y son sus hijos los que tienen el jolgorio. Pero, como no tengo más datos, no puedo concluir que es una maleducada, incívica, poco solidaria y nada consciente de los horarios infernales de los que trabajamos en una oficina. Mi enfado está dando información solo sobre mí, ¿verdad? No hay ninguna información clara sobre mi vecina, solo sabemos que hay ruido, pero de ahí a que sea una absoluta sinvergüenza hay muchos matices, hipótesis y opciones.

—Cuando Miranda me comenta que su prima es una mandona. Es muy normal que cuando juegan acaben en trifulca porque quieren cosas diferentes. Me cuenta que la prima quiere mangonear todo y es intolerable. En estos casos, volvemos con la cantinela. Al margen de lo que esté pasando, lo que está claro es que mi hija no está dispuesta a ceder, no tiene ninguna intención de llegar a un acuerdo y siente que es inadmisible la actitud de su prima. ¿Es mi sobrina mandona? Pues depende de lo que entendamos por tener un carácter contundente. Si entendemos que saber lo que quieres en cada momento y expresar tus intenciones con claridad es ser mandona, entonces lo es. Pero, ojo, que para mi cuñada puede ser la demostración de que su hija tiene mucha seguridad en sí misma y será capaz de conquistar el mundo con eso. No sé cómo lo ves tú, ¿es mandona mi sobrina? Tienes pocos datos, lo sé, pero busca y rebusca en tu memoria y seguro que recuerdas a alguien parecido.

Un último apunte que no quiero dejar pasar. Cuando mi hija ha sido víctima de una etiqueta —en el cole es un proceso muy habitual y se pasan el día clasificándose unos a otros— le hablo de la frase de Eleanor Roosevelt: «Nadie podrá hacerte sentir inferior sin tu consentimiento».

Con total probabilidad, vamos a ser objeto de conversaciones de nuestro entorno y vamos a recibir opiniones ajenas que nos etiqueten de esto o aquello. Seguramente sufriremos por algunas de ellas y, desde luego, a una niña como Miranda puede generarle mucho dolor. Por eso es importante desactivar el poder de las críticas vacías con una conversación más extensa que complemente a lo anterior.

Una etiqueta no solo NO te define, sino que, además, lo que te da fuerza o te destruye no es lo que dicen sobre ti, sino lo que haces con lo que te dicen. Lo que realmente nos daña es creernos esa opinión y dar nuestro consentimiento a la misma. He ahí otro aprendizaje muy poderoso.

Me gustaría recoger una fábula que arroja mucha luz sobre esta cuestión y nos enseña también sobre la actitud con la que responder cuando nos encontremos con personas que no solo verán una realidad adulterada por sus creencias o las gafas que se hayan puesto ese día, sino que, además, solo buscan tener razón:

El burro le dijo al tigre: «La hierba es azul».

Y el tigre le contestó: «No, la hierba es verde».

La conversación subió de tono y decidieron ir a ver al rey de la jungla, el león, para que decidiera.

El burro preguntó: «Su majestad, ¿a que es cierto que la hierba es azul? ¡Cuénteselo al tigre!».

Y el rey respondió: «Sí, así es, la hierba es azul».

El burro continuó: «Pues ese tigre dice que es verde y me molesta que diga eso. Castíguelo por sus mentiras».

El rey sentenció: «Tranquilo, ese tigre será castigado con cinco años de silencio por no estar de acuerdo contigo».

El burro salió corriendo a celebrar su victoria mientras el tigre, sorprendido, miró al león y le preguntó: «Majestad, ¿por qué me castiga? La hierba es verde».

A lo que el león contestó: «Ya sé que la hierba es verde, pero tu castigo no tiene que ver con los colores, sino porque no tolero que un animal valiente e inteligente como tú pierda tiempo discutiendo con un burro y, además, venga a molestarme con un tema así».

Moraleja: No pierdas el tiempo con opiniones ajenas que no te definen y con las que no te identificas. Es más, no pierdas ni un segundo con personas que únicamente quieren tener razón y no están dispuestas a ver otros matices o colores. Ellas solo buscan tener razón. Y de estas, hay muchísimas.

3

VERLA CRECER...

Siento mucho lo que voy a hacer ahora. Pido disculpas por adelantado. Pero este proceso de escritura me lleva hoy a necesitar compartir mis sentimientos en estas líneas. Quizá aparezcan aprendizajes, seguro que sí. Pero es más una reflexión personal de todo lo que he sentido a lo largo de estos años y lo que siento cuando la veo con su metro y cuarenta y dos —se me está haciendo muy mayor—.

La acabo de ver dormida en el sofá con toda su largura y los pelos en la cara. A veces se despierta muy temprano y no viene a mi habitación. Sabe que estoy en el salón escribiendo o leyendo. Soy muy madrugadora y pertenezco al «club de las cinco» —es una manera de referirse a las personas que nos gusta madrugar mucho porque entendemos que, a esa hora, la cabeza funciona a mucha velocidad—. Confieso que este año me retraso un poco y me levanto a las seis. En cualquier caso, es uno de mis propósitos a corto plazo. Quiero recuperar la magia de las cinco de la madrugada.

Pero no es este el tema. Decía que Miranda sabe dónde buscarme si se despierta antes de su hora. Lo ha hecho hace más o menos unos cuarenta minutos y ahí está profundamente entregada al sueño.

A veces me acerco a verla, como hace un instante, para asegurarme de que está bien. Es absolutamente fascinante observarlos mientras descansan. La ternura que desprenden, la inocencia que derrochan, la paz que emanan, el amor que despiertan. Me costaría encontrar un sentimiento parecido al que brota cuando ves a tu hijo en ese momento de quietud máxima.

Nunca he visto a un adulto manifestar esas mismas energías. Es como si, según van pasando los años, todo lo que nos ocurre se fuera grabando en nuestro semblante y se reflejara incluso cuando estamos dormidos. Puede que sea eso, no sé. Seguramente tenga mucho que ver también el hecho de que, en mi caso, nunca he querido a nadie de la misma manera. De ahí que mi mirada sea diferente. Es una posibilidad.

¡Atención, confesión! Nunca he querido a nadie de igual manera. Claro está que la manifestación de los afectos es muy variada. No podemos mezclar el amor de pareja con el familiar o con el amor a los amigos —que también se tiene, y mucho—. El listado de amores y los grados de entrega los tengo muy claros. Igual que los matices de cada uno de ellos. Pero, con todo, la dedicación que le procuro a mi hija es de una pureza máxima. Cierto es que hay momentos en los que la quiero matar —léase con la intención que tiene— y en los que me desespera, pero, si analizo mi actitud ante nuestra relación, la balanza siempre cae de su lado. He comentado muchas veces con mi *coach* lo que eso podría implicar en un futuro. Cuando alguien da todo por otra persona, puede haber un momento en el que pida la devolución de lo entregado. He observado en ocasiones, cómo hay padres

El regalo de Miranda

que, con el paso de los años, exigen a sus hijos que los cuiden o los tengan más en cuenta de lo que su vorágine de vida les permite. Suele ser siempre un tema de conflicto que lleva a las partes a distanciarse o, lo que es peor, a mantener relaciones muy tensas. Es una de las cosas que quiero tener en cuenta para que no me pase. Concentrarme en entregar sin esperar devolución.

Otro de los grandes conflictos del ser humano es, creo, la gestión de expectativas. Poner demasiadas esperanzas en la consecución de un logro imaginando escenarios con todo tipo de detalles que, en algún momento, se harán realidad. Luego no ocurre y la frustración nos lleva a albergar sombras dentro de nosotros que pueden terminar llevándonos a una gran oscuridad. De ahí que trabajo mucho en intentar no enfocarme en el resultado sino en el camino.

Con mi hija hago lo mismo. Procuro dar y caminar a su lado sin pensar en qué va a ocurrir cuando tenga veinte años ni esperando que, cuando yo no tenga la energía que tengo ahora, ella me devuelva, en forma de fortaleza, lo que yo le estoy entregando ahora mismo. Confío en que lo conseguiré, pero soy realista y sé que es cuestión de entrenamiento; no surge de manera natural, la mente hay que entrenarla para que responda como queremos.

Volviendo a cómo he vivido sus años de crecimiento, confieso que, aunque todo se va complicando según avanza en la vida, disfruto muchísimo más en este momento que cuando era un bebé. Son periodos distintos, claro está. Y, aunque tienen todos una magia muy poderosa, el hecho de poder compartir con ella prácticamente todo me resulta muy satisfactorio. Quizá esté manteniendo la actitud que acabo de criticar. Me explico. Pue-

Verla crecer...

de que las circunstancias actuales me resulten más atractivas porque me devuelve compañía, diálogo, experiencias… Somos un binomio que va avanzando y bailando juntas. De bebé, no tenía esos *inputs*.

Con todo, analizar cada sentimiento tampoco es una buena idea porque terminaría volviéndome loca y juzgándome por cada sensación. Así que lo voy a dejar en que, simplemente, para mí, lo que estamos compartiendo en estos momentos me llena muchísimo.

Vamos juntas de vacaciones y disfrutamos con la aventura, nos vamos de compras, hacemos la comida, nos divertimos practicando deporte, paseamos en patinete, organizamos la agenda y decidimos qué queremos hacer teniendo en cuenta los gustos de las dos. Es precioso y me reconforta verla cómo es capaz de negociar, ceder, exponer, acordar… Tengo la impresión de que tiene mayor capacidad de la que se le presupone para su edad. Es impresionante ver cómo se comporta. O será que es mi hija y la veo con unos ojos que lo adulteran y me hacen verla perfecta. Seguro que no, ella es perfecta y punto —léase con condescendencia—.

La llegada de Miranda a mi vida me ha hecho descubrir que podía ser mucho más empática, más sensible, más tolerante, más humana.

Cuando era bebé y se despertaba reclamando su biberón nunca sentí que aquello fuera insoportable. Si bien es cierto que fue muy buena y enseguida durmió hasta las seis de la madrugada del tirón, recuerdo alguna noche complicada, pero pocas. Y con todo, no lo vivía con cabreo o hartazgo. Lo hacía de manera natural; era algo así como «lo que tenía que hacer» sin más drama.

El regalo de Miranda

Cuando empezó a dar sus primeros pasos nunca se acercó a un mueble y lo tiró todo ni se dio de bruces con el pico de una mesa. Era como una modelo de pasarela que, muy pronto, pisó con pie firme. Pasé muchos momentos en modo alerta observándola por lo que podía pasar, pero enseguida me enseñó a confiar en ella.

Sus primeras papillas las preparé con todo el temor por las advertencias del entorno. Suelen escupir, llorar y resistirse a un nuevo sabor. Nada de nada. Le puse el babero y arrancó a tragar sin oposición de ningún tipo. Algún escupitajo que otro, pero me pareció divertidísimo —aprendí a convertirlo todo en normal, a ser tolerante—.

Su primer día de guardería fue con dos años. Uniformada y guapísima la llevé al centro y se mimetizó con el entorno en menos de lo que canta un gallo. Nunca hubo tensión ni negación. Le encantaba ir con el resto de los niños a disfrutar de la jornada de juego. De hecho, le sigue gustando mucho ir al cole porque se relaciona con sus compañeros y es una niña muy expansiva. Me da lecciones constantemente sobre empatía.

Aprendió a nadar «en un tris». Recuerdo que le contraté unas clases particulares y pensé que sería una tarea larga y difícil. La sorpresa llegó cuando, pocos días después de arrancar, ya estaba braceando y flotando sin mucha complicación. Saqué grandes aprendizajes de aquellos días. Era un pequeño ser humano enfrentándose a todo sin miedo ni barreras.

La primera vez que la monté en un avión estaba preocupadísima por su reacción y su posible dolor de oídos. Ni se inmutó. Hicimos el viaje con toda tranquilidad y paseando de aquí para allá sonriendo a todos los pasajeros. Igual que en tren. No puedo recordar la cantidad de amistades que hemos hecho en los trayectos. Habla con todo el mundo —lo escribo en presente porque lo sigue haciendo—. Tiene una gran sensibilidad para entablar conversación y establecer vínculos. Me enseñó y me enseña la importancia de socializar.

Las vacunas. Horrible momento en el que los padres tenemos los nervios desbocados y estamos a punto del ingreso. Siempre ha estado serena y escuchando a los médicos o enfermeras con sus consejos y sus palabras amables. Prueba superada. De hecho, la han operado en dos ocasiones y ha mostrado la misma actitud. Bueno, quizá en estos casos estaba más nerviosa de lo habitual. Igual estoy exagerando... ¿Estoy siendo honesta con mi relato?

Luján piensa y di la verdad.

Es cierto que me ha enseñado muchísimas cosas y que he desarrollado mucho mis capacidades —y lo sigo haciendo— en su compañía. Sin embargo, estoy relatando un cuento de hadas que no sé si se ajusta a la realidad.

Es tremendo cómo nuestra cabeza registra las vivencias. ¿Crees que lo anterior es cierto? ¿Piensas que fue tan maravilloso y mágico? ¿En serio que no has dudado? Da igual. No hace falta responder. Te reconozco que nada de lo anterior fue tal cual. Tuve mil problemas, mil momentos dificilísimos, muchas llantinas y demasiadas lloreras. Dudas aquí y allá, discusiones conmigo misma y con los demás, reproches a mí y al mundo. De todo. Pero ¿sabes qué? Hoy, viéndola dormir plácidamente en el sofá solo he sentido la necesidad de declarar en estas líneas mi amor incondicional. Ese es el motivo de mis mentiras. «Incondicional». Pienso que ahí se encierra el secreto. «Profundo» también podría describir mi sentimiento hacia ella. «Inquebrantable y auténtico». Ojalá nunca deje de ser así.

> **Nota:** *Perdón por este lapso, pero me apetecía escribir sobre esto y no he reparado en si tenía interés o no. Aunque, si lo pienso bien, lo tiene. Fundamentalmente, por el tema de la gestión de expectativas con nuestros hijos. Es un temazo. Piénsalo.*

4

MIRANDA ES MIRANDA
Y LUJÁN ES LUJÁN

Proyectar sobre tu hijo… ¡Qué gran afición de los padres! Yo no me libro de la quema, pero estoy intentando salir airosa de este patrón de conducta repetido por los progenitores y que, insisto, tengo la sensación de que está demasiado extendido. Con toda nuestra mejor intención, procuramos hasta el desaliento que sigan nuestros consejos y enfocamos todas nuestras ilusiones —y, a veces, nuestros deseos no cumplidos— con la obsesión de que los hagan realidad nuestros «discípulos». Esa sería una palabra muy adecuada para definir cómo los tratamos. Son una especie de discípulos a los que moldear a nuestra imagen y semejanza; los pretendemos convertir en lo que nos hubiera gustado ser a nosotros.

> **Nota:** *Nunca es bueno generalizar, pero pienso que está muy extendido.*

En mi caso, he notado cómo, en determinados momentos, mi Pepito Grillo grita desde lo más oscuro de mi subconsciente para que Miranda haga las cosas como las hice yo. Es uno de los mayores retos con los que nos topamos los papás y las mamás en el acompañamiento de nuestros churumbeles.

Aquí aparece otra palabra mágica en la reflexión que quiero compartir en este capítulo: acompañamiento. Creo que es la más importante para el desarrollo autónomo de nuestros hijos.

Ya he hecho alusión en otras ocasiones al verbo «acompañar» y su importancia. Ya he hablado de no cometer la tropelía de inmiscuirnos en demasía en el devenir de nuestros hijos por la vida. He hablado de injerencias e intromisión. Sin embargo, quiero volver a ello por las consecuencias tan devastadoras que puede llegar a tener. Educar a un hijo, para mí, es permanecer a su lado a lo largo de su existencia siendo un pilar y un refugio. Observando sus movimientos e intentando mitigar los golpes con comprensión y entendimiento. Soy plenamente consciente de lo duro que puede resultar ver cómo se equívoca y permanecer inmóvil. La cuestión está en que no se trata de no mover un dedo. Es más un tema de ser capaces de alejarnos de nuestro «yo» para permitir que se desarrolle el «yo» de nuestros hijos.

Quizá no esté encontrando las palabras para que se me entienda. Intento explicarme de otra manera.

En muchas ocasiones, somos incapaces de dejar que nuestro rebaño camine entre obstáculos dándose tortazos sin meternos hasta el fondo y redirigir sus movimientos con toda nuestra experiencia y sabiduría. Es normal. Ver que alguien va en dirección contraria y no pararle es difícil de asimilar. Más aún si se trata de un ser querido. Y casi imposible si el protagonista es tu gran tesoro —tu bebé—.

Miranda es Miranda y Luján es Luján

Soy una mujer adulta a la que le han ocurrido muchas cosas. Supongo que como a todos. En múltiples situaciones he perdido la brújula de la coherencia y he entrado directa en hoyos que podría haberme evitado. O no. Después de muchos años de reflexión con respecto a mis cagadas, he concluido que estas han sido absolutamente necesarias para llegar al punto en el que estoy. Han supuesto dolor, desaliento y tristeza. Con todo, me han traído hasta el día de hoy —jueves, ocho de la mañana de un mes de marzo (me gusta fechar los momentos)—.

El hecho de haber protagonizado tantos desatinos —confieso que son bastantes— me han convertido en la mujer que soy hoy y de la que me siento orgullosa. Más aún, han conseguido que tenga una actitud enormemente abierta a la aventura, al aprendizaje, al movimiento, al avance. A todos esos episodios de terror —ironía— tengo que agradecerles el haber despertado a una realidad que, para mí, solo me ofrece oportunidades y experiencias necesarias —las buenas y las malas, todas vienen a hacerme más grande—.

De ahí que, cuando me observo intentando controlar el timón de la historia de mi hija, me revuelvo y pienso dónde encontrar otra opción que sea mejor para ella.

Si pienso en mi crianza, mis padres han hecho lo que todos. Inmiscuirse en ocasiones y, en otras, dar la batalla por perdida. Pero, en cualquier caso, siempre he sentido que no tenía libertad absoluta para la elección. Y eso no me gusta. Soy un ser libre y con carácter al que es complicado pararle los pies.

Esa es, seguramente, la razón por la que me preocupa encontrar mi lugar en el acompañamiento de Miranda. No quiero repetir patrones, pero cuesta mantenerse al margen. Es cierto que ella aún es muy pequeña. Sin embargo, y por si acaso, ya estoy pensando en cómo debería hacerlo.

Cuando observo a mi alrededor los métodos empleados por otros papás me encuentro de todo. Aunque, muy habitualmente, veo que actúan tratando a sus hijos como a «discípulos» —la otra gran palabra de la que hablaba—.

Recuerdo un día en el que una amiga me llamó desesperada.

—Luján, no sé qué hacer —me dijo.

—¿Qué te pasa? —le contesté preocupada por el tono que estaba empleando.

—Mi hijo me ha dicho que no quiere trabajar en la empresa familiar y que no le gusta la carrera que ha estudiado. Que no quiere hacer un máster y que va a buscar trabajo en el mundo digital. Me insiste en que es lo que le gusta y que no va a perder más tiempo estudiando económicas.

—Uf, ya. Te entiendo. ¿Y qué piensas hacer? —le pregunté yo erróneamente dándole un poder que no tenía. Le dije qué piensas hacer tú, no qué va a hacer él.

—Pues, hija, ya le he dicho que no cuente conmigo. Que llevo muchos años pagándole sus estudios y que ya es tarde para venir con esas —me contestó airada.

—Te entiendo —repetí—. El problema es que tiene veintidós años. Puede hacer lo que le dé la gana. Tengo claro que no tiene cómo sobrevivir, pero se buscará la vida. Si de verdad está convencido, no te va a servir ninguna artimaña. Lo va a hacer —le comenté anticipando la tormenta que podía ceñirse sobre ella.

—No lo hará. No es económicamente independiente y está acostumbrado a vivir muy bien —apuntó.

—¿Le has dicho eso?

—¡Hombre, claro! Estaría bueno que ahora me salga con esas. No me fastidies, Luján. Ha hecho una carrera excelente con unas notas impresionantes. Ahora, si hace un máster, ya puede trabajar directamente en la empresa familiar. ¿Quién tiene esa suerte? Tiene el futuro asegurado, cosa que tú y yo nunca hemos tenido. Estos niños no se dan cuenta de lo dura que es la vida. No puedo permitir que se estrelle de esta manera.

Esta fue, a grandes rasgos, la conversación que mantuvimos. Y esta fue la primera vez que pensé en qué haría yo si estuviera en su lugar y Miranda me planteara un escenario parecido.

Está claro que nadie puede ponerse por completo en el lugar de otro. La frase «si yo fuera tú» es de las más desafortunadas que conozco. Nunca serás yo y yo nunca seré tú. Por tanto, carece de sentido. Pero la usamos muy frecuentemente. De cualquier manera, intenté recrear una conversación parecida con mi hija en el futuro. Y desde ahí, me di cuenta de varias cosas.

Nuestros hijos eligen caminos curriculares a muy temprana edad. Están en plena adolescencia cuando se plantea el dilema de qué elegir para hacer una carrera.

Sería de gran ayuda para ellos que, en ese momento, ya tuvieran su vocación muy clara. Pero me temo que, a esas edades, son pocos los afortunados.

Quizá uno de los errores que cometemos, como padres y como sociedad, es no dialogar con ellos desde bien pequeños sobre las cosas que despiertan su interés y les roban su atención. No perdiendo detalle ni ninguneando cualquiera que sea su ilusión.

«Quiero ser bombero, quiero ser astronauta, quiero ser peluquera, quiero ser músico, quiero ser ama de casa...».

El regalo de Miranda

Puede ser que, en todas esas afirmaciones, si ahondamos un poco, encontremos una primera pista de por dónde van sus intenciones.

Quiero ser bombero: le gusta trabajar en pro de los demás. Si fuera así, hay muchas profesiones en ese campo. Se me ocurre sanitario, cooperante, científico, incluso químico farmacéutico.

Quiero ser astronauta: le gusta la ingeniería o el universo y sus enigmas. Lo que nos llevaría a filósofo quizá, o podría ser meteorólogo, mecánico.

Quiero ser peluquera: podría ser una manera de empezar a caminar hacia una profesión relacionada con lo estético. Fotógrafo, cámara de televisión, diseñador, arquitecto.

Quiero ser ama de casa: le gustan la familia, las tareas del hogar, la cocina, la organización de una estructura —por qué no verlo así—. Con lo que podría llevarnos en un futuro a que nuestro hijo fuera chef, gerente de un hotel, profesor de primaria.

No sigo con la exposición porque únicamente pretendo plantear que, si fuéramos conversando con ellos sobre sus gustos a lo largo de los años, igual tendríamos —nosotros y ellos— más pistas para la elección del futuro. Es solo una idea, pero tiene su lógica, ¿no?

Miranda, de hecho, ya va mostrando interés por determinadas profesiones. Dice que quiere ser maquilladora. Soy consciente de que esta afirmación está muy relacionada con el hecho de que soy presentadora de televisión y ella ve, en muchas ocasiones, cómo el equipo que me acompaña en mi trabajo me maquilla, me peina, me elige el vestuario... Esas cosas de la tele. Pero, de ser así, será un pensamiento pasajero. O, el hecho de vivir esta experiencia en su infancia puede ser el germen de sus deseos profesionales venideros.

Dice, también, que quiere ser pediatra. Aquí nos encontramos con el hecho de que mi hermana es ginecóloga. Estamos ante la misma situación: ve a su tía en el hospital, con su bata blanca, su consulta y sus pacientes. ¿Será pediatra? Pues tampoco tengo ni la más remota idea. Pero son planteamientos que ella hace. Incluso ha ido más allá. Montará una clínica de pediatría en la que su primo tendrá participación porque él será podólogo y trabajarán juntos.

Sí, sé que sería la primera clínica del mundo en la que se mezclarían ambas especialidades, pero nunca se sabe.

De todo lo anterior, lo único que extraigo es que me gusta cuando me habla de lo que quiere ser e intento darle seriedad al tema. Está exponiendo sus primeras voluntades en cuanto a estudios y profesión. Lo que venga más adelante es una incógnita, pero no quiero repetir patrones de mis padres que, con toda su buena intención, nos insinuaban a todas horas las carreras universitarias preferidas por ellos para nuestra adultez. Repito, con toda su buena intención.

En mi caso el problema llegó cuando aparecí yo en mi adolescencia hablando de periodismo, radio, televisión y demás historietas. Lo ojos de mis padres se salieron de las órbitas. Normal. Un pueblo de Asturias de mil habitantes en los años noventa. Una hija con excelentes notas que planteaba una profesión nada normativa en aquel entorno… ¡Un auténtico problemón! —es comprensible—.

Por otro lado, suelo dar masterclass en diferentes universidades de periodismo y comunicación. En múltiples ocasiones me encuentro con chavales cargados de ilusión por desarrollar esta profesión. La mayoría muestran mucho desánimo porque su entorno les ha taladrado la cabeza con que es una carrera con poco futuro y yo, suelo brotar —ironía, ahora me extiendo—.

También hay muchos alumnos que vienen rebotados de otras carreras que no les han satisfecho. Las han estudiado, las han terminado, pero no se ven trabajando en esos sectores. Sus comentarios van en una línea parecida: el entorno los convenció de cursar estudios que tuvieran una salida profesional. Suelo brotar —ironía y paso a explicarlo—.

Para mí, la falta de determinación es la que tiene poco futuro. La falta de ilusión es la que exterminará nuestras posibilidades de brillar. La falta de apoyo en la búsqueda de tu propósito de vida es la que puede terminar convirtiéndote en un trabajador de ocho a tres con una única misión: salir corriendo de la oficina y vuelta a empezar al día siguiente. Lo que, en mi manera de entender las cosas, es un pasaporte directo a una historia vital de vacío y frustración, a no ser que encontremos otros universos en los que desarrollar nuestra creatividad y nuestro entusiasmo. Pero solemos meternos en el círculo de la desgana y terminar protagonizando una película con poco éxito de taquilla —algo nada interesante—.

Como resultado de todas estas experiencias temo que llegue el día que Miranda me hable muy emocionada de profesiones con poco futuro. Veo la secuencia, imagino el diálogo, siento cómo una fuerza todopoderosa me lleva a decirle «te equivocas» y vuelvo a mí para intentar no proyectar sobre ella. No sé qué pasará —lo he dicho ya—. Pero, una y otra vez, ensayo esta separata para tenerla muy interiorizada cuando me toque salir a representarla en el teatro de la vida.

Quiero terminar confesándome. Me gusta ser sincera —fundamentalmente conmigo misma—. Mi hija ya tiene exámenes y trae sus notas a casa. Algún sobresaliente, algún notable y —la última vez— UN BIEN.

¿Alguien puede imaginar cómo me sentí con esa calificación? No hace falta hacer el ejercicio. Me declaro culpable. Un calor intenso recorrió mi cuerpo hasta llegar a las sienes y ponerme morada. Tomé aire y ocurrió lo siguiente:

—Muy bien, cielo, has hecho un año muy bueno —afirmé.

—Mamá, ¿seguro? Siempre me dices que hay que estudiar mucho y sacar sobresalientes.

Con eso me desenmascaró y me recordó que, en ocasiones anteriores, le influía con mis verdades limitantes.

—Tienes razón. Siempre lo digo porque yo, de pequeña, sacaba sobresalientes, pero no tienes por qué hacer lo mismo. Te has esforzado, has estudiado y está muy bien, ¿cierto?

—A ver, sí, pero… no sé, mamá. Igual podría haberme esforzado más —declaró de manera inocente.

—Bueno, pues ahí es donde tienes que poner el foco, mi vida. Si crees que podrías haberlo hecho mejor y piensas que te haría sentirte mejor, hazlo. No te dejes llevar por la pereza. Pero siempre que sea así.

—Hombre, mamá, pues creo que sí, solo que ya es tarde —dijo un tanto abatida.

—Nooo, eso nunca. Esto es una anécdota. Te quedan muchos exámenes y muchas notas en los próximos años. Lo importante de todo esto no es una calificación, es la actitud. Si quieres algo, hazlo. Si no te sale, da igual. A la siguiente te saldrá. Insiste y lo conseguirás. Ahora céntrate en el verano y en hacer las tareas que te han dicho que hagas estos meses. Cuando las estés haciendo, piensa en esto. Nada más.

Me sentí aliviada después de hablar con ella. Me di una lección a mí misma de cómo quiero enfocar las cosas. Me sentí mejor porque entendí con este simple pasaje que mi hija es un ser diferente a mí y que mi función es, exclusivamente, atenderla, acompañarla, ayudarla si toca y empoderarla siempre. Es una conversación un tanto compleja para una niña de su edad, pero estoy segura de que asimiló todo su contenido. Confío en ella. Ese es el mantra: confío en ti, confío en ti, confío en ti.

Tengo otro: tu vida es tuya, tu vida es tuya, tu vida es tuya.

Y un tercero: te quiero, te quiero, te quiero.

Aun a riesgo de parecer una ingenua a ojos de muchos, quiero acompañar a Miranda desde la serenidad y la templanza. Sabiendo que ella es dueña de su vida, queriéndola mucho y confiando plenamente. Para eso estoy haciendo todos los esfuerzos que hago y para eso me trago decenas de libros de «cómo educar a tu hijo». Sí, sí, con los libros parezco el premio Récord Guinness de engullir hamburguesas —existe, lo vi en *Callejeros*—.

Nota: *Volviendo a mi amiga, las empresas familiares son una suerte. Partes de la casilla de la seguridad. Tienes trabajo garantizado, pero siempre y cuando te haga vibrar, te haga feliz y consiga realizarte. Si no, partes de la casilla de la condena. Creo.*

5

LA CRIANZA DE HIJOS CON PADRES SEPARADOS

Qué gran reto es ser padres, ¿verdad? Es una prueba de fuego para cualquier pareja. A partir del día en el que aparece un niño, comienzan los acuerdos y pactos, los desacuerdos y los puntos de fricción, las cesiones... Diría que hay más negociaciones cuando nace un hijo que, últimamente, en el Congreso de los Diputados para hacer gobierno —broma... y doy el año en que escribo esto, 2024, para que te ubiques cuando lo leas—.

Decidir qué es lo mejor para la educación de un hijo revela detalles del otro progenitor que nunca antes habías detectado. Supongo que no nos comportamos igual como seres independientes y libres de responsabilidades que como seres adultos al cuidado de un bebé.

Es muy frecuente que los recién visitados por la cigüeña digan que tienen multitud de discusiones y que les cuesta mucho mirarse como lo hacían antes. Aviso que, según pasan los años va siendo más complicado porque los episodios que se presentan vienen acompañados de tanta complejidad y hay tantos puntos de vista, que la cosa se pone fea. Con todo, el día a día de los progenitores es convenir, acordar y negociar.

Si además de lo anterior nos encontramos con padres separados, el guion de la historia empieza a tener tintes de tragicomedia. No quiero banalizar con esto porque soy bastante contundente y tengo una opinión muy clara. Pero como sé que, en mis siguientes líneas, seré —seguramente— un tanto talibán, quería empezar con humor.

Actualmente, son muchos los casos de personas que han tomado la decisión de disolver su relación como pareja y tienen que mantener su vínculo inquebrantable como progenitores. Ojo, que no soy una persona inocente, así que sé que lo de inquebrantable es... a veces... o más bien, las menos...

Asistimos a una época en la que, con tanto divorcio y ruptura, hay que establecer una nueva forma de convivencia para esa familia que, ahora, empieza a desarrollarse por separado. Tiene que organizarse una nueva estructura: custodia compartida o no, periodos vacacionales con papá y con mamá, reparto de los bienes, pensión de alimentos, gastos extraordinarios...

Si la pareja «adulta responsable», léase madre y padre, se comporta de forma responsable, puede que se solventen los temas mencionados en un convenio regulador que se pacta y se respeta. Un juzgado de familia emite la sentencia y avanzamos. Pero podemos encontrarnos ante una lucha sin cuartel que no acaba nunca y que siempre trae heridos —que, por otra parte, no son otros que los hijos—. Al margen de que las cuestiones prácticas se diriman con mayor o menor acierto y diligencia, podemos convenir todos en que estamos ante un episodio con una carga emocional complicada para nuestros hijos. Eso es así.

La crianza de hijos con padres separados

Además de lo expuesto, también nos encontramos con padres o madres que hacen «mutis por el foro» en cuanto a lo que tiene que ver con el cuidado de sus hijos. Conozco múltiples historias donde una de las partes ha decidido desaparecer para siempre y no asumir ninguna responsabilidad. En otras ocasiones es aún peor; no ayudan en nada, pero hacen acto de presencia para mantener disputas con su antiguo «amor» —ahora ex—. Me gustaría detenerme en todos los escenarios. De hecho, creo que TODOS deberíamos hacerlo. La sociedad en su conjunto debe plantearse qué está pasando con sus hijos cuando nos separamos.

No quiero herir sensibilidades de nadie así que hablaré de personas y no de mujeres u hombres. En todos lados hay de todo, en todas partes cuecen habas y nunca hay regla sin excepción. Por tanto, al margen de lo que dicen los estudios sobre todo este tema —quien lo quiera saber que los busque, están— es muy importante reflexionar sobre ello sin ponerle sexo ni condición.

A estas alturas de nuestra vida ya sabemos que la convivencia es muy complicada. Ponerse de acuerdo es difícil en todos los entornos: laboral, familiar, social… Y, como respuesta, hemos organizado un mundo muy carente de empatía y diálogo, muy cargado de soberbia y ego, y muy huérfano de amor. Practicamos el desapego constante, una actitud que está muy bien pero no aquí. Es como si, ante nuestra incapacidad para comunicarnos y entendernos, hubiéramos elegido el camino de en medio, presos de esos movimientos pendulares de los que ya he hablado —irse de un extremo a otro sin conseguir nunca el equilibrio—. Del amor incondicional para toda la vida y «hasta que la muerte nos separe», a relaciones rotas en cada esquina.

El regalo de Miranda

Es URGENTE que apelemos a la sensatez ante este panorama. Por supuesto que estoy absolutamente de acuerdo en que una relación insana y destruida debe deshacerse. No seré yo quien diga lo contrario estando separada del padre de mi hija. Pero los mayores han de solucionar sus mierdas —perdón, pero me sale la vena canalla cuando pienso que un niño está sufriendo— al margen de los pequeños de la casa. Hay que proteger a nuestros hijos de la rabia acumulada por personas adultas y alejarlos del campo de batalla. Sería deseable «no ir a la guerra» cuando dos personas se despiden para siempre. Pero no soy ingenua y sé lo que hay.

Me resulta indignante asistir a casos en los que los menores son utilizados para las contiendas económicas, las refriegas por la vivienda o las disputas por quién paga qué. Sé que todo es muy complicado y hay que ser cuidadoso con las opiniones. Pero me harta que los niños sean el trueque cuando dos personas con pelos en los sobacos dejan de quererse para siempre. Perdón por la mala educación, pero no me controlo ante este tipo de tropelías.

En mi opinión, es un drama lo que está pasando con las relaciones de pareja y la gestión que se hace del producto de aquel amor. Se nos olvida que «el producto» son esas personitas. Nacieron como resultado del amor o, por lo menos, de la responsabilidad. Algo bien distinto al odio y al rencor que se impone después. Es vergonzante que, como adultos, seamos incapaces de tomar distancia y pensar en ellos.

Conozco un montón de personas que están en esta situación. De ahí que sea tan contundente. Pido disculpas y voy a lo que, realmente, quería comentar en estas líneas.

La crianza de hijos con padres separados

Miranda es hija de dos personas que decidieron seguir caminos separados desde que ella era muy pequeña. Intentamos que no le afectara y que pudiera avanzar sin ningún tipo de herida o vacío provocado por esa situación. Y en esas estamos. Quizá no lo consigamos. Seguro que no. Pero también me consuelo pensando que todos tenemos heridas de la infancia y no somos hijos de un divorcio. Tendrá estas u otras lesiones —nadie se salva—.

Para mí, el secreto para que pueda avanzar por el periodo por el que está transitando ahora es darle todas las herramientas para que camine segura y con confianza. Me preocupa esta parte, fundamentalmente, mucho más que si su padre y yo estamos en pareja o solteros. Me enfoco en que no se sienta perdida y con falta de apoyos ante la ruptura del triángulo familiar que formábamos. Evito cualquier trifulca como las que comentaba e intento mantener una actitud madura y despojada de sentimientos hacia su padre como expareja sentimental. Quiero decir que procuro que lo que fuimos como amantes no interfiera en lo que somos como padres responsables. Pero tengo que reconocer que plantea escenarios difíciles, renuncias y mucha dedicación por las partes.

Como madre, estar cada día con mi hija es un regalo, pero, nuestra situación implica tener una infraestructura que lo sostenga, así como mantener una agenda muy organizada —al milímetro—. Suelo priorizar las salidas del cole de mi hija a cualquier cosa, lo cual no es fácil porque te pierdes reuniones, incluso opciones laborales.

Como madre, pretendo estar presente todo el tiempo y que Miranda nunca sienta falta de referentes. Es, también, un galimatías porque necesitas mucha cobertura familiar y te pierdes muchos momentos para ti como mujer independiente —es decir, al margen de la maternidad—.

Como madre, tengo sentimientos de culpa si no llego a todo y estoy pendiente de todo lo que tenga que ver con su vida social —cumpleaños, fiestas del cole, obras de teatro, exposiciones de manualidades... Yo qué sé, todo lo que hacen en su día a día—. Me satura ese sentimiento, me agota, pero estoy consiguiendo controlarlo porque ella ya es más mayor y tiene más autonomía. Está a un telediario de tener sus planes totalmente al margen de mí. Es más, lo veo venir cuan pitonisa.

Como madre, he renunciado a desarrollar facetas de mi vida privada para dedicarle toda la atención y respetar sus espacios. Fue una decisión personal que tomé en el momento en el que la familia se reorganizó de manera diferente. De cualquier manera, tengo que confesar que, aunque no fue ni es una decisión impuesta —ya faltaría—, con el paso de los años empieza a pesarme bastante. Dejarte en «modo avión» en lo relativo al corazón tiene su dureza. Aunque, como todo lo que tiene que ver con mi hija, ha supuesto uno de los mayores aprendizajes para mí. Me he descubierto, me he estudiado, me he descifrado, me he aceptado, me he gustado y, finalmente, me he enamorado de mí —léase soltando una carcajada—. Y, además, me ha permitido tomarme un tiempo de descanso en cuanto a relaciones románticas que me ha venido muy bien. Estoy convencida de que, cuando quite el «modo avión» y me ponga en «modo apertura» llegará el gran amor de vida después de estos años de preparación.

Hay muchas cosas que uno entrega de uno mismo cuando adopta el rol de cuidador. Ciertamente, estás ante una de las aventuras más complicadas y, a la vez, más bonitas, de tu historia de vida. Sin embargo, hacerlo por separado tiene un plus de complejidad. Para nosotros, padres de Miranda, fue importantísimo que ella se viera lo menos afectada posible. Por eso, desde el principio, decidimos que estuviera tranquila y asentada en una casa sin idas y venidas semanales. Consideramos que era mejor para ella irse de fin de semana cada quince días, que andar con la mochila al hombro cada siete. Es lo que hicimos a pesar de las implicaciones que tiene para nosotros, claro está.

Por el momento, la protagonista principal —siendo, insisto, un triángulo indivisible donde los tres tenemos un papel importante— se muestra contenta. Ojalá siga así y, si no, buscaremos las mejores salidas.

Todas las opciones están bien y todo es un camino de crecimiento.

Supongo que hay otras historias en las que funciona de otra manera y está perfecto. Estamos en un momento en el que el abanico de posibilidades es muy extenso. Vuelvo a repetir lo que decía en un párrafo anterior sobre la crisis que atravesamos con respecto a nuestros compromisos, pactos o formas de entendernos: creo que es un tema muy profundo y que deberíamos tener muy en cuenta porque... al margen de nuestros hijos... ¿Qué nos pasa que no nos aguantamos? Es más... ¿Qué queremos de la vida? Nos pasamos el día buscando sin encontrar nunca la respuesta o la salida... ¿Qué nos hace felices? ¿¿Será que tanto avance y tanto capitalismo nos ha dejado huérfanos de humanidad y es eso lo que necesitamos?? Somos seres humanos, *homo sapiens*. No *homo tecnologital* ni *homo invertís* —como dice Erik, mi concursante de la última edición de *¿Quién quiere casarse con* *mi hijo?*, en su publicidad de las inmobiliarias; si no lo has visto, búscalo, por favor, en cuatro.com porque Erik es un genio—. Te vas a reír seguro —cosa que también necesitamos en esta sociedad nuestra con tanto conflicto—.

Para terminar, me gusta un concepto: «sociedad emocionalmente sostenible». Suelo emplearlo a menudo porque, para mí, es uno de nuestros grandes males. Puede que sea por eso por lo que tampoco demos la talla. Así lo veo yo pero, como en todo, es una opinión. Como dije al comienzo del libro, hay ocho mil millones de personas en el mundo y ocho mil millones de opiniones distintas. Me interesan todas. Todas aportan. Ojalá pudiera saberlas, más aún en temas tan importantes como el futuro de nuestros hijos.

6

HOY ME SIENTO LA REENCARNACIÓN DE UNA MINISTRA

Hoy me he levantado con ganas de cambiar el mundo. Así, tal cual. Sin remilgos ni titubeos. Hoy siento que una fuerza sobrenatural me ha invadido y puedo conseguir cualquier cosa. Todos los objetivos que me plantee y todos los sueños que tenga serán concedidos. Soy la encarnación femenina de Thor, el dios de la guerra y de la lucha salvaje —además de ser un personaje ficticio interpretado en la pantalla por Chris Hemsworth, el marido de Elsa Pataky—. Y con este panorama, tengo mi primera misión. Cambiar el sistema educativo.

Ironía y bromas aparte, la realidad es que ha caído en mis manos un libro —como tantos— que me está haciendo anclarme más aún en la forma de enfocar determinadas cosas. Es extraño que no lo haya leído antes porque devoro libros de esta temática. Pero nunca es tarde para descubrir un tesoro. Me lo ha recomendado un amigo y le tengo que agradecer profundamente que lo haya traído a mi vida. Son las memorias de Andre Agassi. Se titula *Open* —para quien necesite más datos porque tampoco lo ha leído—. Voy a resumir lo que me he ido encontrando en esas páginas.

Tomo prestadas las declaraciones de Rosa Montero al hilo de este trabajo porque son muy certeras: «Es una conmovedora historia sobre la tiranía del éxito y del fracaso y sobre las muchas vidas que hay en una vida». Con eso creo que es suficiente para hacerle un hueco en nuestra ajetreada agenda y echarle un vistazo. Merece mucho la pena.

En mi caso, desde que abrí el libro me secuestró. En sus primeras páginas recoge un texto de Vincent Van Gogh sobre el amor. Lo reproduzco:

«No siempre podemos decir qué es lo que nos mantiene encerrados, lo que parece enterrarnos y, sin embargo, sentimos ciertas rejas y ciertos muros. ¿Y sabes qué es lo que nos libera de esa cautividad? Un afecto muy profundo y muy serio. Ser hermanos, ser amigos, el amor… Eso es lo que abre las puertas de la cárcel».

«El amor nos hará libres» es otra frase que encierra la misma enseñanza y seguro que la has oído muchas veces. Para quien no lo sepa, los grandes gurús del *coaching* dicen que la energía más poderosa es el amor. Ni el entusiasmo, ni la ilusión, ni la alegría. El amor, en todas sus versiones. Menos mal porque, en mi caso, ando escasa de amor romántico —ironía, pero estoy segura de que somos muchos, ¿eh?—.

Entiendo que, motivada por esa fuerza infinita, afronto cada jornada del calendario. Pienso, en muchas ocasiones, que el amor hacia Miranda es el que me ha permitido lograr derribar muchas barreras. Sin duda, algo me pasa ahora mismo que incluso pretendo cambiar los métodos educativos de los centros escolares —otra vez ironía—.

Sigo hablando del libro que comentaba. Empecé a descubrir el abanico de mensajes que lanzaba el tenista en su publicación.

Una suerte de experiencias personales que le habían supuesto grandes aprendizajes para su vida. Enumero algunas:

–Crecimiento personal. Hace mucho hincapié en la transformación que ha experimentado como persona a lo largo de su trayectoria vital. Sugiere la importancia de permanecer abiertos al cambio porque, detrás del mismo, siempre es posible encontrar un espacio para el desarrollo y la mejora personales.

–Pasión y dedicación. Agassi confiesa que el tenis fue una imposición por parte de su padre, lo que trajo consigo mucho sufrimiento y dolor. Con todo, y a pesar de eso, siempre se sintió atraído por esta disciplina deportiva por lo que, aun siendo un mandato innegociable, encontró la manera de apasionarse con ello y alcanzó la fortaleza para entregarle absoluta dedicación. Narra, de manera excelente, la importancia de buscarle un sentido a lo que haces, de encontrar los argumentos que te empujen al avance.

–Autenticidad. El deportista es muy sincero cuando habla de todos sus sentimientos. Comparte abiertamente sus filias y sus fobias, sus luchas personales, su relación de amor-odio por el tenis... Y nos regala en forma de libro las fórmulas que utilizó para aceptar los desafíos e intentar mantenerse siendo él mismo en cada momento.

–Resiliencia y perseverancia. Puede parecer que la vida de un triunfador tiene pocas lágrimas. Con *Open* volvemos a descubrir que el éxito viene acompañado de mucho sacrificio. Confiesa los momentos más difíciles y de mayor desazón, habla con naturalidad de sus caídas y fracasos para abrirnos los ojos ante la importancia de mantenernos perseverantes ante nuestras

El regalo de Miranda

elecciones. Despeñarse por un precipicio es la mejor manera para salir reforzado y alcanzar el éxito. Sin pérdida no hay ganancia, sin dolor no hay resultados. Porque, más allá del desconsuelo, está la grandeza.

−La importancia del entorno. Destaca el valor de la familia y los amigos como pilares en nuestro trayecto de vida. Habla de cómo a lo largo de su carrera ha contado con el apoyo incondicional de figuras de su entorno íntimo que define como cruciales para su éxito deportivo.

Podría seguir halagando al señor Agassi por su trabajo —un derroche de sinceridad, fundamentalmente—, pero no es mi intención ahora. Prefiero buscarle por redes sociales y enviarle una tonelada, mínimo, de corazoncitos —siguiendo la teoría de que el amor es la fuerza más elevada. Además de que es un señor muy guapo—. Yo hoy he decidido convertirme en ministra de educación y darle una vuelta a las enseñanzas que reciben nuestros hijos en el cole.

A pesar de correr el riesgo de que alguien llegue a la conclusión de que estoy absolutamente loca —es probable—, quiero confesar que me planteo muy habitualmente la ineficacia de la formación o la preparación que recibe Miranda para su futuro. Es lícito pensar que es necesario saber todos los ríos de España o ser capaz de resolver una ecuación fraccionaria de segundo grado. En la época de mi madre, estudiaban de memoria la lista de los reyes visigodos…

Alarico

Ataúlfo

Sigerico

Walia

Teodorico

Turismundo

Teodorico II...

Ciertamente, desarrollas capacidades como la memoria y conoces la geografía del país en el que vives —lo de las fracciones lo veo menos útil, pero bueno—. Sin embargo, analizando el panorama desde mi perspectiva de mujer de casi cincuenta años, tengo el convencimiento de que la formación humanista es absolutamente crucial Y NO ESTÁ.

Me reitero en lo ya escrito para evitar que me tilden de loca antes de la cuenta. No niego en ningún momento lo importante que es tener una preparación adecuada y competente, pero nada de eso tiene valor si el ser humano no aprende a ser humano.

Miranda tiene que aprender álgebra en el cole, pero considero fundamental que también desarrolle una conciencia sobre su capacidad para ser agente del cambio. De esa manera, podrá construir y vivir en un entorno abierto, crítico y expansivo. Todos somos agentes activos de nuestra propia transformación y de la transformación de la sociedad en la que vivimos. Todos somos protagonistas necesarios de este planeta y, como tales, somos valiosos en la narrativa de ese mundo y responsables de su mejora —qué bonita misión, ¿no?—.

Me gustaría que recibiera una formación integral de verdad, no sucedáneos. Que descubriera sus capacidades y sus fortalezas, sus debilidades —todos las tenemos—, sus diferencias con el resto... Que interiorizara lo más pronto posible los principios éticos indispensables para caminar por la vida —tolerancia, respeto, solidaridad...— porque sin todo esto tengo la sensación de que su educación y la de sus compañeros será un fracaso. Más aún en la era digital, rodeados como estamos de elementos generados por Inteligencia Artificial.

Para mí, el fin último de la educación —de sus años de colegio— no es la perfección en las tareas sino la preparación para la vida. No se trata de que adquieran hábitos enfocados en la obediencia ciega y prescrita. Son años en los que es crucial que los preparemos para que despierten a la acción independiente y se carguen de seguridad en sí mismos y en la vida.

Es urgente que pongamos el foco en fomentar alumnos independientes con una conciencia clara de que son seres únicos, entes individuales, diferentes a los demás, con iniciativa, con necesidades personales de crecer, con capacidad para desarrollarse y con solvencia para avanzar.

Así lo veo.

Me gustaría que leyeran más libros sobre ética y valores, sobre filosofía, sobre psicología, sobre sociología. De hecho, iba a hacer una lista de autores y títulos que podrían ser muy útiles, pero creo que hay personas más preparadas que yo para liderar un cambio en este sentido. Mientras espero, confieso que a mi hija le leo citas, párrafos de libros que considero fundamentales en su desarrollo, le pongo vídeos y la invito a que hablemos juntas de *sus cosas*. También intento que se mantenga en contacto con profesionales del autoconocimiento.

Hago mi tarea como madre y le descubro un sinfín de nuevos interrogantes que la ayuden a plantearse las cosas más allá de lo obvio. Sin embargo, sería de gran ayuda que fuera acompañado de un discurso similar en su entorno académico. Entre todos, se avanza más rápido. Pero, mientras eso ocurre, hago mi tarea de formadora en lo esencial y en su desarrollo como alma inocente y libre que viene en busca de una experiencia sanadora y constructiva. No tengo ni idea de cómo será el resultado, pero no parece un mal planteamiento.

Por otro lado, jugar con todas las cartas carece de misterio. Hay que jugar siempre, más todavía si desconoces el truco para salir airoso. Ese miedo a lo que pueda pasar será una palanca de acción muy valiosa para tus objetivos. El miedo te limita o te invita. Úsalo siempre para el movimiento y como compañero divertido de la mejor partida que vas a jugar.

7

LOS SENTIMIENTOS ESTÁN, PERO NO LO PIENSO...

Este pasado fin de semana estuvimos con unos amigos en una casa rural muy bonita que alquilamos en Toledo. Fue una maravilla porque era muy amplia y nos permitió convivir varias familias con niños. Tiene todos los detalles para no salir de ahí en tres días. Piscina, barbacoa, proyector para ver películas, zona de jardín muy grande, pista para jugar al pádel o al bádminton... Hasta un gallinero donde los más pequeños recogían los huevos para hacer el desayuno. Un planazo que permitió que ellos no parasen de jugar y divertirse desde bien temprano. De tal manera que los mayores podíamos hablar sin descanso y tener charlas eternas sobre cualquier tema que se nos ocurriera.

Las edades eran muy variadas —teníamos un elenco que cubría desde los dos años a los doce—, lo que nos ha ofrecido todo un repertorio de discusiones y amores al mismo nivel.

Es lógico que, con este panorama, hayamos vivido todo tipo de crisis. Pero, una vez más, los niños me han hecho pensar que son seres capaces de interrelacionarse y buscar puntos de encuentro sin que la sangre llegue al río. Se han hecho aguadillas,

Los sentimientos están, pero no lo pienso...

se han enfrentado parar ver quién ganaba a los juegos que planteaban y han discutido por el sabor de los helados. Nada que no nos haya pasado a cualquiera de nosotros de niños. También se han organizado para hacer coreografías y actuar delante de los mayores, se han puesto crema solar unos a otros —evidentemente, los mayores a los más pequeños—, y se han dado consuelo entre ellos cuando uno no hacía el mejor salto al agua —hicieron concurso de piruetas—.

No es que me sorprenda lo que os estoy contando. Ya he comentado que soy de la opinión de que los mayores solemos intentar mediar entre los menores y no siempre es necesario. De hecho, la mayoría de las veces es mejor no hacerlo. Ellos saben solucionar sus cosas; saben cómo se ha producido un desacuerdo y cómo solventarlo. Yo sigo celebrando que sea así porque me recuerda cada día que Miranda debe ser libre a la hora de la toma de decisiones. Que es mejor mantenerse al margen y solo ayudar si ellos lo solicitan. Es más, desde el momento en el que un adulto entra en su círculo la cosa suele empeorar y convertir un fin de semana de alegría y entendimiento en un infierno de lloros y reproches.

Es cierto que, al convivir durante varios días, no se puede evitar que algún progenitor metas las narices y que alguien salga mal parado. Por suerte, no ha sido lo habitual. Y digo «por suerte» y «meter las narices» porque, en las pocas ocasiones en las que hemos vivido escenas así, únicamente se ha conseguido crispar el ambiente y hacer que alguno de ellos se sienta señalado. Y vuelvo a decir que eran todos niños estupendos y sin ningún problema de relación ni dificultad para convivir. De ahí que sienta que es importante darles su espacio y su libertad para organizarse solos.

No es que quiera mirar hacia otro lado o que les dé más confianza de la que se les presupone. Es, simplemente, limitarme a observarlos y escucharlos. Ellos te lo dicen o buscan la manera de que lo entiendas. Así fue, de hecho, en una de sus trifulcas.

Se enzarzaron por un juego en la piscina y se puso orden por parte de un adulto. El tono o las palabras que empleamos a veces los mayores son recibidas por ellos como un ataque personal demasiado desproporcionado. Si lo pensamos, tiene sentido que solo el hecho de que un mayor se dirija a ellos supone autoridad y tensión. Si a eso le sumamos cierta dosis de cabreo por nuestra parte —dado que era como la quinta refriega que tuvieron—, el mensaje viene cargado de contundencia que les resulta intimidatoria. Considerando que, entre ellos, como entre nosotros, la nota discordante puede ser cualquiera, cuando al que ha protagonizado ese episodio puntual le toca el «chorreo», se arruga y se hace pequeño. Se siente incomprendido y, de manera inmediata, interpreta la escena como injusta.

Lo es. En ese momento, ha sido uno de ellos el hacedor de la tropelía. Pero, acto seguido, será otro. Y, cinco minutos después, saldrá a escena una nueva estrella. Es un patrón.

Pero a lo que iba. El resultado de ese desencuentro puntual fue dos niños en el baño. Comentaban —lo sé porque justo iba a entrar al aseo y los escuché— lo siguiente:

—Yo te perdono, pero mi madre me ha dicho que ya está bien y que no te perdone. Que dejemos de jugar y así no hay más discusiones.

—Pues no lo entiendo porque tú me hiciste lo mismo antes y no pasó nada.

—Ya, pero ella siempre se pone muy seria. Se enfada mucho y no quiero que me vuelva a regañar.

Me pareció, y me parece, una conversación muy aclaratoria. Entre ellos se lo guisan y se lo comen. Y la intervención del adulto solo les hace sentir mal a todos. Evidentemente, nada de lo que estaban reflexionando se ajustaba con detalle a la experiencia recién vivida. Estoy segura de que el mensaje no era «no le perdones». Pero sus conclusiones eran esas:

«No te puedo perdonar, aunque quiera. Si lo hago —y así me sentiré bien porque es lo que me parece justo y corresponde a lo ocurrido—, me van a echar la bronca».

Por resumir y continuar, es sorprendente cómo pueden interpretar las cosas sus pequeñas mentes y cuánta sabiduría encierran a veces. Sigo insistiendo en la importancia de dejarles ser y acompañarlos cuando lo requieren. No antes. Aunque esta es, sin duda, una opinión personal.

Siguiendo con el relato de nuestro fin de semana, aún tenía otra gran vivencia esperándome. Volvíamos a casa hacia Madrid, cuando abrí una conversación. Me encantan los trayectos porque son oportunidades maravillosas para cantar, contar chistes o aprovechar para charlar. A mí me gusta hablar sosegadamente aprovechando la monotonía de la autopista. No sé si es común, pero siempre me invita a profundizar en temas que me apetece poner sobre la mesa y que, en el día a día, no le encuentro el momento o no me vienen a la cabeza.

Y arrancó el interrogatorio. Así lo califico porque mi hija de nueve años no actúa como yo:

—Bueno, cielo, ¿qué tal?, ¿cómo ha ido?, ¿te lo has pasado bien?

El regalo de Miranda

—Sí, súper.

Respuesta escueta y sin mucha opción de continuidad.

—Me alegro. ¿Todo en orden o comentamos algo? —insistí.

—No. Todo bien. ¿De qué quieres que hablemos?

—Pues nada, de lo que quieras. Es por no aburrirnos y hablar de cosas.

—No sé de qué quieres hablar, mamá. No tengo nada qué decir —empezaba a no entender lo de «momentos de reflexión».

—A ver, de nada. Pero ya que tenemos que estar dos horas en el coche, pues, hablar entre nosotras. Se me ocurre, por ejemplo: ¿estás contenta en general con todo o hay algún tema que te preocupa?

¡Eureka! La charla comenzó a fluir.

Entre mil preguntas y comentarios, terminamos charlando sobre su vida y sus sentimientos. No voy a ser muy precisa porque son cuestiones de su intimidad que no tengo autoridad para comentar aquí. Sea como sea, sí puedo poner titular al diálogo.

«Me duele, mamá. No lo voy a olvidar. Sentí dolor y eso está ahí. Pero no le hago caso porque no sirve para nada. Los sentimientos están, pero no los escucho».

¿Perdón? ¿En serio una niña de su edad es capaz de hacer eso y verbalizarlo con tanta claridad y los adultos nos pasamos la vida viviendo en el recuerdo y martirizándonos con los sentimientos encriptados en el alma?

No daba crédito a lo que estaba escuchando. Sin duda, era un alivio como madre escuchar eso en boca de Miranda. Ver cómo aceptaba y encajaba los episodios de su vida que no le gustaban era un descanso. Desde luego, tenía absoluta capacidad para elegir el camino correcto, lo que me liberaba de la

Los sentimientos están, pero no lo pienso...

preocupación sobre qué estaría pensando al respecto de las situaciones que hubiera vivido. Todos los niños pasan por momentos que son complejos para sus cabecitas. Seguro que sois capaces de recordar etapas o instantes en la época infantil que se hacen presentes cada cierto tiempo. Según los expertos, son los traumas infantiles que arrastramos en nuestro camino, lo que nos lo pone, muchas veces, muy complicado.

Puedo confesar aquí —y donde toque— algunos pasajes de mi vida que recuerdo con tristeza. Desde aquel día jugando en la plaza de mi pueblo en el que unas niñas mayores me llamaron «listilla», hasta aquel desfile que hicimos en el cole donde yo era la más alta del grupo y me sentí Shrek. Desde luego que hay muchos más y de mayor complejidad. Léase el día que me castigaron por echarme rímel o cuando tuve la ocurrencia de confesar mi amor por un chico mayor que yo. Todos son segundos que no se han borrado de mi recuerdo y que, en ocasiones, han marcado decisiones en el futuro que siempre han resultado ser un error. ¿La causa? Aferrarme al dolor y al estado de víctima y no responder a la vida con la actitud de mi hija.

Hay muchas cosas que duelen. Muchas. El dolor es un sentimiento necesario para detectar por dónde quieres caminar o hacia dónde quieres hacerlo. Y, al ser así, no tiene por qué supurar eternamente. Condicionarnos o limitarnos. Está, aparece, se hace presente y, con las mismas, decidimos no escucharlo.

Me ha costado entenderlo y practicarlo. Hasta no hace mucho, ha condicionado mi vida. Sin embargo, intento ser tan sabia como mi compañera de viaje que tan solo levanta un metro y cuarenta y dos centímetros del suelo, y que me dure un periquete el «reflujo emocional».

El regalo de Miranda

Ya es hora de aprender, de crecer y darle salida a los trances.

Si no lo has hecho o sigues siendo incapaz de hacerlo en ocasiones —como es mi caso— escucha a tu hijo pequeño, que seguro que él te lo recuerda.

8

ESTE CUARTO ES UNA LEONERA

No hace falta que diga mucho más para que sepas de lo que voy a hablar. Creo que desde la aparición del primer ser humano, esta conversación ha tenido lugar entre los progenitores y sus hijos. Bueno, no quiero engañarte. Lo que realmente pienso es que se trata de una conversación que mantienen siempre las madres —con muy contadas excepciones—. Pero, al margen de cuestiones de género y roles adoptados, es la batalla que se libra en los hogares hasta muy avanzada edad.

Si echo la vista atrás y veo cómo actuaba yo cuando tenía la edad de Miranda, tampoco me libro de la quema. Incluso en la actualidad, no soy ejemplo de orden. Me las apaño, pero no tengo matrícula de honor. Trabajo cada día para recordarme y tener presente la importancia de un espacio limpio y con las cosas en su sitio. Pero reconozco que es una de mis taras.

De hecho, creo que, antes de hablar de mi hija, voy a entonar el *mea culpa*. Paso a confesar cómo es mi espacio de trabajo —por mucho que le envío órdenes a mi cerebro para intentar despejarlo y que sea de otra manera—:

—Documentos impresos amontonados por todas partes en montañas que retratan perfectamente el ritmo que lleva mi cabeza.

—Decenas de bolígrafos, rotuladores y lapiceros en varias cajas. No están clasificados, están todos en bandejas que reparto por todo mi escritorio —es muy importante tener siempre un boli a mano—.

—Libros de diferentes temáticas siguiendo el mismo sistema de amontonamiento. Me gusta mucho leer y cada cosa que me resuena la coloco en mi despacho para conseguir que me brote alguna idea y convertirla en un contenido audiovisual o proyecto.

—Libretas de espiral tamaño A5, tapa blanda y sin cuadrícula ni cosas parecidas. Son de diferentes colores con el fin de que me animen la vista. Voy escribiendo sin ton ni son en cada una de ellas, pero siempre sé en qué color está cada temática.

—Informes de audiencias, consumos o hábitos. Tengo una afición extraña por los análisis, la sociología, las encuestas, los resultados de informes de la OCU... Todo me interesa y le encuentro un sentido a mantenerlo cerca en mi zona de trabajo.

Podría seguir, pero la estampa es bastante desoladora. Siempre he trabajado igual. Desde que empecé en la radio con veinte años, mi mesa en la redacción lucía el mismo desorden. Antes incluso de incorporarme al mercado laboral, actuaba con el «modo acumular» en mis años de instituto y universidad.

La razón que le he encontrado es que tener cerca todo lo que me llama la atención me hace sentir segura. Pienso que cuando una idea vuelva a hacer acto de presencia en mis pensa-

Este cuarto es una leonera

mientos, rápidamente estiraré un brazo y se hará la magia. Haré de ese informe o anotaciones acumuladas una idea real y con posibilidades de ver la luz. Me ha quedado muy literario, pero sé que es un desorden inaceptable. Me funciona, pero tiene poco sentido y debería adquirir un hábito más saludable —sobre todo para la vista—.

Desde hace cinco años le ordeno a mi cerebro que cambie de sistema con la intención de mantenerlo domesticado y no llegar al caos. Sin embargo, son recordatorios que me permiten ser consciente de mi locura sin llegar a corregirla.

Estoy siendo un tanto exagerada, lo tengo claro. El motivo es que quiero ser muy realista para poder entender mucho mejor las actitudes y comportamientos de mi hija y no hacerle reproches con tanta dureza ante situaciones similares. Aunque la oriente —debo hacerlo al margen de mis defectos en el mundo del orden— intento no perder la perspectiva ni la objetividad. Me resulta incómodo dar lecciones cual catedrático de Harvard y luego comportarme como un *hooligan* de estadio. Quiero decir —tiro de frase hecha que se entiende muy bien—, no quiero ver la paja en ojo ajeno y no ver la viga en el mío.

En otras áreas de mi vida, evidentemente, no vivo entre escombros. Mi casa está limpia y reluciente, pero le dedico una atención justa —nueva confesión: cuento con la ayuda de Nidia, que es mi ángel de la guarda—. Y es ahora, cuando voy a hablar de Miranda.

Ella tiene una edad en la que está asumiendo la responsabilidad sobre muchos temas. Es más, yo le hablo de su responsabilidad absoluta sobre ellos. Quiero que empiece a sentir que la acompaño, pero no le resuelvo. Hablo, por ejemplo, de sus de-

85

El regalo de Miranda

beres, el orden de sus cosas, la higiene personal, la decisión de su atuendo, la inversión de sus ahorros, la dieta que toma…

Sé que es arriesgado depositar tanta confianza y confieso que es una actitud un tanto impostada porque, al final, soy la mano que mece la cuna. La dejo actuar, pero monitorizada para comprobar que alcanza la meta. Y me está resultando efectivo. —Rescato una conversación sobre su cena, ya que es muy habitual que me discuta casi cada día el menú. Las cenas suelen ser un tema de debate—:

—Mamá, ¿qué hay de cenar?

—Crema y merluza con brócoli.

—Uff, qué rollo. ¿No puedo cenar *nuggets*?

—Claro que puedes. Pero es que ya está la merluza aderezada, la crema hecha y el brócoli listo.

—Pues me la tomo mañana —insiste.

—Mañana el brócoli se pone feo. Y puede que la merluza se estropee. Acuérdate de las veces que hablamos sobre no tirar la comida. Es un acto insolidario y egoísta. Mucha gente no puede comer tan variado como nosotros y comida tan saludable —digo con actitud filosófica y profunda.

—Que sí, mamá, pero mañana yo me lo como y ya está. No va a pasar nada —se pone muy pesada.

—Puedes decidir lo que quieras, ya lo sabes. Para mí estará bien. Pero ¿has pensado si mañana te va a apetecer? O ¿vas a tener la misma actitud? Y otra pregunta: ¿crees que es bueno para tu salud comer siempre lo mismo? Si lo piensas, cada dos días quieres pollo frito —es decir esto y que se me venga a la cabeza Ramoncín y su tema *El rey del pollo frito*.

—Siempre estás con lo mismo —empieza a titubear.

—Claro, cielo, porque cada dos días, como te decía, me haces la misma pregunta, así que tengo que contestarte lo mismo. Pero vaya por delante que te he dicho que puedes hacer lo que quieras. —Estoy, claramente, llevándola a la crema y a la merluza desde la supuesta libertad de elección.

—Vale, ya está. Comeré lo que hay. Pero mañana quiero *nuggets*.

—Mañana lo hablamos, claro, pero acuérdate que hacemos el menú semanal juntas y ya está pactado. Si quieres lo revisamos, no pasa nada. Los acuerdos se pueden romper y las opiniones se pueden cambiar.

A ver, es muy cansado y no siempre me sale o tengo la misma paciencia. Pero tengo el mecanismo interiorizado —me lo sé de memoria— e intento practicarlo lo más que puedo. Aunque, volviendo a los momentos de confesión, tampoco me lo aplico a mí misma a rajatabla…

Revisando la vida de la Luján niña, os decía al principio que el caos era un compañero. Si bien es cierto que nunca en mi dormitorio porque compartía habitación con mi hermana, sí era así en nuestro cuarto de juegos.

Teníamos una terraza cubierta y totalmente acristalada y climatizada. Era un espacio que mi madre tuvo a bien regalarnos para nuestro esparcimiento. Había un armario empotrado de buenas dimensiones para ordenarlo todo. En el centro, una mesa camilla redonda de aquellas de los ochenta con tres sillas para que pintáramos, dibujáramos y desnudáramos a la Nancy. Era muy cómodo y confortable. Hasta teníamos alfombra para no resfriarnos si andábamos descalzas. Y venecianas para que no nos diera el sol. Todo precioso —a veces, claro—.

El regalo de Miranda

Siendo realistas, tres hermanas haciendo dibujos, jugando al Conecta 4, luego al Operación, más tarde a La Oca, a la Lotería y con los Barriguitas —todo a la vez— suponía un alboroto tarde tras tarde y un tremendo desastre. Lo habitual era que mi madre no nos visitara, dado que era nuestra zona. Por otro lado, siempre estaba mi abuela al cuidado, que era más permisiva. Así que nos movíamos día tras día con cierta comodidad y sin regañinas.

El problema llegaba los sábados. Ese día solía abrirse la caja de los truenos. Mi madre estaba más tiempo en casa y entonces hacía revisión semanal. La entrada de la señora Pilar —entiéndase, progenitora B— en nuestra zona privada suponía una bronca del tamaño del acueducto de Segovia y los gritos se oían hasta en el Kilimanjaro —normal, por otra parte—. Castigo asegurado y enfado y morros hasta media tarde. Sin embargo, a la semana siguiente, volvía a ocurrir lo mismo.

Recordar estas cosas y verlas ahora en mi hija, me hace pensar sobre el porqué de esa tendencia natural que tenemos al desorden. Y cómo hacer que, de manera orgánica y constructiva, nos convirtamos en seres estructurados y en armonía.

Cómo le explico a Miranda la importancia de tener las cosas colocadas es la pregunta que me he hecho siempre —porque, sinceramente, en este sentido va a trompicones—. Pero yo le insisto con mi argumentación y la conversación que solemos tener es la siguiente —advierto que es un monólogo porque ella ni rechista—:

—A ver, hija, la vida es una cuestión de práctica. Uno va practicando qué quiere ser en el futuro. No me refiero solo a los niños, también los adultos nos levantamos cada día y tenemos que pensar qué queremos hacer y qué vamos a practicar para convertirnos, al año siguiente, en lo que estamos buscando. Si cada mañana me despierto quejándome y llorando porque mi vida no es como me gusta, pero no hago nada para evitarlo, seré una llorona y una amargada que no sale de una esquina rodeada de clínex. Eso no va a cambiar. Las cosas no se modifican por arte de magia. ¿Tú quieres ser una desordenada y tenerlo todo patas arriba? ¿Te hace sentir cómoda este desastre?

—No, mamá —responde cabizbaja y con un hilillo de voz.

—Parece una tontería o una exageración, mi vida, pero quiero que empieces a comprender que, desde niña, estás practicando lo que quieres ser de mayor. Hay que adoptar determinados hábitos que te ayudan a convertirte en un determinado tipo de persona. ¿A ti te gusta llegar a casa y que la cama esté sin hacer, el baño sucio o las toallas tiradas en el suelo?

—Claro que no, mamá —afirma con el mismo semblante.

—Pues de eso te hablo. De practicar actitudes y costumbres que te lleven a ser la persona que quieres ser desde ahora mismo. Y, sobre todo, a llevar la vida que te gustaría cuando seas mayor. Quieres tener la casa limpia y ordenada, ¿verdad?

Sin duda la conversación versa sobre el orden, pero con este enfoque quiero, además, que su mente vaya más allá y pueda, incluso, entenderlo mejor. Le intento plantear que somos y nos convertimos en lo que practicamos. Desde la primera hora del día sería deseable que decidiéramos qué vamos a practicar:

– Voy a ser ordenado, ordenando.

– Voy a ser respetuoso, respetando.

– Voy a ser resolutivo, resolviendo.

—Voy a ser optimista, alegrándome.

—Voy a ser generoso, ofreciéndome.

—Voy a ser... Lo que decidas.

Estoy convencida de que con esa reflexión matutina, más nuestra fuerza de voluntad y convencimiento, podríamos mejorar en todas las áreas que nos planteáramos. Y reconozco que me está quedando muy bien todo lo que escribo, pero que yo no practico el orden de manera escrupulosa y admirable. Sin embargo, es mi deber como madre hablarle de la necesidad de decidir lo que quiere ser de mayor y de que tiene que ser muy consciente de que a raíz de cómo te comportes, en eso te vas a convertir en el futuro. Somos los grandes mentores de nuestros hijos y el espejo en el que se miran. Sus referentes y sus grandes maestros de vida. Tenemos una enorme responsabilidad.

Por eso también le confieso que yo no practico el orden escrupuloso cada mañana, cosa de la que me arrepiento porque me sentiría mejor haciéndolo. Tampoco creo que sea recomendable engañarlos ni pintarles una realidad que no es por mucho que nos duela no ser los padres perfectos. De cualquier manera, sí que es posible hacerles ver la diferencia entre todas las opciones y que vayan eligiendo qué les hace más felices. Tengo el convencimiento de que Miranda será una persona ordenada. Lo creo porque confío mucho en todas las conversaciones que tenemos y en su capacidad de juicio. Y porque estoy segura de que ver que un adulto te reconoce sus debilidades y sus ganas de cambiar cuando algo le incomoda, despierta en ellos la necesidad de ser mejores para actuar como nuestros guías —lo que les provoca, sin duda, la sensación de ser importantes y todo un ejemplo—. De hecho, es habitual que mi hija me diga: «¿Ves, mamá?, he dejado todo recogido, ahora te toca a ti para que te sientas mejor».

Vuelvo a encontrar en mi hija a mi gran maestra.

Me gustaría recordar un poema que recogí en mi anterior libro. En su momento, cuando lo leí, supuso un enorme revulsivo. Y ha vuelto de repente a mi cabeza, lo que significa, sin duda, que es importante repasarlo.

Es de autor desconocido.

Para cualquier padre que tenga un hijo pequeño:
son ojitos dirigidos a ti que te observan noche y día,
son orejitas que captan todo lo que dices,
son manitas ansiosas por hacer todo lo que haces.
Es un niñito que sueña con el día en el que se parecerá a ti.

Eres el ídolo de ese pequeño ser,
el mayor de los sabios para él.
En su mente nunca surgen dudas sobre ti,
cree en ti con devoción.
Todo lo que dices y haces,
él lo hará cuando crezca.
Al igual que tú. Siempre como tú.

Es un niño de ojos grandes que
cree que siempre tienes la razón,
y sus oídos siempre están atentos.
Te observa noche y día.

El regalo de Miranda

Cada día, en todo lo que haces,
sirves de ejemplo a ese niñito
que espera con ansias crecer
para parecerse a ti.

Cada vez que lo leo, consigue dejarme sin palabras.

9

MI HIJO ES UN CONSENTIDO

No sé la de veces que he oído esa frase. También la usamos, y muy habitualmente, para referirnos a los hijos de otros. «Pablito es un consentido, sus padres no le dicen que no a nada, le compran todos los caprichos». Durante mucho tiempo he sido de la «liga anticonsentidos». Hasta que un día me vino a la cabeza una idea que me colocó directamente del lado de los niños caprichosos, malcriados y malacostumbrados.

Me gusta analizar bien las palabras y el significado que tienen. Soy un poco rebuscada con eso, lo reconozco. Pero si acudes al diccionario, consentido es igual a caprichoso. Y también nos encontramos con que es sinónimo de MALCRIADO.

Por otro lado, me parece fundamental que seamos sinceros y reconozcamos que, cuando nos referimos a un niño con ese adjetivo, ponemos toda la carga —o gran parte de ella— sobre el niño. Seguro que has escuchado algo como:

«Mi sobrino es tremendo, cuando no le dan todo lo que quiere, se pone insoportable y monta unos sainetes que son intolerables. Me da pena de mi hermana porque no sé cómo lo aguanta».

El regalo de Miranda

Partiendo de la base de que lidiar con una personita acostumbrada a la rabieta es desesperante, creo que podríamos ir al fondo e intentar entender todo el contexto. Cuando he tenido episodios de este tipo con mi hija —que, por supuesto, ha ocurrido y todos los hemos padecido— he cogido distancia con la situación y he procurado ver todos los matices. Hace poco, Miranda me planteó un caso claro de petición sinsentido:

—Mamá, ¿me compras un patinete eléctrico?

—No, cielo, eres muy pequeña y no puedes tener un cacharro de esos. Van muy rápido —le respondí tranquila.

—¡Pero todos los niños de la urba lo tienen! ¿Por qué yo no puedo?

—Pero los niños que lo tienen son mayores que tú, y si alguno es de tu edad, me parece muy peligroso y yo no quiero que te caigas.

—No me voy a caer, sé manejarlo y llevo casco —aportó datos que pueden ser convincentes.

—Lo de caerse es un accidente que no se puede prever. Lo de que sabes manejarlo no es cierto porque nunca has usado uno de esos; y el casco está muy bien, pero el golpe puede suponer que te rompas una pierna.

—Siempre con lo mismo, mamá. No confías en mí. He jugado con el de Sofía y no me caigo —insistió.

—Pues es la primera noticia que tengo. No vuelvas a subirte en un cacharro así sin permiso. Te repito que no tienes edad. Cuando tengas diez años, lo hablamos otra vez. Y que sepas que me disgusta mucho saber que me has desobedecido.

De paso, le lanzo la regañina.

Mi hijo es un consentido

—¡Claro! ¡Cuando tenga diez años! Pero para eso falta mucho, y no te he desobedecido porque no habíamos hablado del tema.

Ella salió por peteneras, se enfadó, frunció el ceño, refunfuñó y se marchó acalorada.

Hay una frase hecha que dice: «Más vale ponerse una vez colorado que ciento amarillo». Adaptada a este momento, es algo así como: «Muestra contundencia una vez y te evitarás volver sobre el tema diez veces más».

Hay otra que dice: «Ante el vicio de pedir, está la virtud de no dar». Nos sirve también. Sin duda, a nadie le agrada ponerles límites a sus hijos y mantener con ellos conversaciones tensas. Es más sencillo ser permisivo y acceder. Sin embargo, hay que ir marcando las líneas rojas y haciendo ver que, por motivos de salud o porque suponen un peligro determinadas actividades, hay peticiones que no pueden ser concedidas en un momento dado. Con argumentos, tendremos más éxito en nuestras negociaciones con los peques. Cuesta y es muy duro. Normalmente no lo entienden. Repito que cuesta resistirse al sinfín de solicitudes que plantean. Pero hay otra frase hecha: «De aquellos polvos, estos lodos». Si no tomamos acción, el problema está servido.

Una rabieta, dos rabietas, tres rabietas sin conversación ni antídoto ante tanta ira da lugar a un niño de rabietas.

Un capricho, dos caprichos, tres caprichos sin reflexionar con él que no todo puede ser pedir y dar sin más da lugar a un niño caprichoso.

Un grito, dos gritos, tres gritos sin sentarse a descubrir el porqué de tanto enfado da lugar a un niño insoportable.

El regalo de Miranda

En todas las ocasiones en las que nuestros hijos se desbocan y entran en «modo gremlin», es porque están buscando una respuesta a lo que sienten, piensan y no saben cómo sacarlo de su cuerpo. Eso me han dicho todas las psicólogas, neuropsicólogas y educadoras infantiles con las que he hablado. Normalmente, la solución pasa por tranquilizar y hablar. Solo que aquí viene nuestro problema —el de los adultos—: no tenemos tiempo ni paciencia. Sucumbimos a la escena o la petición, y listo. Entonces da lugar a todos los «este niño es indomable, caprichoso, rebelde, etc.».

Cogiendo el toro por los cuernos —estoy en el capítulo de las frases hechas—, es evidente que, en gran medida, todo pasa por la actitud que tomemos. Ya sé que es una carga insoportable y que ya no podemos con más peso pero, por duro que sea, no podemos escondernos detrás de una conclusión tan poco responsable. Ellos nos necesitan en su despertar y en su adopción de normas y conductas. No tienen otra forma de seguir hacia adelante porque no son Mowgli —protagonista de *El libro de la selva*—. Por suerte para ellos y por desgracia para nosotros —ironía—, cuentan con sus progenitores para descargar toda su ansiedad y para reclamar ser atendidos en todas sus necesidades, aunque estas sean un disparate. Es lo que hay y lo que supone avanzar juntos en su formación.

He contado el episodio de Miranda y el patinete eléctrico. Pero vamos a imaginar otras situaciones. Abordemos un ejemplo claro de una rabieta y, después, otro de un niño caprichoso. Al final hacemos balance.

Tu hijo de cinco años, Mario, está coloreando con su amigo Juan en un restaurante y decide que el color rojo que está usando

Mi hijo es un consentido

no le gusta. Quiere el amarillo que está utilizando Juan. Se lo arrebata y ambos empiezan a discutir por los lapiceros. Empieza a subir el volumen del griterío y te das cuenta de que tienes que mediar. Intentas poner paz entre ellos y entablar una negociación. Normalmente pasa por algo como «tenedlo un rato cada uno». A Mario no le convence la decisión e insiste en su voluntad de apropiarse del color amarillo. Mantienes tu argumento basado en lo importante que es compartir. Ninguno de los dos está entendiendo nada y la cosa se pone fea. Tu cabeza no sabe qué hacer. Hay dos alternativas:

1. Mi hijo no puede salir airoso y arrebatarle el lapicero a su amigo porque tiene que respetar que lo tenía Juan. Ante el «no», arranca a llorar, a tirarse por el suelo y a hacer la croqueta —recuerda aquí a Mila Ximénez en el programa *Sálvame*, que por lo menos te ríes—. El escenario es desolador y te sientes juzgada por todo el restaurante que te mira fijamente esperando a que actúes.

2. No puedo decirle a mi hijo que ceda ante Juan porque, en el fondo, los lapiceros son suyos y tiene todo el derecho a usarlos cuando le plazca. Entonces Mario se calma, pero Juan arranca a vociferar. El público dirige su mirada hacia ti y dicta sentencia igualmente —no saben cuál es tu hijo y cuál no, solo ven la contienda; y hay, igualmente, un niño enrabietado—.

Cualquiera de las dos opciones está bien, nadie tiene la verdad absoluta. Únicamente que la segunda tiene más riesgos de transmitirle a tu hijo que a través del llanto y el escándalo las cosas salen bien. Pero, insisto, explicarles que la propiedad pri-

El regalo de Miranda

vada hay que respetarla puede ser una lección muy interesante también.

En cualquier caso, *habemus* rabieta y tenemos que conseguir que vuelvan a su estado de confort y a entenderse. Las dos situaciones requieren que entables una conversación con los dos protagonistas —y echarle mucha paciencia—. Es fundamental mantener el diálogo para que salgan del estado de nervios en el que están y puedan asumir el resultado. Habrá ocasiones que empeoren muchísimo e incluso tengas que hacer un aparte con ellos. Pero todo pasa por explicarles, hablarles, ponerse en su situación, mantener la calma, darles su tiempo... Nunca cerrar el capítulo con castigos o cediendo sin más, ante el que muestre una personalidad más contundente. Eso no funciona. A la larga será un niño consentido y montapollos.

Ahora un caso diferente, pero germen de un resultado parecido si no ponemos cordura:

Tu hija de nueve años se pasa el día pidiéndote que le compres cosas. Cuando no es un puzle, es slime. Cuando no te pide un huevo Kinder, te pide un balón. Si vais al centro comercial, te pide una falda. Y si pasáis por delante de una perfumería, quiere una colonia. No tiene fin. Sientes que te harta su actitud, pero no sabes qué hacer.

Veamos opciones:

1. Conversación sobre la imposibilidad de tener de manera inmediata todo lo que vemos. Los niños no tienen la capacidad de filtrar lo que es razonable, posible o sensato. Es lícito que quieran todo, pero tienen que empezar a aprender a elegir entre todas las opciones, a controlar sus deseos y esperar a que llegue

Mi hijo es un consentido

el momento de que se cumplan. Insisto en que es lícito que quieran todo. Pero necesitan darse cuenta —razonando junto a nosotros— de que hay cosas que desean y tardan en llegar o no llegan. E incluso de que es posible que haya cosas que desean solo unos instantes y luego se les olvida. Es importantísimo para su vida futura que vayan reflexionando sobre eso. De no ser así, se frustrarán con facilidad ante los noes y, muy posiblemente, nunca consigan ser felices con nada —material, entiéndase—. Se acostumbrarán al «pido y consigo» sin más.

2. Le compras algunas cosas —no todas— porque no necesita más puzles ni otro slime.

¿En la opción dos no hay conversación? Porque si no hablamos de su lista interminable de peticiones y esperamos que «se dé cuenta algún día» puede que no ocurra nunca. Negarle unas cosas y otras no, sin explicar nada o comentar los porqués, seguro que enmaraña más su cabecita de pedigüeña. Probablemente le lleve a concluir que a veces sí, a veces no, en función de la suerte o de lo despistados que nos pille. Pero no habrá ninguna enseñanza. En el futuro, todo será cuestión de suerte y nada dependerá de ellos. O siempre pondrán el foco fuera y no se mirarán dentro. No sabrán distinguir entre necesario, superficial, útil, prescindible, posible… La vida me lo da, es maravillosa, o la vida me lo niega, qué horror. Tal persona facilita mi objetivo, es buena, tal persona se opone, es mala.

Es dificilísimo tener respuestas para todo lo que vivimos al lado de nuestros hijos. No somos el profesor Cousteau ni tenemos su vasto conocimiento sobre el mundo submarino —ni tampoco su capacidad de divulgación—. No somos científicos

El regalo de Miranda

ni hemos elaborado cientos de teorías sobre el comportamiento de una especie. Es más, es muy posible que cada uno de nuestros niños sea una especie en extinción sin posibilidad de ser analizado ni clasificado —ironía—.

Sin embargo, hay conductas que se repiten y pautas que nos pueden ayudar a salir airosos del trance. Quizá no dé resultados a la primera. Puede que tampoco a la segunda. Con suerte, a la tercera empezamos a ver un poco de luz. Y repitiendo y repitiendo el «modus operandi», comprobaremos si los expertos en conducta y psicología infantil están en lo cierto. Ellos aseguran que así lo vamos a conseguir.

Antes de terminar con este capítulo, tengo que confesarte que cuando me convertí en fiel defensora de los niños caprichosos, fue por una experiencia con mi hija. De repente, uno de esos días que me pide cosas sin parar a modo metralleta, me di cuenta de que me sentía mal al darle un «no» por repuesta. Entonces, un pensamiento se instaló en mi cabeza y ya no podía salir de él. Era algo así como:

«Luján, no pasa nada por comprarle otra colección de Funkos —muñecos diminutos y horribles que seguro que tu hijo tiene también—. No es caro y es una distracción para ella. Es hija única —otro temazo— y necesita distraerse. Tú tienes bastante trabajo y hay tardes que llegas a las seis y no puedes estar con ella. Así la compensas».

¡¡¡ERROR, ERROR, ERROR!!! Y RESPUESTA A TODO. ¿Son los niños caprichosos y consentidos o están siendo compensados? Se produjo la revelación.

¿Estaba actuando motivada por la culpa de no llegar a casa cada día cuando ella volvía del cole? SÍ. ¿Mi hija estaba planteándome que atendiera un capricho? SÍ. Pero, en vez de explicarle que tenía dos colecciones más, ¡iba a comprarle una tercera! Si lo hacía, me quedaría tranquila, pero ¿estaría dos días después diciéndole a Miranda «eres una caprichosa»? Pues, probablemente, SÍ, TAMBIÉN.

Empecé a pensar de inmediato cómo era en mi casa de pequeña cuando tres niñatas taladrábamos a mi madre con peticiones. Y descubrí que ella siempre mantenía el tipo sin inmutarse. Todo un ejemplo. Pero lo más importante que recordé es que ella siempre estaba presente. Era una madre dedicada por completo. Lo que podía traducirse en no tener sentimientos de culpa o no desesperarse y rendirse al instante. Seguramente no sentía que tenía que compensarnos por nada.

Por otro lado, su cabeza no estaba en mil problemas a la vez y podía reaccionar con más sensatez. No existían la oficina, el jefe, los clientes, el tráfico ni tantas otras cosas que se van acumulando a lo largo del día en nuestra mente. Al margen de que estaba mi padre y con él podía descargar toda su tensión acumulada en una «jornada maternal». Tenía otro contexto. No estaba el «señor estrés» constantemente a su lado —sin duda, otro gran responsable de la falta de paciencia que tenemos a veces—.

Sé que nada de lo anterior nos puede dar sosiego. El jefe está y estará. A la oficina tenemos que ir. Llegar a las seis muchas tardes es inevitable. Pero únicamente me gustaría que lo pensaras, como hice yo, a ver qué concluyes.

Es seguro que, con ese panorama, puede que atienda algunos caprichos de Miranda sin meterme en fregaos ni conversaciones profundas. Seguro que voy a dejar pasar unas cuantas rabietas. Es humano. Pero mi hija no es una consentida o una caprichosa.

El regalo de Miranda

Desde ese día la califico de «compensada», pongo la carga sobre mí y desarrollo una capacidad extraordinaria para, de manera serena, lidiar con cualquier griterío que se ponga por delante. Noto que me ha cambiado el *mood* y que las cosas han mejorado muchísimo. Tengo mucha más mano izquierda y me he convertido en mejor árbitro en las contiendas infantiles. Mágicamente, me meto en su pequeña cabecita y, a veces, soy capaz de entenderla más rápido. No siempre, pero mucho más a menudo que antes. Y me funciona. PRUEBA Y ME CUENTAS.

10

PAREZCO UN DISCO RAYADO: REPITE, REPITE, REPITE...

Una de las desesperaciones de mayor nivel —desesperación máxima— a las que se enfrenta un progenitor es el sentirse una máquina repitiendo siempre lo mismo. Una vez, dos veces, tres veces. Desayuna, desayuna, desayuna. Dúchate, dúchate, dúchate. Ponte el abrigo, ponte el abrigo, ponte el abrigo. Vamos que es tarde, vamos que es tarde, vamos que es tarde. Lávate los dientes, lávate los dientes, lávate los dientes. Y así, prácticamente con cada cosa.

No tengo constancia de si el creador del anuncio de Canalcar tenía alguna frustración en este sentido cuando ideó su spot, pero refleja perfectamente el día a día de cualquiera de nosotros:

«En Canalcar compramos tu coche, compramos tu coche, compramos tu coche. En Canalcar compramos tu coche, compramos tu coche, compramos tu coche...» y así hasta un número infinito de veces —si no lo conoces, he mirado ahora mismo en Google y está. Búscalo y confirma cómo practica el uso de la repetición a modo martillo—.

Exponer alguna fórmula mágica que funcione ante este tipo de situaciones me resulta absolutamente imposible. Darte pautas para que lo vivas con mayor serenidad se me hace muy cuesta arriba. Sigo enfrentándome cada día al fenómeno «disco rayado». Sigo dale que te dale con la misma cantinela jornada tras jornada. No cambia, no mejora, no avanzamos. Espero que se cure con los años. Aunque, por lo que recuerdo de mi época en pareja, es un fenómeno también extendido entre algunos adultos. Quizá sea el rasgo común de un tipo de personalidad o consecuencia de la genética heredada por algunos. No sé —modo irónico—. Pero, para quien quiera que me esté leyendo y sea un adulto gustoso de que le repitan las cosas, que sepa que ¡repetir es sufrir!

Matizo que lo he escrito con rabia, para que le pongas el tono adecuado, necesito desahogarme, quitarle presión a mi vida.

Visto el caso sobre un papel, no es tan grave. Pero la misma situación en modo audiovisual es absolutamente desquiciante. Erre que erre una y otra vez acaba con los nervios de cualquiera. Es muy fácil ser el Dalái Lama si no tienes al lado a un ser vivo al que tengas que recordarle siete millones de veces cada acción que tiene que acometer. Me gustaría ver al señor de la túnica —con todo el respeto, entiéndase que el tema me exaspera— con una personita de metro y medio a su cargo, que no toma acción hasta que es requerida para ella en —MÍNIMO— cuatro ocasiones. ¿Es o no es así?

No hace falta que ponga ejemplos porque todos hemos pasado por ese suplicio. Puede que algunos tengan otras experiencias. Lo celebro por ellos. Pero, en caso afirmativo, sean agradecidos con la vida y digan tres veces conmigo: gracias vida, gracias vida, gracias vida. Para que quede muy claro lo afortunados que son. El resto de los humanos pueden seguir leyendo.

He intentado todo tipo de triquiñuelas mentales para darle una solución al problema. Aún estoy en ello. Quizá soy poco consciente de los avances que voy consiguiendo. Igual no me he dado cuenta de que Miranda está empezando a mejorar con mucho en este apartado en concreto. Por mi parte, lo he pedido en Año Nuevo con las campanadas —y también el anterior Fin de Año—. A ver qué pasa.

Mientras llega el gran día, yo he ido formulando mi teoría al respecto. Soy de esas personas que, cuando encuentra una explicación a lo que ocurre en su entorno, siente alivio. En ese sentido, tengo algo que contarte que, creo, te va a resultar de interés. Se trata de la adquisición de un hábito.

Según los expertos —y aquí estamos ante un argumento constatado—, para conseguir que algo se convierta en un hábito en tu vida has de repetirlo sin ninguna excusa ni trampa durante veintiún días. Para convertirte en algo distinto de lo que eres, debes proponértelo y ejecutarlo con compromiso durante ese periodo de tiempo. Si quieres introducir un cambio, hazlo y mantenlo tres semanas. De ese modo, lo vas a interiorizar y te saldrá de manera automática para siempre. Yo lo hice y funciona. Te cuento cómo lo descubrí.

En el año 2020, después de la pandemia, decidí arrancar un proceso de crecimiento personal que me ha traído al lugar donde estoy ahora. Un periodo mágico y muy satisfactorio que ha cambiado mi vida para siempre. Me enseñaron muchas cosas y me hicieron trabajar diferentes ejercicios. Mi *coach*, mi profesora, mi maestra, se llama Paz Calap. Un día mantuvimos la siguiente conversación.

—Luján, es imprescindible que mantengas contacto con la naturaleza y descubras los beneficios que tiene. Vives cerca de zonas muy verdes y te recomiendo que salgas todos los días a caminar un rato.

—No tengo tiempo, Paz. Cuando dejo a Miranda en el cole, salgo corriendo al trabajo y no puedo llegar tarde —le contesté segurísima de la imposibilidad de llevar a cabo la tarea.

—Me gustaría decirte que no pasa nada y que vamos a seguir con otra cosa. Pero es que, cuando alguien asegura que no tiene tiempo para algo, es que no es su prioridad. Si quieres que tu vida cambie y mejore, hay que abrir espacios para determinadas acciones. El deporte, por ejemplo. Ya me has dicho que no te gusta meterte en un gimnasio. Vale, está bien. Pero por eso te planteo que te limites a salir a caminar. Eso, además, lo puedes hacer en un entorno muy natural y es más beneficioso aún.

—No se trata de no hacerlo porque no quiero. Desde luego que estoy dispuesta a seguir tus consejos para sentirme mejor. Pero encontrar el momento va a ser difícil.

—Busquémoslo juntas. ¿Crees que es absolutamente imposible dejar a Miranda en el colegio y pasear durante media hora? —me preguntó ella con la clara intención de hacerme ver la gran mentira que estaba exponiendo como excusa.

—Hombre, vamos a ver… Media hora no es nada. No puedo decirte que es imposible. Mucho menos cuando ya me has asegurado que nada es imposible, que todo es alcanzable, siempre y cuando lo decidas.

Para ese momento sus demoledoras frases ya habían hecho mella en mí y la vergüenza torera no me dejaba salir airosa de preguntas tan directas.

—Pues queda pactado que mañana empiezas a caminar media hora. Elige el momento, mañana, tarde o noche, pero que siempre sea el mismo. Ya me irás diciendo qué tal.

Se había salido con la suya, entre otras cosas porque, claramente, no podía negarme a sacar media hora entre las veinticuatro que tiene un día. Y, desde hace cuatro años que se produjo aquella conversación, me encuentro convertida en la Forrest Gump de los paseos. Me explicó tiempo después que, cuando consigues que algo ocurra en tu vida durante tres semanas de manera constante, esto pasa a formar parte de tu agenda con total probabilidad. Tenía razón. Caminar o escribir al despertarme es ahora un hábito en mi vida.

Habiendo vivido esas experiencias y tras aplicar todo ese conocimiento, llego a la conclusión de que con los niños es posible que pase algo parecido. Están en un proceso educativo, de formación de su «yo», de desarrollo. De ahí que necesiten la repetición constante sobre acciones que no les salen de manera natural. Porque, ¿es natural ponerse el abrigo? ¿Es natural comer si no estás totalmente famélico? ¿Es una necesidad levantarse si aún tienes sueño? ¿Es urgente ducharse todos los días a las siete? ¿Por qué tengo que llegar al cole a las ocho?, ¿no puede ser cuando me lo pida el cuerpo? ¿Lavarse los dientes es imprescindible? Para ellos la respuesta más intuitiva para todo esto es NO.

Estarás pensando que he perdido el juicio o que soy un ser primitivo y sin civilizar. AHÍ TIENES LA RESPUESTA. Civilizar es el quid de la cuestión. Nuestros hijos están viviendo un proceso de civilización. Les estamos marcando unas normas e imponiendo unos hábitos. Queremos que formen parte del sistema y, en el mismo, nos duchamos, llevamos un horario y nos lavamos los dientes —excepto si eres Pedro, un protagonista de mi programa *Granjero busca esposa*, que aseguraba que no se lavaba los dientes porque su burro no lo hacía y él no tenía por qué tener una actitud diferente—. Somos los instructores de personitas que tienen que desenvolverse en una sociedad con reglas, normas y conductas. De nosotros depende cuáles adoptan y cuáles no. Y de nuestra desesperación diaria vendrá el resultado.

Sin darme sosiego —pero sí conocimiento— he descubierto que Miranda no es una niña desobediente o rara. Mi hija no es una desertora del aseo. No se trata de que quiera sacarme de quicio cada mañana con el abrigo —no se lo quiere poner—. Es mucho más sencillo que eso. No tiene frío, no es consciente de las temperaturas del invierno y de las consecuencias de no llevar el plumas. Por eso, se resiste a utilizarlo. No hay más. De hecho, si viviéramos en otra época histórica, iríamos en taparrabos o con un bisonte encima, no con un anorak de pluma de oca. Así de sencillo.

¿Convienes conmigo? Puede que no, pero te pregunto: ¿tomas cada día los dos litros de agua recomendados por las autoridades sanitarias o eres de los que no tiene sed y sigues las señales de tu cuerpo? ¿Te duermes cuando se pone el sol o estás hasta las mil viendo tu serie favorita en Netflix?

Hacemos lo que nos pide el cuerpo, a veces. Otras, seguimos las normas que hemos decidido acatar. En ocasiones, nos dejamos seducir por nuestras pasiones. Si tuviéramos un padre o una madre al lado, quizá tendríamos que seguir unas pautas y nos resistiríamos como leones a ellas. Sé sincero.

Solo que los adultos ya no estamos en ningún proceso educativo dependiendo de las órdenes de otro. Si fuera así, seguro que necesitábamos otra máquina repetitiva a nuestro lado. Es más, quizá tienes un reloj de esos que van dándote todo tipo de información sobre los pasos que das al día, tu ritmo cardiaco o el uso que haces del dispositivo. Sería lo mismo, piénsalo, que una madre midiendo tus acciones de manera automática y recordándote lo que estás haciendo y lo que te queda por hacer, ¿no? Me resulta un buen ejemplo para reflexionar. Es una máquina de repetir: sigue caminando, sigue caminando, sigue caminando... Baja el estrés, baja el estrés, baja el estrés... Llevas tres horas interactuando conmigo, es mucho tiempo, es mucho tiempo, es mucho tiempo... Puede que no lo veas como yo, pero a mí me recuerda un poco.

Y tirando de recuerdos, regreso a mi infancia. En mi cole —ahora creo que no ocurre, ya que en el centro donde estudia Miranda no lo hacen— cuando nos castigaban, usaban el método «repite cien veces en un folio». Tengo la sensación de que era una adaptación libre de la actual teoría de la adquisición del hábito. Igual estoy siendo muy rebuscada, pero le veo paralelismos con lo que estamos comentando. Si fuiste víctima del «escribe cien veces no volveré a pelearme con...» igual puedes confirmar que es de gran ayuda que pongamos a nuestros hijos a escribir para dejar de sufrir. Es más, voy a empezar a plantearme si debo hacer que mi hija practique ese ejercicio. ¿Y si, de repente, encuentro la manera de que se duche sin perseguirla? A mí me aporta mucho escribir, quizá a ella también.

GRACIAS VIDA.

> **Nota de la autora —o sea, yo—:** *Sea como fuere, entender las situaciones hace que sea consciente y dueña de ellas. Estoy convencida de que, aunque yo lo sufra, es muy importante que Miranda sienta que la entiendo, que no la juzgo y que ni mucho menos la considero mala niña. Siento que es maravilloso que, aunque entre en cólera, en el fondo, soy consciente de por qué es importante convertirme en locutor de Canalcar. Da sentido al momento. Mi hija está aprendiendo y yo la estoy ayudando. En definitiva, ES UNA PASADA caminar juntas en todas las etapas de su crecimiento sabiendo que son difíciles, pero tienen un por qué y un para qué.*

11

FENÓMENOS PARANORMALES

Ya te he hablado del fenómeno del disco rayado. De esos momentos de enorme frustración en los que le dices las cosas a tu hijo cien veces y no te hace caso alguno. Concluía en ese capítulo que quizá se deba al proceso de crecimiento que estamos viviendo junto a ellos y necesitan de la repetición para adquirir sus hábitos. Comentaba, por encima, que estaban viviendo una especie de «domesticación del ser» que nos suponía a los progenitores la difícil tarea de ir proponiendo reglas y que ellos vayan interiorizándolas mediante la insistencia. Voy a profundizar un poco en esto para exponerlo como se merece.

Descubrí hace unos años en un libro una reflexión sobre el desarrollo al que nos sometemos los seres humanos desde niños para convertirnos en adultos socializados. Hablaba de la domesticación del ser. Desde la primera palabra me quedé enganchada a esa teoría. Explicaba que, al nacer, arranca un proceso en el que tenemos que ir descubriendo el mundo y adaptándonos al entorno. En todo ese viaje, quienes nos van dando información y abriendo nuestra mente son las personas que forman parte de nuestro círculo más cercano.

Somos seres que, en su despertar, recibimos todo tipo de información sobre lo que está ocurriendo a nuestro alrededor y sobre cómo debemos asimilarlo. Nos cuentan qué es un hermano, una familia, una relación personal. Nos dan pautas sobre cómo debemos asearnos, presentarnos en público o hablar. Nos marcan normas de conducta y nos invitan a cumplirlas.

Todo ello bajo el criterio y la mirada de las personas que se encargan de darnos luz en ese camino hacia la adolescencia. Léase, padre y madre, entorno familiar, profesores del cole, amigos de pupitre o de tardes de juegos. Son ellos los que nos van domesticando con sus normas y sus filtros, con sus verdades y sus prejuicios. O llamémoslas verdades limitantes, que suena mejor. Y así, con toda esa información, alcanzamos la edad del pavo —como solemos referirnos a los púberes— donde empezamos a cuestionar todas esas historias que nos han contado. Cumplimos una edad en la que necesitamos imponernos y dar paso a nuestra manera de ver la realidad —con acierto o no— y nos rebelamos contra todo lo aprendido.

En definitiva, la repetición forma parte de este momento de la vida para que vayamos adquiriendo las normas de una sociedad y nos integremos, con la consecuente desintegración de los cerebros de los progenitores que no pueden más con su rol de disco rayado.

Me resulta muy interesante esta reflexión porque, ciertamente, una vez que comprendes esta realidad, puedes recolocar en tu cabeza muchos pensamientos o formas de ver las cosas que no te encajaban o no te hacían sentir bien. Normal. Son pensa-

Fenómenos paranormales

mientos de otros y miradas de otros. No se corresponden contigo y necesitas reemplazarlos.

Pero quiero seguir con lo mío porque es lo que me tiene más inquieta. Puedo entender —y lo entiendo y lo valido— que mi hija está en ese momento de su desarrollo y que necesita adquirir hábitos y aprender. La estoy domesticando —qué mal suena, pero por utilizar los términos anteriores—. Me da paz y me sosiega pensar que cuando le digo siete veces que tiene que lavarse los dientes, es porque no es un ser de la Edad de Bronce y ahora, en este siglo, tenemos la posibilidad y la obligación de cepillarnos la dentadura —por salud e higiene—.

A lo que no soy capaz de encontrarle explicación es al momento «apaga la luz» o «ponte las zapatillas». SÍ. Estás leyendo bien. Me encuentro en un momento de la vida en el que Miranda tiene más o menos claros determinados comportamientos y los va mecanizando, pero estos dos en concreto no consigo que los interiorice. Con lavarse los dientes, peinarse, no hablar con la boca llena y ese tipo de cosas, voy viendo avances en ella —a pesar de tener que repetírselos cuatro veces como te comentaba en un capítulo anterior—. Sigo siendo el anuncio de Canalcar en muchos momentos del día, pero creo se ve luz al final del túnel.

Donde pienso que no veré claridad alguna es con las luces y las zapatillas. Quede claro que mi falta de confianza proviene de la observación de los hijos de amigos, porque la mía aún está protagonizando el dichoso anuncio. Cuando veraneo o paso un fin de semana con otras familias en las que ya los hijos han alcanzado la adolescencia, incluso la mayoría de edad, se revela ante mí esta cuestión que planteo. Esos padres siguen con la cantinela de «apaga la luz» y «no andes descalzo». De ahí que me pregunte: ¿Cuándo un ser humano se hace consciente de que hay que apagar la luz? ¿Cuándo nuestros hijos van a ir por el salón con las zapatillas de andar por la casa? ¿Llegará el día? Entiendo que sí, yo lo hago. ¿O quizá no? Conozco muchos adultos que siguen en su despiste. No lo sé, y no estoy encontrando sosiego.

Vayamos a mis momentos del recuerdo, a la Luján niña, para ver cómo he ido evolucionando con los años. Sinceramente, la frase favorita de mi madre era «APAGAD LAS LUCES que no trabajo en Hidroeléctrica del Cantábrico». Se entiende que era la compañía que gestionaba el suministro eléctrico en Asturias cuando era niña. Si quieres saber más sobre esta compañía te cuento que en 2005 fue adquirida por la portuguesa Energías de Portugal y pasó a formar parte del grupo EDP. Pero para mí siempre será Hidroeléctrica del Cantábrico. Es lo que tienen las madres. Dejan huellas en ti que no se borrarán nunca por mucho que cambie el accionariado de compañías multinacionales.

Volviendo al argumento principal, mis hermanas y yo hacíamos exactamente lo mismo que hacen todos los niños del planeta. Salir de todas las estancias de la casa olvidándonos de darle al interruptor.

Si hablamos de los pies y de mantenerlos protegidos, me vienen a la mente los momentos en los que íbamos a Casa Dorita y nos comprábamos las pantuflas de invierno o las chanclas de verano. Casa Dorita era una pequeña tienda de mi pueblo de mil habitantes, donde todos los lugareños íbamos a hacer la pertinente adquisición según llegaban las distintas estaciones. Nos hacía muchísima ilusión ir a probarnos ese calzado y elegir colores un año tras otro. De hecho, recuerdo con todo tipo de detalles unas rojas y otras rosas. Aunque mejor no las describo porque el abuelo de Heidi lleva unas más bonitas que aquellas. Cosas de la vida y del paso de los años.

Durante un par de semanas, aquella compra se hacía imprescindible en tu día a día. Llegabas a casa después del cole y lo primero que hacías era enfundarte las babuchas —denominación que no utilizábamos en esos territorios aquellos maravillosos años—. No había olvido alguno y se convertía en prioridad absoluta. Pocos días después, volvíamos a descalzarnos y a escuchar: «PONTE LAS ZAPATILLAS que te vas a resfriar» o «PONTE LAS CHANCLAS que te vas a clavar una astilla».

Actualmente, me he curado con respecto al tema eléctrico. No dejo la luz encendida ni aunque me esté esperando Richard Gere para llevarme a cenar. No hay nada que me despiste. Es una absoluta prioridad. Supongo que por los recibos que pago, he descubierto la importancia del interruptor. Lo veo como una máquina tragaperras donde no para de girar la rueda y salir cerezas —cerezas o los dibujos que sean—. ¿Será por eso? Probablemente, sí. Esto me hace concluir que, hasta que Miranda no tenga su propia casa, tenga que pagar la factura y sea independiente económicamente, seguiré persiguiéndola por el salón, la cocina y el baño, apagando la luz y deteniendo el contador.

Puede que nunca lo haga —insisto en que conozco adultos despistados con este tema—. No lo sé. Si tienes hijos mayores que la mía, por favor, cuéntame tu historia.

Con respecto a ir descalzo, tengo la misma sensación: es una batalla perdida, ¿hasta cuándo? Eso es todo un enigma. Decenas de resfriados y accidentes en la piscina o en el parque en verano avalan mi desespero. Y los hijos adolescentes de mis amigos actúan de igual modo. Bueno, de hecho, a mí me gusta pisar con pie firme. Es más, volviendo a *Pretty Woman*, la protagonista iba siempre descalza.

¿Será que no es tan importante a la larga y solo es una cuestión que me preocupa, como madre, por cuidar de su salud?

¿Puede ser que me esté obsesionando con las pantuflas?

La respuesta es sí, con total claridad. El tema de ir descalzo me tiene como un hámster en la rueda. Y no es para tanto porque YO voy descalza.

Antes de poner punto final a este capítulo, debo confesar que lo que acabo de hacer es un ejercicio de hartazgo, sin sentido ni finalidad alguna. No sé si es un tema para plantear. ¿Estoy ante un fenómeno paranormal de los seres humanos para el que solo tiene respuesta Iker Jiménez? No lo sé. Pero hoy, a esta hora, seis de la mañana, necesitaba escribirlo —o vomitarlo, piénsalo como quieras—.

Me quedo más en calma solo por el hecho de compartirlo. Me durará dos días, pero eso que me llevo con los dos temas que, a día de hoy, me tienen amargada.

12

QUIERO... QUIERO... QUIERO... ¿QUÉ QUIERO?

Después de hablar de los niños consentidos o caprichosos en un capítulo anterior, me he quedado con las ganas de volver sobre algunas ideas que me sobrevuelan cada vez que Miranda me plantea que quiere esto o aquello. Ya he comentado que prefiero referirme a mi hija como «niña compensada» que como «niña caprichosa». Lo veo más justo y más honesto. Pero, además de eso, he desarrollado otro argumento que me ayuda a mantener mi mente en calma cuando ella empieza con su listado de deseos y no tiene fin. Atención a mis locuras, porque esta es de las mejores.

Miranda es «la niña de los deseos», la soñadora, la que manifiesta abiertamente. Quiero insistir en que estoy planteando escenarios diferentes a los expuestos en el capítulo de «niños caprichosos y malcriados».

Antes de continuar, me gustaría explicar que, cuando hablo de mis locuras, es una forma de expresarme; pero detrás se esconde un aprendizaje para mí. Ahora voy con mi infancia. Ahí encuentro mucha identificación y muchas respuestas a los

El regalo de Miranda

interrogantes que conlleva acompañar a un niño en su desarrollo.

Recuerdo cuando era muy pequeña escenas y situaciones muy similares a las que, ahora, me plantea la vida con la época que está viviendo Miranda. Rescato a la Luján niña y la veo tal y como era. Tendría algo más de seis años cuando ocurrió el episodio.

—¿Me han traído muchas cosas los Reyes? —pregunté a mi madre corriendo hacia el árbol de Navidad.

—No lo sé, he pasado por ahí y he visto de reojo muchos paquetes, pero no sé para quién son —contestó mi madre dejando la semilla de la incertidumbre.

—Seguro que son para mí. Me he portado muy bien —comentaba mientras seguía buscando con celeridad mi tesoro.

—Bueno, habrá para tus hermanas y para la familia, supongo —añadió mi madre.

—Claro, pero estoy segura de que me han traído todo lo que quiero —insistí deseando que mis sueños se cumplieran.

Y así fue. Abrí una caja, abrí la siguiente, me atolondré deshaciendo envoltorios y comprobé que todo el listado de peticiones se había hecho realidad. Miré con una sonrisa a mi madre y dije:

—Está todo, qué alegría, me voy a la cama que aún tengo sueño.

Punto final. Me desperté un par de horas después y jugué durante días con todo el arsenal de cachivaches que me habían traído los tres magos de Oriente.

Esta escena es una de las más comentadas en mi familia cuando hablamos de la infancia. En esos casos, suele aparecer la

Quiero... quiero... quiero... ¿qué quiero?

frase: «Luján siempre lo quería todo». Es ahí cuando me doy cuenta de que pedir, querer, es maravilloso porque estoy segura de que aquella niña pedigüeña es la responsable de haberme traído adonde estoy. Es cierto que mi madre era una mujer muy estricta y no cedía ante los caprichos alegremente. Sin embargo, su *modus operandi* era muy efectivo porque concedía muchos deseos de manera velada. Aprovechaba un momento como la Navidad —por ejemplo— para ser muy espléndida y tiraba de negación cuando las cosas se desmadraban. Pero siempre dejaba una puerta abierta a la esperanza, al éxito. De alguna manera, con su actitud mis hermanas y yo entendimos que era posible tenerlo todo en algunos momentos y recibir noes en otros. Pero sin más ornamentos. Sin reproches ni frustraciones. Y, de manera natural, seguí pidiéndole a la vida que me entregara TODO.

Más anécdotas. Otra frase que mi familia me recuerda a menudo es una del día que me preguntaron qué quería para mi cumpleaños y contesté: «Quiero… quiero… quiero… ¿qué quiero?». A pesar de las dudas —dado que no paraba de pedir— obtuvieron respuesta.

Volviendo a mis vivencias con mi hija, ella actúa en muchas ocasiones de la misma forma que la Lujan niña. Quiere un bolso, una chuche y cuadernos para pintar. Quiere un helado, un juego como el tres en raya y un diario con candado —¡quién no ha tenido un diario con candado!—. Hace sus peticiones constantemente. Consigue determinados objetivos y otros no.

Dicho esto, lo cierto es que, cada vez que lanza un requerimiento, intento colocarme en su lugar y sonreír. Además, en esos momentos, siento una enorme satisfacción por que no

El regalo de Miranda

pare de pedir y de querer, porque ¿está mal que lo haga? Pues quizá no.

Sé que puede parecer un desatino —ya avisé al principio del capítulo sobre mis devaneos— no obstante, planteo mis argumentos con la esperanza de no dejar en el aire ese pensamiento sobre mí. Tengo claro lo que expuse en el capítulo de los niños malcriados y montapollos, pero no estoy en ese escenario ahora mismo. Estoy hablando de cuando nuestros hijos nos piden sin cesar —sin griterío— y les tildamos de pedigüeños sin reposar ese adjetivo.

Me gusta la gente que constantemente está planteándose hacer cosas y cumplir sueños. Suelo rodearme de personas que proyectan sus metas y van a por ellas. Reconozco que me aportan una energía que me ayuda a centrarme en la posibilidad, en el sí, en el propósito viable y alcanzable.

¿Es un problema plantearse sueños y buscar el camino para que se hagan realidad?

¿Está mal pensar que todo es posible cuando lo deseas profundamente?

Yo creo que no. Y así actúa y responde mi cabeza ante estos planteamientos. ¡Ojo que no se trata de lanzar deseos mágicos y esperar a que lleguen! Se trata de una actitud y una manera de seguir adelante con ímpetu y arrojo —claro está, también con esfuerzo y constancia—.

Retomando los ejemplos, me viene a la cabeza una conversación con mi hija ante la llegada de Papá Noel —suelo celebrarlo más porque así tiene más tiempo para jugar con los regalos—.

—Mamá, tengo que hacer la carta para Santa —me comentó una mañana en el desayuno.

—Ay, cielo, ¡qué ilusión! ¡Llega ya! ¡Qué nervios! —le respondí con toda la algarabía que pude.

—Tengo muchas cosas pensadas, pero no sé qué hacer.

—¿En qué sentido, mi vida?

—Pues es que tengo un problema. Quiero muchísimas cosas y me han dicho en el cole que hay que ser prudente porque hay muchos niños que vamos a pedir. Si todos hacemos una carta con mil cosas, algunos se quedarán sin nada porque no va a ser posible —dijo.

—Ah, bueno, puede ser. Claro, quizá tengan razón. No sé, la verdad es que, planteado así, es un problema. Pero, verás, hagamos una cosa. Tú haz el listado y luego lo repasamos. Habrá una solución, estoy totalmente segura —le contesté un poco perturbada con sus reflexiones porque tuve la sensación de que ella sentía culpabilidad con su papel de pedigüeña.

Entiendo que esta conversación y este sentimiento que estaba exponiendo mi hija era producto de una intención muy sana por parte de algún docente para hacerle desarrollar la empatía, la generosidad y la solidaridad. Estoy segura de que ese era el objetivo por parte de quien le comentó que no fueran egoístas con su carta. Sin embargo, sigo pensando que desearlo todo es una postura muy válida ante la vida y no deberíamos robarles a nuestros hijos esa manera de ver su futuro —o hacerlos sentir culpables por demandar—.

Se puede aspirar a conseguir el cielo, es lícito, lo importante es lo que haces con lo que atesoras. Es más, no solo se puede, sino que sería maravilloso que los seres humanos decidieran alcanzarlo todo porque tengo la convicción de que llegaríamos a la conclusión a la que llegamos Miranda y yo entonces.

Resuelvo el enigma.

—¿Ya tienes el listado, mi vida? —le pregunté con cierto temor a no saber cómo iba a acabar aquello.

—Sí, te leo mi carta: «Querido Santa Claus, este año quiero muchas cosas. No hace falta que me traigas todas, pero tengo muchas ganas de tener un reloj, una Nintendo, un set de maquillaje, unas mallas para ir a patinaje, un casco nuevo porque el mío es de niña pequeña, una mochila con ruedas nueva para el cole, unos *tops* que he visto en Shein que me encantan, unas gafas para la clase de natación, un escritorio, muchas pinturas para hacer los trabajos del cole, el libro de *Unicornia* y un novio para mamá» —me soltó sin pensar y tan contenta.

Me dio un ataque de risa, como podrás imaginar.

—¡Ah, qué bueno, me encantan tus deseos! El novio lo veo complicado, cielo, pero la intención está genial —dije tratando de animarla.

—Pero ahora, ¿qué hago? No quiero que Santa se enfade por pedir tanto y que luego no me traiga nada. O se lo diga a los Reyes Magos y ellos decidan que no me traen nada —dijo preocupada.

—Verás, princesa, haz una cosa—le dije—. Pregúntate cuáles son tus deseos más ardientes, intenta pensar cuáles de esas cosas están en tu cabeza todo el tiempo y piensas en ellas constantemente. Esas son las que deseas ardientemente. El resto son ideas que sobrevuelan pero que puede que no quieras de verdad. Házselo saber a Santa y ten la seguridad de que le parecerá una carta muy sensata. Además, si te trae todo y luego lo compartes con tus primas y con tus amigas, estarás actuando como la mejor niña de todas.

Quiero... quiero... quiero... ¿qué quiero?

Este es el mensaje que quise transmitirle. Apareció ese razonamiento en mí. Pide, no pasa nada. Reclama lo que solicita tu cuerpo, eso es perfectamente legítimo. Solo tienes que diferenciar entre lo que pretendes de verdad y lo que no. Y, si tienes la suerte de conseguirlo todo —lo uno y lo otro—, comparte. Así, estarás devolviendo la enorme generosidad que está teniendo contigo la vida.

Gracias a este episodio, me recordé a mí misma lo importante de pedir y saber cuáles son mis verdaderas necesidades. Es decir, no coartarme en mis sueños, pero preguntarme con serenidad y honestidad cuáles son mis deseos ardientes, esos que cada mañana se hacen presentes en mi mente. Por ellos tengo que apostar y no ceder ante cualquier traspié. Esos son mis motivos para seguir avanzando. Los otros, los que todos tenemos de manera automática —léase, que me toque la lotería o unas vacaciones en el Caribe— son caprichos sin más. Por eso nunca llegan. Si fueran deseos ardientes, haríamos todo lo posible por alcanzarlos. Y sería más que lícito que corriéramos a por ellos y que nos fueran concedidos.

Ansiar, añorar, reclamar, pedir, solicitar, pretender... SÍ —para mí, claro, como todo lo que comparto en estas páginas. Es mi opinión y no tiene que ser compartida por todos—. Es un «pase de oro» —como en el programa de televisión *Got Talent*— siempre y cuando vaya acompañado de una hoja de ruta anclada en el trabajo y en el desarrollo de capacidades. Nunca en la parálisis y en la inmovilidad.

Sentirse mal por ansiar, añorar, reclamar, pedir, solicitar, pretender... NO —para mí, insisto—. Es un «no cruzas la pasarela» —como en *Operación Triunfo*—. Cuando te juzgas por querer,

El regalo de Miranda

te castras. Cuando te reprochas por pedir, te frustras. Cuando te afeas la conducta a ti mismo por desear, te limitas.

Espero que Miranda enfoque su futuro deseando, pidiendo, queriendo y desarrollando la capacidad de planificar cómo y esforzándose por ello. Y, desde luego, alcanzando lo que pretende sin titubeos ni excusas. Todo ello como resultado de nuestras conversaciones. ¿Será así? No tengo ni idea. Mientras tanto, la dejo que siga con su quiero... quiero... quiero... ¿qué quiero? El resto llegará. O no.

13

LA INVASIÓN DE LOS PIOJOS

Solo con el título está claro sobre qué voy a escribir. Tengo la seguridad de que el tema es universal. En cualquier rincón de cualquier aula de cualquier colegio de España, se ha presentado un piojo. Ellos son los dueños de nuestros centros educativos durante periodos más o menos cortos del año y responsables de nuestras preocupaciones y desesperaciones cuando llegan a visitarnos.

—Hola, soy un piojo vengo a verte.

—Socorrooooooooooooooo.

Acabo de arrancar con el tema y no paro de rascarme la cabeza. ¿Te está pasando a ti? Tranquilo todo el mundo porque es solo un acto reflejo del cerebro. No tenemos piojos en este momento. Es solo que el hecho de nombrarlos nos despierta un ansia irrefrenable de restregarnos las sienes, el frontal, el occipital, los parietales y lo que haga falta. Recuperemos la serenidad y volvamos a nuestra mente tranquila y capaz de superar cualquier obstáculo. Es fácil escribirlo y decirlo, pero sigo frota que te frota.

Respira Luján, respira tres veces. No es real. Es tu mente recreando aquel momento.

El regalo de Miranda

Fue un año escolar muy complicado en temas de liendres. Temporada 22/23. El chat de madres alertaba constantemente de la aparición de esos asquerosos e incómodos forasteros. Saltaban las alarmas prácticamente todos los meses. Yo me mantenía confiada porque solo había tenido una experiencia anterior sin ningún recorrido. Detectamos a uno de ellos, procedimos a aniquilarlo y nunca más tuvimos noticias en casa. En cierto modo, registré la idea de que «eso no iba conmigo o no le iba a pasar a mi hija».

Cuando era niña, en mi centro escolar también venían de vez en cuando. No recuerdo enormes dramas en este sentido, pero sí están en mi memoria. Somos tres hermanas y ninguna de nosotras ha padecido su compañía. Por eso tenía esa falsa idea de que era muy posible que la sangre de los Argüelles pudiera defenderse ante la plaga. Por otro lado, también es cierto que mi madre era demoledora en sus órdenes y teníamos muy presente las consecuencias que podía suponer acercarnos a determinadas personas por su falta de higiene. Qué falsa creencia. El piojo no entiende de sangre ni de higiene —aunque, sin duda, colabora—. El piojo llega y nos acompaña a todos. Sin distinción ni preferencia. Él es como Hacienda, somos todos. Nadie se libra. Un día, y sin avisar, llega la notificación.

Volviendo al relato, ese curso escolar tuvo muchas alertas rojas. Llegó el momento en el que el miedo se apoderó de mí y llevé en varias ocasiones a Miranda a que la revisaran. La respuesta era siempre la misma y de ahí mi temor irracional a todo lo que significaba un piojo.

—No veo ninguno, pero sí han aparecido dos liendres, así que tenemos que hacer el tratamiento y que vuelva a la revisión.

La invasión de los piojos

Pagaba encantada el proceso de limpieza y regresaba a la semana siguiente. Todo volvía a estar en orden y mi hija estaba limpia. Eso sí, me hacía con un arsenal de productos y volvía a mi casa. Aparentemente, no hay nada extraño en lo que cuento y a todos nos ha pasado. El problema que empezó a generarnos tanto a mí como a Miranda es que, cada vez que una sirena sonaba a todo volumen en el chat de madres, salíamos como un cohete al centro de despioje.

El tema empezó a producirnos mucha ansiedad y a convertirse en un miedo muy desagradable y paralizante. Principalmente a mí. No me gusta atribuir responsabilidades a quien no las tiene. Un niño reacciona dependiendo a cómo ve que lo hace su adulto de referencia. Con lo cual, la desquiciada era yo y, por imitación, mi hija sentía lo mismo.

Hay una cosa que me gustaría comentar a este respecto, antes de continuar. No voy a poner en entredicho la profesionalidad de estos centros. En ningún caso y bajo ningún concepto. No obstante, mi experiencia no fue tranquilizadora. Cuando buscamos una solución a un problema y nos sentimos indefensos, sería deseable que los doctores en la materia hicieran su trabajo. Eso, para mí, es sinónimo de que nos den confianza y seguridad en que no pasa nada y la solución ya está en marcha. Entiendo que es absolutamente necesario no hacer comentarios tipo: «Hay una madre que lleva meses viniendo. Se ha llenado de piojos toda la familia y, por mucho que lava las almohadas y tira los peines a la basura, no consigue librarse de este tema».

A ver, eso da lugar a que tu imaginación vuele más alto y más rápido que cualquier avión de Iberia.

Quiero pensar que lo hacen por ayudarte a que estés muy pendiente y reduzcas los puntos de peligro. Que seas metódico en el uso de lo que te recomiendan y tengas mucho cuidado durante algunos días de no compartir peines o pegar las cabezas al acostarte.

Sea lo que sea, aquello se convirtió en un infierno. Miranda iba mes sí y mes también a que le revisaran la cabeza. Yo me volví una histérica y le aplicaba todo tipo de fórmulas mágicas. Los cepillos para el pelo se convirtieron en mi única compra en Amazon. Cada semana unos nuevos. Llegué a dormir con un turbante para que mi hija no me «contagiara». Cambiamos las normas en casa y cada dos días se lavaban las almohadas en alta temperatura, los cojines de la cama, las sábanas... Todas las prendas que nos poníamos permanecían cuarenta y ocho horas al aire y las toallas eran PROPIEDAD PRIVADA. Nadie podía coger la toalla de otro. Un disparate de alto nivel.

Cierto es que yo me encontraba en un momento profesional de mucho ajetreo. Eso, en mi caso, es que tenía que grabar diferentes cosas en televisión y les prestaba especial atención a los temas estéticos. El estado de la piel, puesta a punto y ejercicio para tonificar el cuerpo, y un número apabullante de extensiones que me hacían lucir como Beyoncé. Y ahí está el objeto de mi desesperación. Mi peluquero, Raúl, vivía con el mismo desasosiego cada mensaje de las madres. Entiéndase wasaps del tipo: «Chicas, hoy he revisado a Nuria y me he encontrado que tiene liendres. Ya tenéis tarea esta tarde. Siento daros esta noticia».

¿Por qué hasta Raúl estaba metido en esta problemática? Pues muy sencillo. Si Miranda tenía piojos y yo cogía piojos, para poder eliminarlos había que desmontar mis extensiones de

La invasión de los piojos

RuPaul, hacer el tratamiento y volver a ponérmelas. Eso, en tiempo, eran tres días mínimo. Y grababa, casi cada jornada.

Sé que parece algo menor, pero, en nuestro sector, es una catástrofe que tal evento pudiera llegar a pasar.

Resultado de todo, pues que en aquel momento de nuestra vida tuvimos drama, estrés, obsesión, miedo, locura, desesperación. Y mucha loción.

Estoy exagerando e incluso parodiando la situación. Pero soy consciente de que no he superado esa sensación de pánico cada vez que sale el tema. Miranda tampoco. Y ahí es adonde quería llegar para comentar lo mucho que he aprendido gracias a esos insectos.

Por un lado, he comprobado una vez más —y por desgracia— que tenemos la responsabilidad de acometer los problemas con serenidad y tranquilidad ante nuestros hijos. Sea lo que sea lo que estés sintiendo, hay que reprimirlo y reconducirlo. De no ser así, nuestros churumbeles tomarán actitudes que no les van a ayudar. Mi hija tiene un miedo atroz a «estos señores».

Por otro lado, los consejos que damos cuando estamos bajo presión son muy peligrosos. En el caso que comento venían, además, motivados por creencias limitantes heredadas. Me convertí en una *hater* de las relaciones personales y, cada día antes de ir al cole, le recordaba a Miranda que «no se le ocurriera, de ninguna manera, perder de vista el peine en las clases de natación». O que se mantuviera alejada de las compañeras porque había una plaga y era un riesgo. De hecho, me enfadaba cuando me informaban de la situación en la escuela pensando que no estaban siendo responsables con el procedimiento a seguir. He de decir, en mi defensa, que nos mandaron un *mail* desde la

El regalo de Miranda

dirección alertando de lo que estaba ocurriendo e invitándonos a ser muy estrictos en la erradicación del problema. Con todo, mi actitud se tornó muy desacertada y ha dado lugar a un pavor o fobia descontrolada.

Al ser una anécdota que olvidaremos muy pronto —no sé por qué extraña razón a los adolescentes no les atacan los piojos—, ha desencadenado en nosotras todo lo que cuento. Y también es cierto que me ha llevado a este aprendizaje. Pero hubiera preferido no tenerlo.

Es más, me acaba de saltar un ejemplo en la cabeza que viene muy al caso de lo que comento. Mi madre tenía —y tiene— autentico pánico a los ratones. No puede con los roedores. Creo que prefiere una invasión ovni antes que su presencia. Ahora mismo estoy reviviendo y viendo con nitidez en mi cabeza una estampa. Yo tendría la misma edad que mi peque. Mi madre subida a la mesa de la cocina de la casa de mi abuela porque habíamos visto corretear un ser extraño. Mi tía subida en la misma tarima. Se empujaban la una a la otra para hacerse sitio —no fuera a ser que se cayeran—. Gritos, nerviosismo, peticiones de auxilio. Hubo de todo aquel día. Hay muchos más.

Ahora me despierta ternura, desde luego, y escribo esto con una sonrisa en el rostro. Menuda pareja. Pero a mis cuarenta y siete años soy incapaz de ver pasar un Mickey Mouse a cien metros de mí sin que salga corriendo como Fermín Cacho.

Debería contaros el día que se coló uno de estos en mi propia casa. Por supuesto, me subí a la mesa del salón. Por supuesto, grité. Y, por supuesto, pedí auxilio a los vecinos. El resto de la historia, muy pronto en sus cines.

14

NO ES TAN IMPORTANTE. DESDRAMATIZAR

Me ha costado muchísimos años entender que nada es tan importante. Llegué a la cuarentena haciendo de cada decisión o momento de mi vida una cuestión de Estado. He tenido que trabajar mucho para conseguir ver las cosas con otros ojos, dedicarles otra mirada y ponerme las gafas de la oportunidad y el entusiasmo cada día cuando me levanto. Lo he conseguido trabajándolo constantemente como si fueran los abdominales y no pienso renunciar a la manera en la que vivo ahora: confiada en el futuro y en lo que me deparará; entregada a la experiencia y a las sorpresas; preparada para el crecimiento sabiendo que, a veces, conlleva dolor; segura de que lo que ocurra será siempre bueno para mí.

Hay una frase que me gustaría repetir —ya hablé de este mantra en la introducción del libro—:

«La vida la vives hoy para entenderla mañana».

En esas ando. Viviendo con la certeza de que ya lo comprenderé todo dentro de un tiempo. Lo bueno, lo malo y lo regular.

Con esa actitud todo tiene sentido; es posible disfrutar de cada momento porque sabes que, con total seguridad, tiene un por qué y un para qué. Lo he comprobado, además. Repasando mi pasado y viviendo mi presente de esa manera, observo cómo cada detalle, cada desafío, cada episodio era necesario y decisivo para llegar adonde estoy hoy. De no haberlo vivido, estaría en otro lugar y tendría otra realidad. Te invito a interpretar tu biografía de esta forma porque estoy segura de que llegarás a la misma conclusión. Si quieres buscar a alguien para que te acompañe en este proceso de búsqueda y descubrimiento, un *coach*, un profesional experto y acreditado que te vaya dando las pautas, será un acierto porque es más fácil y obtendrás mejores resultados. Estoy segura.

Siguiendo esta nueva manera de caminar por mi relato de vida, he decidido transmitirle a Miranda mis trucos y fórmulas porque creo que serán de gran ayuda para ella y tendrá la oportunidad de aplicarlo mucho antes que yo. Podrá interpretar su camino con una sabiduría que yo no tenía. Creo que es un gran legado. Aunque, pensándolo bien, cuando observas a los niños, ese aprendizaje ya lo traen de serie. Creo que lo que ocurre es que, en su proceso de crecimiento y maduración, vamos transmitiéndoles sentimientos erróneos y verdades muy limitantes. Les hablamos de la dureza de la vida, del sacrificio, de las injusticias, de los obstáculos, de todo tipo de inconvenientes, y le damos poco espacio a un concepto tan real como ilusionante: el milagro de la vida.

Es un análisis que he hecho a raíz de observar a mi hija en su día a día. Se levanta cada mañana cantando a voz en grito y bailando como si fuera la protagonista de *Dirty Dancing*. Aun-

No es tan importante. Desdramatizar

que hay días que no son tan alegres, es normal, hay que enfocarlos todos y remontarlos todos. Pero suele despertarse con una energía sobrehumana y muy buen talante. Soy yo —empiezo con mis confesiones— la que me descubro haciendo comentarios del tipo: «Miranda, déjate de gaitas y desayuna», «hija, ya está bien de tanta verbena y vístete, que no llegamos al cole», «para de bailar como una peonza y lávate los dientes que me tienes de los nervios».

No sé cómo será en otros hogares, pero en el mío es así muchas mañanas. Es cierto que otros días me hace sonreír y me doy cuenta de lo que estoy exponiendo. Ellos son seres felices y entregados a la jornada. No se plantean más impedimentos que ir haciendo «lo que toca» con todo su júbilo y euforia. Solo cuando llego yo a chafarle la fiesta abandona su actitud de gozo y regocijo. Es tal cual. Así lo creo. Puede que me equivoque, pero, por si acaso, estoy intentando limitarme en mis comentarios e imposiciones y dejarla disfrutar. Fundamentalmente porque, cuarenta años después, me he encontrado con que he tenido que pasarme meses y acudir a un profesional para recuperar esa sensación de celebración y esa forma alegre de enfocar el día. Así que, de momento, voy a apostar por que en mi casa nos levantemos como si estuviéramos en un parque de atracciones.

Reparando en otras actitudes de Miranda que trae de serie, me encuentro con que, en muchas ocasiones, ante una reprimenda o comentario me mira con sus enormes ojos y su cara de asombro y me dice: «Mamá, no es para tanto». Suele tener razón.

¿Es un contratiempo que se distraiga cuando está haciendo sus deberes? Pues yo diría que no. Es una niña y, además, los adultos también nos distraemos muchas veces.

El regalo de Miranda

¿Es un inconveniente que responda con una frase desacertada? Lo es, pero no es para tanto. ¿Cuántas veces lo hago yo en una reunión y nadie afea mi conducta o me castiga? Me doy cuenta y recupero la dirección, doy un volantazo y sigo adelante. A mi hija no se lo permito. La interpelo de inmediato y la miro con cara de madrastra de cuento al mínimo desliz.

¿Seguro que perder el jersey del uniforme en el patio del colegio es una contrariedad inadmisible? Es una faena, sin duda, pero yo he perdido mil gafas de sol, mil quinientos bolígrafos de marcas buenísimas, he dejado un ordenador en un taxi y se me ha olvidado un paraguas precioso en un restaurante. Nadie me ha perseguido como si fuera una bruja en el punto de mira de la Inquisición ni me han enviado al rincón de pensar por tales hazañas.

«No es para tanto», es una gran frase aplicada a cualquiera de nosotros, incluidos nuestros hijos.

¿Por qué tendemos a ser tan estrictos en la educación de los más pequeños? Claramente, necesitan una brújula que los guíe en la adopción de conductas. Pero ¿es sensato castrarlos con tanta dureza? No quiero generalizar porque seguro que hay mucha gente con muchísima paciencia y unas maneras muy delicadas con sus hijos. Sin embargo, en mis observaciones constantes, me encuentro con que no suele ser así. Puede que el hartazgo que acumulamos en nuestro día a día nos sature. Tenemos demasiadas responsabilidades y el estrés nos está comiendo.

Sea como sea, sinceramente pienso que no somos condescendientes con ellos. Es más, tenemos la creencia de que debemos ser contundentes porque, así, tendrán una educación mucho más sólida para el futuro. Es una opinión personal y, si no

No es tan importante. Desdramatizar

lo ves igual, a lo mejor no le encuentras ningún recorrido, pero creo que es una reflexión que podríamos hacer para darles a nuestros retoños el mérito que tienen.

En alguna ocasión también me he encontrado con que Miranda me ha dado una lección de mesura en mis interpretaciones de la vida. Me he visto haciendo comentarios sobre situaciones laborales o personales llevándolas al nivel de tragedia y de catástrofe mundial, y se han terminado diluyendo ante una sentencia suya: «Mamá, no es para tanto, seguro que se arregla o encuentras otro camino que te haga sentir bien». Cierto. Gran verdad. Sabiduría infinita.

Podría pensar que es producto de la educación que he decidido darle, pero estoy convencida de que es una habilidad propia, fruto de su «yo esencial» con el que nació y con el que debo procurar que continúe su camino.

Unido a esto, me doy cuenta de que esta forma de acompañarla en su avance trae enormes oportunidades añadidas para mí. Por ejemplo y sin ir más lejos, recordarme la valía del concepto desapego. Es otro gran aprendizaje que tuve cuando decidí con cuarenta años reinterpretar mi vida y mis verdades absolutas. Nada es importante cuando no tienes apego a absolutamente nada. Profundizo en ello.

Vivimos en estado de urgencia y en modo alerta demasiado tiempo porque tenemos miedo a perder lo conseguido, a no estar a la altura, a no responder a las expectativas de los demás, a no conseguir los objetivos marcados, a salirnos del *statu quo*, a estar fuera de lo socialmente permitido… A quedarnos sin casa ni coche ni vacaciones. Constantemente nos atenaza el miedo a la pérdida —vuelvo a repetir que es una generalización y que no tiene por qué aplicar a todo el mundo—. De esta forma, desarrollamos un apego enfermizo a todo. No podemos vivir sin esto o aquello.

Y ahí, perdemos nuestra vida.

Si miramos a los niños, son una fuente de aprendizaje en este territorio también. Van de acá para allá adaptándose a todo y sin mirar atrás. Viven diferentes aventuras sin plantearse qué hay detrás de ellas o para qué se han presentado en su vida. Acometen cada desafío con la inocencia mágica de no darle demasiado bombo.

¿Qué hace tu hijo cuando va a un campamento? Puede que le cueste adaptarse según llega, pero una hora después, está totalmente integrado. No tiene apego a su entorno habitual ni miedo a lo desconocido.

¿Cómo se comporta un niño cuando conoce a otros niños? No plantea filtros ni cuestionarios. Se entrega a la situación sin apego a su experiencia ni reticencias previas.

¿Hay algo en la vida de los más pequeños que sea absolutamente imprescindible? Yo diría que no. No tienen necesidades innegociables ni posesiones imprescindibles. Todo vale, todo pasa y todo puede ser sustituido. Al menos en el caso de Miranda es así.

Quizá están manteniendo esa actitud intentando practicar algo tan importante como el desapego, ese concepto que, luego, con los años, no conseguimos controlar.

A Miranda no le importan las cosas materiales; estas no determinan su estado anímico o su felicidad.

A Miranda no le limitan las personas que están a su alrededor. Puede echarme de menos, pero, en cinco minutos, se hace con la situación y la pone en su favor.

No es tan importante. Desdramatizar

A Miranda no le atormenta la llegada de cosas nuevas. Las acepta y va a por ellas. A veces con muchas ganas y, otras veces, empujada por mí. Pero va a por ello.

A Miranda no le da miedo la vida. La vive sin apego, la vive con intensidad y con certeza. Porque «mamá, no es tan importante».

Y en este momento me planteo que sería estupendo hablar también del miedo. Ese monstruo terrible que se hace presente en nuestra vida y parece que nunca se va. Sigue leyendo, que voy con ello.

15

MIEDO, TENGO MIEDO

¿Qué es el miedo? ¿Por qué nos limita tanto y está tan presente en nuestras vidas? ¿Quién le invita? ¿Por qué aparece si es el vecino más incómodo? ¿Por qué se suma a casi todos los planes? ¿Puede alguien decirle que no es bienvenido?

Por supuesto que sí. ¡Se puede controlar! Pero ¿quién le pone el cascabel al gato? ¿Quién se atreve a encararlo y a echarlo definitivamente de su entorno?

Esa sensación de peligro constante que nos atenaza y nos limita es como una droga de la que nadie —o al menos la mayoría— se libra. Y la gran pregunta: ¿viene de serie, nacemos cada uno con nuestro propio miedo o existe un miedo general, mundial que tiene la fuerza para estar en todos lados y con todos los seres humanos? No tengo ni idea. Lo cierto es que vive entre nosotros y no hay quien desaloje a este okupa.

Está en nuestro trabajo, en nuestra vida personal, en nuestras relaciones íntimas, en el entorno familiar, en la sociedad, en los organismos públicos, en las instituciones, en los equipos directivos, en los colegios… ¡Qué pesadilla! Cuanto más lo pien-

Miedo, tengo miedo

so, más me molesta y me incomoda su presencia. Fundamentalmente, me perturba su capacidad de expansión y su fuerza para movilizarnos. A través del miedo y su capacidad de intimidación, tomamos muchas decisiones. Hay quien, además, manejándolo en su beneficio, consigue que los demás hagan cosas que nunca nos hubiéramos planteado o imaginado.

Hay personas que han desarrollado la capacidad para utilizarlo contra otras. Se han hecho amigas del miedo y consiguen que las ayude en la consecución de sus objetivos. Es su aliado. Pero ¿se libran de sus efectos? NOOOOO, ellas también tienen que lidiar con él. El miedo va a lo suyo. Va en una dirección y en otra sin razones objetivas —en principio—. Pero ¿podemos bloquearlo y no darle alas para que deje de volar a su libre albedrío? Quizá sí, seguro que sí. He comprobado que sí.

Cuando nació Miranda pasé mucho miedo. Fue un invitado muy incómodo —y sin ningún wasap de bienvenida— que se instaló en mi casa y estuvo varios años campando a sus anchas y armándose de poder. Sufrí mucho con su presencia. Nunca me dio tregua. Hasta que se hizo el milagro y encontré herramientas para mantenerlo a raya. Actualmente, por supuesto que no se ha ido. En muchas ocasiones siento su presencia como si se tratara de un espíritu del inframundo. Pero procuro tenerlo bloqueado y sin capacidad de maniobra. No siempre lo consigo porque tiene mucha fuerza. Sin embargo, he notado cómo, en la actualidad, le gano muchas batallas.

Pero, por continuar con mi embarazo, lo recuerdo como un momento muy complicado en el que todo se hacía cuesta arriba. Supongo que, como dicen los expertos, mis cambios físicos y hormonales le estaban dando muy buenas cartas al miedo para

El regalo de Miranda

ganarme la partida. Consiguió vencer en demasiados momentos y llevarme, incluso, al jaque mate. Me sentí débil, derrotada, vencida, sin salida, sin opción de seguir, sin capacidad para remontar, sin ilusiones para el futuro.

Es una paradoja que mientras una vida está naciendo dentro de ti, sientas cómo la tuya va perdiendo brillo y fortaleza hasta convertirse en un relato de subsistencia. Estoy segura de que nada de eso era en realidad cierto. Aquí estoy feliz y contenta y con el triunfo en mis manos. Le di un revés más efectivo que el de Ilia Topuria a Volkanovski en la MMA —quien no haya visto ese combate que lo busque porque menudo mamporro—. Simplemente lo viví así. Y convengamos que, si lo sentí así, así fue. Hasta que hice mi proceso de sanación.

Una vez más, la llegada de Miranda a mi vida hizo que tuviera que enfrentarme y lidiar con nuevos inconvenientes que me hicieron subir un peldaño gigante en mi escalada hacia el éxito. Estoy convencida de que, sin ella, este cara a cara, este duelo a muerte con el miedo nunca hubiera sido tan violento. Mi hija me puso al límite y me dio la energía para vencerlo. Me llevó a los infiernos y me enseñó la salida de emergencia dejando a ese señor ardiendo entre las llamas.

Ya he comentado que, en los primeros años de Miranda, mi trayectoria profesional se vio muy afectada por diferentes circunstancias. Además, mi vida personal no estaba en una situación mejor. Sentía que había perdido muchas energías y que el tren me tenía esperando en una estación donde ya no circulaba ni FEVE —Ferrocarriles Españoles de Vía Estrecha—. Pasaron varios años hasta que recuperé mi rumbo y reconduje la trayectoria. Pero eso ya es cosa del pasado. Me gusta rescatar

Miedo, tengo miedo

frases que, en muy pocas palabras, encierran grandes enseñanzas. Voy:

«No podemos vivir ni en el pasado ni en el futuro». «Mirar constantemente atrás solo puede frustrarnos, y concentrarnos en el mañana solo consigue cargarnos de ansiedad». De ahí que no me guste recordar continuamente ese periodo de mi vida porque, sinceramente, lo viví con mucha oscuridad y mucha tristeza. Sin embargo, vuelvo a repetir que supuso el arranque del mayor cambio como ser humano que he experimentado a lo largo de toda mi vida.

Avanzar al lado de mi hija, verla crecer, observarla, sentir la responsabilidad de guiarla en sus primeros años —cuando tenga quince seguro que no me hace ningún caso— fue un enorme revulsivo para mi mente y para mi alma. Esas situaciones y momentos me impulsaron a replantearme absolutamente todo y a revisitar toda mi biografía. Recolocar mis ideas, retocar mis creencias —incluso reemplazar muchas de ella—, enfocar mis fuerzas, sacar mi mejor y mayor energía, conocerme en profundidad para limpiarme de toxicidad, descontaminarme... Todo eso hice cuando me di cuenta del valor que tenía la llegada de Miranda y la cantidad de lecciones que me iba dando. Así lo veo y así me gusta pensarlo.

Seguramente tenga mucho que ver el hecho de que, a determinada edad, experimentamos un proceso de transformación que nos coloca directamente en la adultez como resultado de las experiencias que hemos vivido. Sin embargo, conozco muchas personas —de mi edad o mayores— que siguen sin alcanzar el estado de serenidad y plenitud que tuve la suerte de lograr después del nacimiento de mi hija. De ahí que relacione la llegada de Miranda con mi cambio de mentalidad y de actitud, y la considere el gran revulsivo. Sé que puede ser una lectura muy vacía de contenido, que no tenga ningún sentido relacionarlo, pero así lo vivo. Y si lo vivo así, así es. Al contrario de lo que dice la canción de Thalía:

«Y si no me acuerdo, no pasó».

Entonces yo suscribo como propia la frase:

«Y si así lo viví, así fue».

Hablaba de si el miedo nos viene de serie o hay un miedo general. Al observar a Miranda, y al resto de niños, tengo la sensación de que el miedo no nace con nosotros. Tendríamos, eso sí, que separar y definir muy claramente dos tipos de miedos. A saber:

—Miedo A, el Salvador.

Sería el miedo que nos salva y nos permite subsistir. De ahí que lo denomine «Salvador». Es el miedo que sentiríamos si en mitad de la Gran Vía de Madrid apareciera un león enorme y viniera corriendo hacia nosotros con las fauces abiertas de par en par y con la clara intención de devorarnos. Ese resorte que se despierta en nuestro cerebro y nos ordena con absoluta claridad que echemos a correr es el miedo con el que nacemos.

—Miedo B, el Limitante.

Sería el que desarrollamos a lo largo de nuestra vida debido a las experiencias acumuladas a raíz de cómo las hemos interiorizado. Lo considero limitante porque es el responsable de bloquear muchas decisiones y de no permitirnos vivir con libertad en muchos momentos. Es limitador y no es objetivo. Cada uno desarrolla diferentes versiones y le va dando protagonismo en su día a día sin tener razones claras. Simplemente, le vamos dando la importancia que sentimos que tiene hasta que termina devorándonos —como el supuesto león de Gran Vía—.

Es la idea que nos vamos haciendo en nuestra mente sobre determinadas cosas. Las historias que nos vamos contando sobre nosotros mismos y el entorno. La fábula que escribimos en nuestra cabecita como resultado de nuestra capacidad literaria —ironía—. Por poner ejemplos, es el pánico que nos entra cuando decidimos que nuestro trabajo no nos llena o nos satisface y pensamos en la posibilidad de buscar otro —y aparece el miedo y te dice «Nooooooooo, no lo hagas, irá mal» y te quedas como estás—. O cuando consideramos que es el momento de decirle a nuestra pareja que las cosas no marchan como debieran y que hay que replantearse la relación de otra manera o, incluso, romperla —y aparece el miedo y nos grita: «¿Estás loca? Te vas a quedar sola y no vas a tener una situación mejor; quédate cómo estás y no busques más problemas en tu vida»—. Y sigues adelante.

Sería también un buen ejemplo cuando entendemos que necesitamos nuevas ilusiones y nos planteamos que, quizá, cambiar de casa sería una buena idea —y entra el miedo en escena y te susurra: «¿En serio crees que te lo puedes permitir?, ¿no crees que es una tontería que solo complica tus finanzas?»—. Y reprimes la idea, el sueño y no te das permiso.

Una vez marcada la diferencia entre uno y otro, he ido comprobando cómo Miranda ha nacido con el miedo A, el miedo salvador o el miedo bueno. Ha ido caminando con él en sus diferentes etapas y la ha ayudado, por ejemplo, a no caerse de bruces en sus primeros pasos. Con más edad, ha desarrollado la capacidad natural —ayudada por el miedo A— a no lanzarse de un coche en marcha —excluyamos los accidentes que son otra conversación—.

Analizando a mi hija, voy descubriendo cómo va dándole espacio al miedo B, el castrador, debido a cómo la estoy educando o a las cosas que le voy contando. No me libro de cometer errores y, como resultado de eso, ella siente pánico a los ratones —igual que mi madre—. Sin embargo, procuro que no se amedrente ante los cambios, que no se deje llevar por este compañero incómodo cuando tiene que tomar decisiones. La animo a que vea las posibilidades de éxito en todas las opciones que se plantea y a que recorra diferentes caminos si así se lo pide el cuerpo.

Los pasos que no das también dejan huella, ¿recuerdas? Pues eso.

No he hecho un estudio académico al respecto ni tengo un doctorado en ninguna universidad extranjera. No he elaborado ningún tratado sobre el miedo ni he publicado un informe basado en un trabajo de campo sobre los miedos de los seres humanos. Simplemente estoy procurando analizar cómo he ido funcionando a lo largo de los años y aplicando mis aprendizajes en el acompañamiento de Miranda. Me he diseccionado cuan forense en plena faena y he ido descubriendo cómo, cuando era niña, tenía muchas ilusiones e ideas de futuro que se fueron truncando por las opiniones ajenas. También he visto cómo algunas de ellas las he conseguido llevar a término, pero con el enorme sufrimiento de ir acompañada por este señor molesto y desagradable.

Después de pasar por el mágico momento de replantearme toda mi vida —lo que ocurrió, insisto, cuando nació ella—, he decidido que aquellos temores que tuve no me pertenecían y me invalidaban. Eran sensaciones heredadas de situaciones que había interiorizado como peligrosas pero que no tenían ninguna solidez. Tenía miedo a perder mi trabajo, a no hacer las cosas bien, a lo que los demás pensaran sobre mis movimientos, a no estar a la altura, a no alcanzar el objetivo, a no ser merecedora, a equivocarme… Y con todo eso, me exigía ser feliz porque era lo que tenía que conseguir en última instancia. ¡Pobre de mí —y qué inocente— si pensaba que con ese lastre iba a rozar la felicidad!

Por eso pongo todo mi interés en no transmitirle inseguridades a Miranda y en que no viva asustada. No quiero colaborar con el miedo B bajo ningún concepto. Estoy segura de que este intentará ganar terreno en la vida de mi hija, pero no seré yo quien lo valide. No aporta, y hay una frase popular que dice «si no aportas, aparta».

Hay un miedo bueno. Me quedo con ese. El otro son espejismos resultado de la imaginación. No viene avalado por ningún organismo internacional ni ninguna universidad extranjera —como mis opiniones—. Así que, «hasta nunqui» que diría Ylenia, ese personaje tan peculiar que descubrimos en algún programa de Telecinco.

En las siguientes páginas voy a poner ejemplos de cómo acompaño a mi hija para despojarla de cualquier temor que la visite. El miedo es enemigo del movimiento, es decir, siempre aparece cuando tenemos que decidir. Y nos pasamos el día tomando decisiones, incluso cuando somos niños. Por eso es tan importante empezar ahí, en la infancia, a bloquearlo y enseñarle las garras.

16

EL GRAN DISCURSO DE MIRANDA, HASTA QUE LLEGÓ EL MIEDO

Estábamos en la ceremonia de Kumon de mi hija. El Método Kumon es un procedimiento educativo basado en diferentes niveles de aprendizaje. A través de un material didáctico personalizado, consigue desarrollar el autodidactismo y extraer el potencial que los niños poseen. Lo desarrolló Tony Kumon, un profesor japonés de matemáticas. Y originalmente lo creó para aplicarlo con su hijo y darle brillo a toda su capacidad.

Miranda asiste a clases extraescolares y le va muy bien. Es muy efectivo y he visto sus resultados muy pronto. Aunque es bastante trabajoso para padres y alumnos porque se practica diariamente —incluido vacaciones y fiestas de guardar—. Pero creo que, en mi caso, está mereciendo la pena.

Volviendo al relato, cada año —lleva tres asistiendo a estas clases— organizan una fiesta de fin de curso donde les dan diplomas que reconocen su trabajo y los logros alcanzados. Los niños reciben con mucha alegría su condecoración y creo que se sienten orgullosos por todo el esfuerzo que han hecho durante esos meses.

Digo «creo» porque en los años anteriores no notaba a Miranda tan contenta. Pero en este último festejo, sentí que le hacía especial ilusión. Había en ella un punto de orgullo por lo que había supuesto alcanzar ese mérito. Así lo sentí. Quizá me equivoco, pero me comentó que estaba muy satisfecha.

Que reconozcan que el esfuerzo tiene sus resultados no es una tarea sencilla. Que hagan sus deberes y entiendan —con todos sus matices— el porqué deben hacerlos no suele ser un camino de rosas. Pero, a veces, se producen estos momentos mágicos que compensan como padres.

Pero no era este el motivo por el que quería recordar en estas líneas la famosa ceremonia —aunque también es importante hablar de ello—. Mi intención es comentar una actitud que observé y me resultó tremendamente interesante.

Llegué al auditorio y me encontré con todos los alumnos dando botes de alegría por la llegada de sus padres y por el momento que iban a vivir. Miranda vino corriendo a contarme:

—Mamá me ha dicho María que si quiero hablar.

—Qué maravilla, ¿no? ¿De qué vas a hablar?

—Pues he pensado que voy a decir que me lo paso muy bien viniendo, que mis compañeras son estupendas y que es una experiencia que me hace sentir genial.

—Qué mayor te haces, mi vida. Me parece muy bien. Lo que tú consideres estará bien —contesté sin más, aunque estaba muy sorprendida del lenguaje tan distinguido que ella pretendía utilizar.

—Bueno, por supuesto que también voy a decir que quiero darte las gracias a ti por ayudarme todos los días a hacerlo y a superarlo —apostilló.

El gran discurso de Miranda, hasta que llegó el miedo

No quise responder porque arrancaba el evento y porque, de alguna manera, pensaba que Miranda estaba adoptando esa posición en la que dice esas cosas que ella entiende que pueden ser las que yo quiero oír.

Arrancó la ceremonia con el discurso de la directora y un par de padres que quisieron dirigirse a la grada. Todo bien. Todo seguía el curso normal. Hasta que comenzó el nombramiento de los niños y estos empezaron a subir al escenario.

Los primeros, los más pequeños. No tenían más de dos años. Recogían su diploma, se les hacía su foto oficial de condecoración y se le entregaba el micro para que arrancaran su *speech*. Una estampa preciosa y cargada de ilusión de futuro. Aquellos «enanos» balbuceaban frases sin sentido y lanzaban palabras con una sonrisa en el rostro que solo dejaba lugar a la carcajada de los asistentes. Uno tras otro, se hacían con su tesoro —el diploma— y celebraban su alegría. Uno tras otro. En fila ordenada y sin tumultos.

Hasta que llegaron los cursos más avanzados. Ahí estaban Miranda y sus compañeros. Niños de siete y ocho años —algunos a punto cumplir los nueve—. Iban a vivir su momento de gloria. Todos debían seguir el mismo patrón. Se nombra, se recoge el diploma, se toma la foto y se da un pequeño discurso.

La primera fue una amiga de Miranda. Hizo el paseíllo y todo lo esperado hasta que le tocó hablar. Se negó. La siguiente fue mi hija. Y sucedió exactamente lo mismo. Con una excepción. Empezó a nombrar a otras amigas para que subieran al escenario y que hablasen todas juntas. Evidentemente, no fue posible y dirigieron unas pocas palabras sueltas entre mucha vergüenza y pudor.

Miranda solo dijo: «Gracias a Kumon por todo lo que me enseña».

Y ahí empecé a pensar lo que ahora estoy escribiendo en mi ordenador. ¿Qué le ha pasado? ¿Por qué no habla? ¿Qué le ha ocurrido? Claramente estaba sintiéndose observada —seguro que juzgada— y no estaba preparada para hacerlo de otra manera.

Resulta muy curioso que a los niños más pequeños no les ocurriera y mi hija, capaz de decir lo que antes me había comentado, no lo hubiera hecho. No entendía por qué. Sé que hay muchos manuales de psicología en los que nos pueden explicar todos estos asuntos, pero muchas veces prefiero recurrir a la memoria y verme a mí misma cuando era niña para intentar rescatar algún sentimiento.

¿Qué hubiera hecho la Luján niña? ¿Recordaba algún momento similar en mis años del cole? La respuesta fue «sí».

Recuerdo cuando tenía los mismos años de Miranda e iba a EGB. El hecho de levantar la mano para contestar a la pregunta que el profesor acababa de formular suponía un terrible problema. Sentía que un calor insoportable me invadía y no era capaz de mover ni un solo músculo. Era algo parecido, mucho más limitante, pero me recordaba a la situación que acababa de vivir con la ceremonia de Kumon.

No nos gusta que nos observen. La mirada del otro nos hace sentir incómodos. Preferimos castrar nuestra tendencia natural a hablar que fluir con libertad y hacer lo que pide nuestro cuerpo. Es muy extraño. Pero así ocurre. ¿Por qué? ¿Qué nos pasa?

Lo cierto es que, si sabemos la respuesta a la cuestión que nos plantean, no deberíamos limitarnos. ¿Por qué nos invade el miedo? ¿Hablar es un problema? Quizá sí. Puede ser que, en

El gran discurso de Miranda, hasta que llegó el miedo

nuestro proceso educativo, nos responden tantas veces con noes o displicencia que según pasan los años preferimos escondernos a lucir nuestro conocimiento y nuestra capacidad de expresión. O lo que es peor, ¿nos avergonzamos ante el hecho de ser diferentes y más capaces que el resto? Porque si la respuesta es «sí», vivimos en una sociedad que mutila el talento y restringe la espontaneidad. Que premia la uniformidad y castiga lo diferente. Un entorno que nos cohíbe.

Seguro que mis reflexiones son exageradamente rebuscadas y no tienen fundamento alguno para ser tenidas en consideración. De igual modo, las tengo muy en cuenta para hablar con mi hija y darle alas a su necesidad de ser ella. La invito a hablar, a exponer su punto de vista, a ser la voluntaria cuando piden que alguien salga al estrado, y a tener argumentos para mostrarse públicamente cuando su corazón le diga «sí».

Tener la capacidad para dirigirse a un anfiteatro y estar seguro de lo que queremos contar o exponer es una de las mayores facultades que tiene el individuo. Lo he comprobado gracias a mi trabajo —después de haberlo sufrido, claro—.

He tenido muchos episodios de convenciones y viajes de empresa donde ejerces de maestra de ceremonias y te invaden las inseguridades y los vacíos. Antes hacía respiración cuadrada, ejercicios de Tony Robbins y todo tipo de meditación. Con los años, todo ese temor desapareció.

Ahora, si me ocurre —aunque tengo que reconocer que lo tengo muy superado por mi actividad—, estoy segura de que voy a tener muy presente a Miranda. La voy a recordar con su intención de lanzar un discurso claro y conciso con su mirada limpia y contundente, contándome lo fundamental de lo que

El regalo de Miranda

iba a expresar en la ceremonia de Kumon. Y de lo importante que era para ella.

No voy a olvidar el día que tuve que explicarle a Miranda que estaba muy feliz por su mérito y por lo que había conseguido. Que se merecía salir al escenario y expresarlo. Y que, desde luego, hubiera salido airosa porque ninguno de los que estaban entre ese prestigioso público podría doblegar la voluntad ni el entusiasmo que tenía.

Así es y así seguirá siendo. Es mi propósito.

La vida está cargada de desafíos. Pero el más importante es estar muy seguros de lo que somos. Somos seres libres y con mucho talento. No quiero olvidarlo y no quiero que mi hija lo olvide.

17

«DECIDIR», EL VERBO CON MÁS MAGIA DEL CASTELLANO

Seguimos con el dichoso miedo. ¡Qué intenso, de verdad! Pero es tan poderoso que mejor le damos la importancia que tiene o arruinará nuestras vidas. Suena muy dramático, lo sé, pero es que estoy convencida de que es el responsable de la infelicidad que se ha instalado en todo el vecindario —entendiendo mi urbanización como metáfora de la población mundial—.

> **Nota:** *Si puedes afirmar con absoluta rotundidad que vives despojado de cualquier sensación de temor, escríbeme, por favor, a lujanarguelles@hotmail.com. Necesito conocerte y que me cuentes cómo. Llevo varios años controlando a este parásito, pero no me sale de manera natural, así que, si tú eres capaz, compártelo conmigo. Te lo ruego.*

Sea como fuere, comentaba en páginas anteriores que me gustaría poner ejemplos de cuál creo que es la mejor fórmula para acompañar a mi hija en esta relación con el miedo. Al hilo de lo expuesto, sabemos que el miedo aparece cuando tenemos que tomar decisiones. Algunas veces muy importantes y, otras, no tanto. Pero llega cuando le da la gana.

Por experiencia propia y por todo el análisis que he hecho sobre cómo ha sido mi evolución desde niña, ya he comentado que creo que va ganando terreno según pasan los años dependiendo de cómo nos van educando. Tiene muchísima fuerza, a mi juicio, cuando cuenta con el apoyo de un entorno donde le dan protagonismo y le sientan a la mesa en cada una de las comidas —entiéndase, habitualmente—. Me parece crucial que lo bloqueemos lo más pronto posible y que nuestra mente se entrene a fondo para mostrarle oposición a la mínima que intente entrar en escena. Por ser clara y contundente, estoy segurísima de que si entreno a Miranda para mantenerlo a raya sin reparos ni remilgos, saldrá victoriosa sin lugar a ninguna duda.

Pero estas líneas venían a poner ejemplos y así poder explicarme mejor sobre cómo la guío en este sentido y la empodero contra este ser maligno. Procedo.

Recuerdo el día en el que estábamos desayunando justo antes de ir al cole. Era, evidentemente, un día entre semana. Solemos comentar diferentes cosas, pero es habitual que me hable sobre sus batallas del día anterior o las que le tocan en esa jornada.

—Mamá, no sé qué hacer. Tengo un problemón —comentó con cierto temor.

—¿Qué pasa? ¡No me asustes! —le respondí preocupada por el nivel de drama que le estaba dando a la conversación.

—A ver, mamá, no sé si me vas a entender, pero es que hoy tengo muchas cosas muy complicadas a la hora de la comida y no sé qué hacer —insistió en su trabalenguas sin darme más

«Decidir», el verbo con más magia del castellano

pistas sobre qué pasaba por su cabeza que parecía perturbarla tanto.

—Ok, pero, Miranda, cuéntame qué pasa y vemos cómo puedes arreglarlo, porque no me estoy enterado de nada.

—Pues mira, hoy tengo el ensayo de la obra de teatro que vamos a representar a los padres el viernes. Es ensayo general y no me lo puedo perder porque estamos a dos días del evento. Pero como me has apuntado a clases de Kumon los miércoles, pues tengo que ir a Kumon y no me va a dar tiempo —me reprochó sin dudarlo.

Puede verse que recalcó que el motivo de su problema era yo por inscribirla en Kumon.

—Para, para, para. No empieces a agobiarte y a bloquearte porque así no vas a solucionar nada. Además, empezarás a buscar culpas por todas las esquinas y no soluciones que es lo que necesitas —arranqué con mis primeras lecciones de tranquilidad ante el estrés y aparcando la culpa que pretendía encasquetarme.

—Ya, pero eso lo dices porque no te pasa a ti. A los ensayos de teatro tengo que ir porque, si no ensayo, me va a salir fatal y no quiero hacer el ridículo. Y a Kumon no puedo faltar porque la profesora me pone negativo y, luego, no me darán el diploma de la excelencia y tú te vas a enfadar y...

—STOP. ¡Miranda, para! Estás entrando en una rueda que no tiene sentido. Y solo se trata de tomar decisiones. ¿Qué es lo importante, qué es lo prioritario en este momento, qué es lo que tú consideras y qué es lo que estás dispuesta a asumir si sale mal alguna de tus decisiones? —le pregunté siendo consciente de que no entendería la respuesta en su profundidad.

155

—Siempre igual, mamá, todo lo ves facilísimo. Pero no es así porque ¿qué le digo a la profe de Kumon si no voy?

—Vamos poco a poco. Tienes que ir al ensayo porque es algo excepcional. Perfecto. Tienes que ir a Kumon porque es tu rutina de los miércoles y hay que ser responsable con las actividades que uno tiene. Perfecto. Pues vas, recoges tus deberes para la semana y le dices que no puedes asistir a la clase porque hoy, puntualmente, ha surgido el compromiso del ensayo. No habrá ningún problema, ya verás —seguí insistiendo en una decisión razonada para que no se atolondrara con todo.

—Seguro que me regañan las dos profesoras y, al final, me castigan, o me bajan la nota, o me ponen un negativo... ¡Seguro! —manifestó su temor a las posibles consecuencias si no cumplía con lo que se esperaba de ella.

—Hija, no entres en pánico, te van a entender. Y, si no es así, ¿tú crees que esta opción es buena, está bien pensada y estás haciendo lo correcto? —le pregunté.

—Sí, está bien, porque es así. Además, no me estoy inventando nada.

—Pues no te asustes, hazlo y estate tranquila y convencida.

Puede parecer una conversación infantil e inocente, pero yo le pongo mucha atención a este tipo de cosas porque estoy convencida de la importancia que tienen de cara al futuro. Para mi hija, esta situación era un conflicto de primer orden. Tenía que tomar una decisión que implicaba que, en algún momento, pudiera tener como resultado un castigo o una sanción. Y eso le generaba ansiedad producto del fastidioso «señor miedo». De ahí que era importante darle herramientas para bajar el suflé, poder verlo con distancia y actuar con coherencia. Evidente-

«Decidir», el verbo con más magia del castellano

mente, requería de un análisis y de una reflexión porque no podía dejar de atender sus obligaciones ni podía dejar de asistir a un ensayo importante para un evento especial. Tenía que conseguir compaginarlo o rechazar alguna de las opciones. Y elegir qué desestimas o a quién defraudas no es tarea fácil. Con todo, lo más importante para mí, era —y es— ayudarla a controlar el desasosiego que nos provoca a los seres humanos decidir, rechazar, prescindir... Y el temor que nos inunda cuando pensamos que no estamos a la altura o creemos que no cumpliremos con las expectativas que tienen sobre nosotros. Eso era —y es— lo que más me preocupa.

Quisiera ayudar a Miranda a que, cuando tenga que enfrentarse a una situación complicada, mantenga siempre la calma y no pierda el timón. Nada es definitivo. Nada es irreversible. Nada es tan importante como para que nos bloqueemos y nos silenciemos. O para que nos paralicemos y no sigamos adelante con nuestras ilusiones y nuestras intenciones. Siempre hay caminos.

Y como me gustan las frases, ahí va otra:

«Siempre hay red, aunque no la veas. El sol sale todos los días, aunque no lo veamos porque lo cubren las nubes. Pero está. Así que lánzate aunque no veas la red porque existe, aparecerá. Confía».

Los adultos sabemos muy bien lo que es renunciar a las cosas por miedo a perder otras. Abandonar un sueño por verlo inalcanzable y finalmente no conseguirlo. Desistir en un deseo por el miedo a que no sea cumplido y a perder el tiempo. Y lo cierto es que los sueños que no se cumplen son los que no tenemos o los que a lo mejor tenemos pero no caminamos hacia ellos. Para el resto, siempre habrá fórmulas para alcanzarlos.

El regalo de Miranda

Tampoco podemos vivir «dejando de hacer» por miedo a perder. El inmovilismo en el que nos instalamos por sentir que podemos caernos en un precipicio si damos un paso en falso es terriblemente castrador. No me gustaría que mi hija no tomara decisiones por las consecuencias que le puedan acarrear. Prefiero —si pudiera elegir, que no es el caso porque es su vida— que actúe de forma valiente y consecuente. Que sienta la fortaleza de su voluntad y reme con brazo firme hacia el destino que se propone. Que no se achante porque se imagina escenarios catastrofistas. Eso no es real. Son fantasías que nos plantea el subconsciente para supuestamente protegernos de posibles frustraciones. El problema es que, al final, vivimos en continua frustración.

Por seguir con mis charlas con Miranda, cuento otra conversación en este sentido. Una tarde volvió del parque muy cabizbaja. Había estado jugando con sus amigas y habían tenido un encontronazo. Es habitual que tengan sus discusiones porque «la lucha de poderes» aparece desde bien pequeños. Esa tarde, la trifulca se había organizado por quién lideraba el equipo de vóley en el que le había tocado jugar.

—No entiendo a Macarena, siempre está mandando y es imposible jugar con ella sin discutir —decía mientras llegaba de la calle cargada de indignación.

—Vaya, vienes molesta. ¿Todo bien?

—No, mamá, estoy harta de hacer siempre lo que ella dice. Además, es muy maleducada y cuando no estás de acuerdo con lo que plantea te habla mal y te mira con cara de asesina. Encima cuchichea con los demás para que se pongan de su lado —me resumió muy alterada.

Es el título de la página: «Decidir», el verbo con más magia del castellano

—Uf, no suena muy bien lo que me cuentas. ¿Y qué has hecho?

—Pues primero me he enfadado y luego he aceptado —me confesó.

—Ya... Y, ¿era lo que querías? Entiendo que no porque vienes muy cabreada.

—Claro que no, pero ¿qué voy a hacer? Si no hago caso y le llevo la contraria se enfadará y hará que toda la urba se enfrente a mí. Y, sinceramente, mamá, no quiero vivir esa situación.

Es el claro ejemplo de miedo a que no nos acepten y la sumisión inmediata para evitar ser excluidos del grupo. De adultos, también vivimos estas situaciones.

Es difícil al principio encontrar la manera de conversar con una niña tan pequeña y encontrar soluciones que le satisfagan y que sea capaz de llevarlas a buen puerto. Pero mi único objetivo siempre es liberarla del miedo —qué cansino, de verdad— y que tenga la certeza de que, siguiendo su instinto y siendo fiel a sus creencias, podrá salir satisfecha de cualquier episodio como este. Mi meta como madre es que se escuche y se respete. No que se silencie y baile al son de los demás solo por miedo a ser diferente. Mi propósito es poder despertar en ella su autoconfianza, su seguridad y su arrojo para ser auténtica y fiel a sí misma.

Mis años —que son muchos, vuelvo a repetir que casi cincuenta— me han llevado a concluir que la felicidad solo va de la mano de la autenticidad. Es amiga de la lealtad y de los principios. De la valentía y del empeño. En casi todas las ocasiones en las que, por miedo, me he retraído, no me he expresado, no he continuado con paso firme hacia delante, no he conseguido ser feliz. Siempre había frustración si finalmente las cosas no salían bien o recelo por hacerlo todo según las normas establecidas. No he estado satisfecha con mis resultados si eran producto de la imposición y del pánico. Es más, creo que muchos de mis errores han venido motivados por mis ansias de reescribir un pasaje en el que las decisiones las tomaron otros y yo me rebelaba contra eso. Al final de todo el galimatías el resultado era un error más grande…

No quiero extenderme más ni darle más espacio a un compañero de viaje tan poco aconsejable. Simplemente me gustaría recordarme a mí misma —y a quien lo quiera leer— que intentemos educar a nuestros hijos en la seguridad en sí mismos y la autoconfianza, en decidir y renunciar con la certeza de que están haciéndolo bien y sin temor a lo que venga después —nada es tan importante—, sosteniendo la batuta con firmeza y dirigiendo los acontecimientos con convencimiento. ¡Ah! Y moviendo el culo —perdón—, que hemos venido a jugar —como decía Joaquín Prat en *El precio justo*— y no a recostarnos en un diván a ver cómo se mueve la noria.

Por último, ¿recuerdas al flautista de Hamelín? Es un personaje de cuento muy popular. Nos sirve para imaginar a nuestros hijos caminando tras él cuan ratoncitos. No te gusta esa imagen, ¿verdad? A mí tampoco. La partitura de la vida de Miranda y la orquesta que la tiene que tocar, me gustaría que la eligiera ELLA y que la dirigiera ELLA.

18

MIRANDA Y EL PELO CON BOLLOS

Aviso a navegantes: este capítulo es una forma de desahogo y de corta extensión. No tiene demasiada enjundia, pero la cuestión me tiene desesperada. Porque, lo que es aún peor, no le encuentro solución alguna. Espero que con el paso de los años se cure esta manía, casi convertida en enfermedad, que le ha entrado a mi hija. Sin darme cuenta, a lo largo de este curso escolar, el mayor problema al que nos enfrentamos cada mañana es hacerle la coleta. Y nadie es lo suficientemente capaz de repeinarle la cabeza para que luzca satisfecha. Una y otra vez se recoge la cabellera intentando ponerse la goma, no le gusta, se la quita y vuelta a empezar. Así, hasta que pierdo la paciencia y digo eso de «ni bollo ni bolla, nos vamos al colegio ya que llegamos tarde».

Nunca he estado muy pendiente de sus peinados porque soy un desastre como peluquera. Gracias a la vida tengo a Raúl Urbina para acompañarme en mi periplo profesional y siempre me dejo llevar por él y por sus habilidosas manos. Reflexionando mientras escribo estas líneas, el tema en cuestión a menudo ha sido objeto de comentarios por parte de Miranda. Era y es habitual que escuche: «Mamá, no sabes peinar». No se equivoca, por tanto, no discutimos. «Toda la razón hija, no se pueden tener todas las virtudes».

Sin embargo, desde el día que hizo la primera comunión —hace muy poquito, con ocho años— observé que *el temita* nos iba a dar la lata. El mismísimo Raúl vino a casa a ponerle su corona de flores de princesa. Un accesorio precioso de flores preservadas que le hizo Mabel Luque. Totalmente artesanal y con un gusto increíble. Era una obra de arte manufacturada de esas que dejan boquiabierta porque tengo poca destreza para las tareas de este tipo —otra virtud que no poseo—.

—¡Qué maravilla de pelo tienes, Miranda! —comentó mi peluquero. Es cierto, tiene un pelo y un color increíble.

—Gracias. Quiero que me la pongas así —empezó ella con sus directrices mostrándole fotos a Raúl.

—Tranquila, primero vamos a estirarlo bien, dejarlo bonito y, luego, la colocamos —apuntó él para que se relajara porque se la notaba tensa con aquel día tan especial que le tocaba vivir.

—Ok, perfecto, pero quiero que me quede así —dijo volviendo a sacar la foto a bailar.

—No hay ningún problema, eso es muy fácil de hacer —afirmaba el inocente de mi amigo.

—Pero no quiero que estos pelos se me caigan por la cara. —Las manías y los imposibles se hacían presentes.

—Ya, Miranda, pero es que esos pelillos se te caen porque están más cortos, son de crecimiento reciente y no se sujetan detrás. A no ser que le echemos laca. —Empezamos con la búsqueda de soluciones.

Miranda y el pelo con bollos

—NO, NO, NO, NO. —Entro yo en escena desquiciada ante la posibilidad de que mi hija vaya a su comunión *enlacada* como una señora de Burgos a las fiestas patronales.

Así pasamos casi una hora, y el resultado fue un esperpento porque se negó a seguir los consejos de Raúl y se enfundó la corona a su aire.

Consiguió alterarme a primera hora del día y empezar con mal pie una jornada tan especial, pero, por suerte, es algo que se me olvidó en cuanto llegamos a la celebración.

Mal por mí porque, al recibir las fotos de la profesional que nos acompañó para dejar constancia de todo lo ocurrido, el desastre era mayúsculo. De cualquier manera, lo he registrado en mi mente como un episodio gracioso que recordaré cuando vea el álbum, pero poco más. No le quiero dar trascendencia porque, cuando dejamos que nuestra mente obsesiva se apropie de nosotros, hasta el mejor de los momentos se convierte en una tragedia sin parangón.

Al tratarse de una anécdota más en nuestras vidas, está claro que será objeto de comentario en el futuro. De hecho, lo estoy contando aquí. Pero, sobre todo, supuso el pistoletazo de salida de la cantinela con la que empezó a desquiciarme cada mañana. «Mamá, tengo un bollo».

Me hace ilusión compartir estas líneas, ya que, en mi comunión, yo también la lie parda con la corona. Lo que son las cosas. Fue en otro sentido, pero la corona fue la protagonista. Paso a narrar mi conflicto.

Corrían los años ochenta —quiero darle boato al momento— y en un pequeño pueblo asturiano una niña rubia de ojos azules llamada Luján estaba a punto de vivir uno de los días más especiales de su corta vida. Vestirse de comunión era un sueño para ella. De blanco inmaculado y de largo cual princesa. Solo tenía un detalle que añadir para convertirse en la protagonista del cuento que se había construido en su mente: una diadema en el pelo. Una corona de flores que le otorgara el papel —principal y único— de alteza. No parecía algo descabellado; muchas niñas sueñan con eso y llevan su corona. Pero aquí no iba a ser tan fácil.

—Mamá, quiero llevar corona —informé a mi madre sin dudar de mi deseo.

—Ni loca vas a llevar eso, ¿de qué hablas? Es horroroso. No es elegante. Vas a llevar el pelo liso y un prendedor monísimo. Y discreto —respondió ella sin prestarme atención y dando por cerrada la conversación.

—Mamá, quiero corona, me gusta. Y la voy a llevar —insistí con la misma actitud contundente que ella.

—Te he dicho que no, y no hay más que hablar. —Cerró de un portazo la posibilidad.

Así fue, más o menos, el diálogo que mantuvimos la primera vez que yo manifesté mi deseo de ir coronada al evento. Una conversación tensa, seca y que prometía vendavales venideros. Y así fue.

No sé cómo lo conseguí, pero es el temazo que se comenta en mi casa cada vez que hablamos de mi primera comunión. Entiendo que le puse a mi madre la cabeza como un bombo o que le lloré cien veces a mi padre por la negativa a mi petición. Lo cierto es que LLEVÉ CORONA.

En resumen, que las coronas son grandes amigas de mi hija, pero también lo fueron mías. Y me resulta muy significativo que

Miranda y el pelo con bollos

ambas hayamos tenido el mismo deseo y compartamos el mismo recuerdo con el mismo objeto. La vida hace cosas muy raras pero que son muy mágicas, ¿verdad?

No obstante, no es mi intención hablar de bonitos recuerdos y momentos entrañables. «Tengo un bollo» cada mañana es el tema a desarrollar.

Entiendo que se trata de la edad. Está cumpliendo años y empieza a presumir y a estar pendiente de su aspecto. Supongo que es lo que me va a tocar dentro de poco. Horas ante el espejo, llamadas a las amigas preguntando qué se van a poner, todo tipo de trapos tirados en la habitación después de probarse cien modelos… ¡¡¡Adolescencia!!! No hace falta decir que esos años vienen con su gran compañera de la mano: la INSEGURIDAD.

Cuestión aparte es que Miranda solo tiene nueve años. No está en esa horquilla de edad. Debe ser lo que comentan: «Los niños ahora se convierten en adolescentes mucho antes». Igual son las primeras señales. Lo tendré en cuenta.

Me siento desconcertada ante este desencuentro con mi hija, pero no estoy sola. Hace un mes, más o menos, estuvimos de vacaciones con unos amigos que tienen una hija de doce años. Mi amiga, la madre, peina de maravilla y siempre ha jugado con ellas a hacerles trenzas, recogidos y todo tipo de virguerías en la cabeza. En esta ocasión, Miranda no requirió sus servicios. Algo muy extraño porque siempre lo hacía. Hay que tener en cuenta, además, que yo lo hago fatal, así que mi hija admiraba profundamente a mi amiga. Sin embargo, en esta ocasión, no reparó en ella.

De casualidad, surgió el tema.

El regalo de Miranda

—Estoy harta de hacerle la coleta y que me diga que está mal. Nos tiramos media hora cada mañana con este asunto —le dije.

—Uy, pues no te queda nada. Acuérdate de que yo era la mejor peluquera del mundo para mi hija. Le he hecho siempre unos peinados preciosos. He aprendido de todo en YouTube y nos hemos divertido con esta actividad durante años. Pues ahora me dice que peino fatal y que la deje a ella sola que no tengo ni idea —comentó con resignación mi amiga.

—¿Qué me estás contando? ¡Eso es imposible! ¡Pero si tú lo haces perfecto! ¡Me sorprende muchísimo que te diga eso!

—La preadolescencia, Luján, ve pensando en ello —concluyó mi amiga.

No hay más que hablar y aquí se cierra el tema. Quien tiene hijas lo sabe. El pelo es una cuestión de Estado y un vínculo muy fuerte entre madre e hija. El día que empieza a prescindir de ti o criticar tu forma de hacer la coleta —«Mamá, tengo un bollo»— es que está dando señales de empezar a caminar sola por la vida.

Puede ser muy pronto para pensarlo. Miranda tiene nueve años —insisto—. De cualquier modo, quiero tenerlo presente porque puede que la desesperación se temple si comprendo que no es una manía, sino tan solo un aviso de la vida de que mi hija se hace mayor.

Ah, y si alguien ha encontrado la solución a los bollos en el pelo, por favor, que la comercialice y la ponga a la venta. Se forra seguro. Creo que puedo afirmar sin equivocarme que es la primera gran discusión entre madre e hija y que nos marca para siempre. Un «peinabollos» arreglaría muchos traumas entre nosotras, las sufridoras madres.

19

LOS CARNAVALES DE VENECIA

El primer día fue muy gracioso. Era muy pequeña. Quizá menos de tres años. Empezó a imitarme cogiendo el colorete de mi neceser y se puso la cara como un personaje de cómic. Poco a poco, entró en sus juegos lo de maquillarse con mamá. Me miraba, me observaba e intentaba hacer lo mismo que yo. A todos nos parecía muy divertido y comentábamos lo simpático que nos resultaba verla reproduciendo el ritual de los adultos en materia estética. Lo hacía también con la ropa. Se enfundaba mis zapatos y taconeaba sin parar por todo el salón. Otra escena desternillante. Otro *hobby* que incorporó a su ocio. Me parecía inocente y una forma más de compartir nuestro tiempo y estar juntas haciendo cosas totalmente inofensivas para su educación.

Sin darme cuenta y sin reparar en su evolución, llegó el día en el que Miranda hizo su aparición estelar. Dispuesta a salir a comer con mi familia, se levantó el telón. Iba maquillada como un payaso antes de una actuación del circo. Todos los colores del arcoíris cabían en su rostro. Azules, amarillos, verdes, fucsias. ¿De dónde salían tantos tonos diferentes de sombras de ojo? ¿Cómo era posible que existiera un colorete tan marrón y tan rosa en la paleta de maquillaje? ¿Se fabricaba un rojo tan rojo para los labios? Al parecer, sí, porque ahí estaba mi hija con la cara del payaso de Gran Hermano en Halloween.

Confieso, declaro y asumo que no me resultó un problema más allá de lavarle la cara con Mistol —es una forma de hablar, se entiende—. Opuso resistencia, no entendió nada, se mostró confundida, ofendida y enfadada. Pero el capítulo se cerró con la cara como una sandía de roja —y de hinchada de la refriega—. No pensé más en aquello y entendí que era un episodio sin consecuencias —¡qué gran equivocación!—.

Así las cosas, nuestra vida siguió discurriendo plácidamente entre muñecas, patinetes, bicicletas y puzles. De vez en cuando, jugábamos a pintarnos como las chicas mayores. De hecho, en pandemia, ofrecíamos a nuestra comunidad todo tipo de tutoriales sobre estar guapa en aquella situación. Un derroche de creatividad y mamarrachismo convertían nuestras *stories* en gran éxito de audiencia. Cientos de comentarios nos animaban a seguir exhibiendo nuestra maestría para el *make up*. Nada de lo que preocuparse. O eso parecía. Bueno, a nadie le preocupa que su hija juegue con eso. De hecho, le regalamos por su cumpleaños estuches cargados de pinceles, pintalabios y pintauñas. En Reyes, los de Oriente suelen venir con este tipo de obsequios. Está en las cartas de las niñas de medio mundo.

Los años pasan —he de decir que no tantos— y los juegos se convierten en hábito. Me explico, porque estoy tirando tanto de ironía que puede que no se me entienda. Desde 2020 han pasado cuatro temporadas. En ese intervalo de tiempo, Miranda ha ido adquiriendo todo tipo de habilidades, entre ellas, la de utilizar las pinturas de mamá con mucha destreza. Es una maestra. Y yo he seguido viéndolo como un acto infantil con el que disfruta y mantiene la mente ocupada en sus ratos libres. Juega al parchís, ve series de televisión o se convierte en Beatriz Matallana poniendo guapa a Shakira —Bea es la maquilladora de las grandes estrellas nacionales e internacionales que visitan nuestro país. Pido perdón a Lewis Amarante por no poner su ejemplo, pero no vamos a entrar en rivalidades sobre cuál es el mejor. Lewis es un artista, buscadlo en Instagram—.

Continúo. Pero, antes, una pregunta: ¿alguien ha visto un conflicto en este relato? Porque yo no lo vi en su momento. Pues lo hay. Expongo el tema.

La bomba estalló poco después de cumplir los ocho años. Corría el verano de 2023. Época vacacional y periodo de hacer viajes y disfrutar de la vida. Dispuestas a darlo todo, organizamos nuestro calendario para ir de acá para allá y visitar a todos nuestros familiares y amigos. Maletas con ropa suficiente, productos de aseo, todo tipo de abalorios y coge el coche que nos vamos. Por fin llegamos al destino y de inmediato nos bajamos a la playa. Todo en orden. Caminata por el paseo marítimo, parada para tomar un batido y luego a ducharse que salimos a cenar. Y ahora comparto el relato pormenorizado de lo que ocurrió. Vamos con la secuencia:

—Pero ¿dónde va la niña con esa cara? —me preguntan los allegados, no voy a dar más datos.

—Nos vamos al chiringuito, ¿no? —contesto sorprendida por la pregunta para confirmar que no se había cancelado el plan.

—Sí, pero va maquillada —me comentan con asombro.

—Ya, le encanta. Es una *fashion victim* —afirmo con serenidad sin dudar de nada; aunque intuyendo lo próximo.

—Pero, es una niña, ¿le dejas que se maquille? —insiste mi interlocutor.

Llega un punto en el que todo el grupo está pendiente de la conversación.

—Claro, es una niña, pero le gusta jugar a maquillarse y estamos en verano. Puede disfrutar de lo que le gusta como nosotros, o ¿no te vas a tomar un tinto de verano y a acostarte tarde? Entiendo que, en vacaciones, haces cosas que te relajan y te apetecen porque eres más permisivo y más flexible con tu horario y tus normas.

Podría darte todo tipo de detalles sobre las muchísimas conversaciones que he tenido con respecto a esto. No me apetece mucho porque siguen planteándome la pregunta y estoy un poco cansada de argumentar una y otra vez. Prefiero darte grandes titulares y, supongo que, algunos no los vas a compartir; otros, quizá sí.

Es evidente que mi hija ya no se maquilla como Payasín. Solo le gusta ponerse *gloss* en los labios, un poco de sombra, peinarse las cejas y dar rubor a las mejillas. Nada nocivo —aunque he tenido que pararla, ahora te explico— y muy fácil de entender si pensamos que funcionan por imitación. Pero, a pesar de no ver una «conducta de riesgo» en ello, me confundí en no reparar en lo que podría suponer para los demás.

Para muchos es inadmisible que los niños tomen prestadas costumbres de adultos. Son mayoría los que consideran que «es un error permitirles adelantarse a su edad porque eso supondrá que vayan demasiado rápido en todo». Yo he llegado a la siguiente conclusión.

¿Por qué elevamos a la categoría de problema situaciones que en realidad no plantean ninguno? Siento que tenemos la certeza de que se convierten en delincuentes si se pintan los labios a los ocho años. ¿Por qué somos tan contradictorios con algunos asuntos? De muy pequeños, les regalamos cosas y les permitimos hacer actividades que, luego, les vamos a prohibir. Coincide que siempre son cosas que entendemos que su uso o práctica solo se puede producir en la edad adulta.

Ponerse tacones es divertidísimo cuando los niños tienen seis años, pero un problemón si alcanzan los diez. ¿Existe alguna relación entre jugar con tacones a los ocho años —o incluso comprarles algún tacón bajito de niña— y terminar protagonizando un embarazo no deseado a los catorce?

Incluimos en sus cuartos de juego neceseres de princesas Disney cargados de productos para despertar su fantasía, pero nos echamos las manos a la cabeza si plantean pintarse las uñas de los pies. ¿Está demostrado por alguna universidad internacional que si le dejo a mi hija ponerse esmalte en los pies —de niñas, claro— nunca terminará los estudios y será una «nini»?

Rompemos a reír si deciden imitar a su tía embarazada con un cojín del salón, pero no somos capaces de hablar con ellos de temas íntimos. ¿Es el cojín síntoma inequívoco de adolescente precoz en el inicio de sus relaciones sexuales?

Perdonadme si todo lo anterior ha tenido un tinte un tanto ridículo, pero así lo veo yo. No consigo comprender por qué tengo que prohibirle a mi hija que, de vez en cuando, se permita la licencia de «hacer algo como mamá» si, además, socialmente ¡la hemos estimulado para ello! Insisto en lo que decía antes, les regalamos todo tipo de cosas que invitan a que les guste «parecer mayor». Está aceptado por todos que jueguen a eso.

Recuerdo que mi sobrina, a los seis años, manejaba los pinceles de maquillaje mejor que mi estilista de la tele. Si soy sincera, confieso que yo, de muy niña, me ponía los zapatos de mamá, su ropa interior —sujetadores— y cogía su lápiz azul de ojos —ella tiene unos ojos azules muy bonitos y siempre los pintaba de color cielo intenso—. Era mi mayor pasión. Debo añadir que el juego se terminó cuando mi vecina se lo contó a mi madre —nos descubrió en plena faena— y me calló una bonita bronca. Pero eran otros tiempos, otra forma de pensar y de entender la vida. Tenían otros conocimientos y su educación no puede compararse con la que damos hoy a nuestros hijos.

No quiero dejar el capítulo de «las cosas de mayores» sin aprovechar para hacer una denuncia. Comentaba unos párrafos más arriba que tuve que charlar con Miranda y ponerle límites en esto. Lo normal es que los niños no sepan parar cuando algo les gusta. Y fue el caso. Pactamos los días y los momentos en los que pintarrajearse no era un problema. Vacaciones, festivos y un día del fin de semana. No más. Y cumplimos nuestros pactos escrupulosamente. Nunca me defrauda, me desobedece o se enfada por limitarle en sus pasiones. Tengo esa suerte.

Quiero confesar, eso sí, que tuvimos una pequeña discusión como resultado de una crema que quería comprarse y había visto por internet. Era una hidratante. Pregunté al dermatólogo y me dio su *ok*. El problema fue cuando acudí a la tienda. Descubrí que hay una marca de cosméticos que hace específicamente publicidad para niñas. Las protagonistas son, además, niñas. Investigué el porqué de la obsesión por Miranda en comprar ese producto y me di cuenta de cómo bombardeaban con anuncios dentro de los contenidos que nuestros hijos suelen visitar en YouTube —o plataformas similares—. Me dispuse a informarme acerca de la dichosa crema hidratante y ¡se abrió la caja de los truenos! La marca de la que os hablo publicita productos que son nocivos para la piel de un menor. Creo que muchas madres que me estén leyendo saben de qué cadena hablo. Empieza por S, lleva una H en medio y termina por A. Sería deseable que fuéramos respetuosos y responsables en nuestras prácticas publicitarias y no pongamos en riego la salud de los más pequeños. Y aquí queda el aviso por si a algún padre le está pasando y no tenía la información.

Por cierto, la conversación con Miranda no fue sencilla ni rápida. El impacto de la publicidad había hecho su función. Pero ella confía en mí y sabe que todo es negociable, excepto lo nocivo.

También tenía pensado poner otro ejemplo de las contradicciones que a veces planteamos. Pero estoy segura de que se abriría la discusión. Venga voy, valiente, lo planteo:

Les damos el móvil para que jueguen en una comida de domingo —y no molesten—, pero se lo negamos a los once o doce años porque es un dispositivo para adultos. Lo es, pero ¿lo es ahora o lo era siempre? Comprendo la respuesta: depende del uso. Claro, pero tenemos que explicarles por qué depende del uso y por qué han de tener cuidado con él. No podemos negarlo porque sí y con enfado de por medio —soy

El regalo de Miranda

consciente de que lo plantean mil veces y termina siendo un enfado seguro—.

Mi opinión sobre esto es muy controvertida. He mantenido esta conversación en diferentes foros. Por eso creo que más adelante le dedicaré todo un capítulo —o no, dejo aquí el cebo, me lo pienso y ya veremos—.

20

EXÁMENES Y TAREAS DEL COLE. ¿ME EXAMINO YO?

Me apetece arrancar exponiendo una situación habitual en la mayoría de las casas cuando se acercan los trimestrales. Luego también lo haré con algún evento especial que se celebre en el colegio —que suelen ser muchos—. Lo plantearé de la siguiente manera: expongo el caso recreando algún ejemplo y planteo mi aprendizaje.

—Mamá, la próxima semana tengo finales de Lengua, Matemáticas e Inglés. Tengo que repasar muchos ejercicios que me han dado en el cole.

—Ah, qué bien. ¿Y te lo sabes todo? —pregunto.

—Sí, más o menos —responde un tanto huidiza.

—¿Qué significa «más o menos», Miranda?

—Hay cosas que ya hemos hecho en clase y se me dan genial y otras un poco peor. Pero tú me las explicas, ¿verdad?

El drama se cierne sobre mí. ¿Cuándo se lo voy a explicar? ¿En qué momento? Tengo una semana de muchísimo trabajo. No entiendo cómo es posible que nos pasemos el día pendientes de las mil tareas que nuestros hijos traen a casa en concepto de extraescolares. No sé en la vida de vuestros hijos, pero en la mía con Miranda recibo una media de cinco comunicaciones a la semana a través de la app del colegio, la misma suma de correos —para que no te pase desapercibido— y notas escritas a mano en la agenda que llevan y traen todos los días —estoy exagerando; es irónico, que quede claro—.

Estoy muy a favor de participar en la educación de los niños en casa, pero siento que —como en muchas cosas— el movimiento pendular se ha descontrolado.

En mis tiempos —no hace falta que recuerde que soy una señora muy mayor y cursé EGB— estudiábamos, nos hacían controles y teníamos algún que otro trabajo para realizar en casa. Pero nunca conté con la ayuda de mi padre o mi madre. Por ser generosa, mi abuela me tomaba la lección por la mañana antes de ir al colegio justo después de limpiarnos los Gorila —esos zapatos que aún se siguen usando— con una buena dosis de Kanfort. Ella nos daba el título y nosotros recitábamos como trovadores el total del capítulo. FIN. No había más ayuda.

En cambio, con los niños de hoy en día se requiere una dedicación que es difícil de compaginar con un trabajo a tiempo completo. Yo diría que imposible.

—Mamá, mañana tengo que ir disfrazada de rama de árbol porque es otoño.

—¿Cómo? No sabía nada —contesto alterada previendo la que se me viene encima y desconcertada ante la idea de hacer de sastra de teatro.

—Seguro que lo han puesto en el chat de madres.

«Maldito chat de madres», murmuro para mis adentros.

Exámenes y tareas del cole. ¿Me examino yo?

—Pues no sé qué vamos a hacer porque tenemos uno de seta del año pasado, pero no creo que te sirva.

—¿En serio crees que ir de seta es lo mismo que de rama de árbol? ¡¡¡Mamá, por favor!!! —se apresura a contestarme indignada—. Estamos estudiando los efectos de las estaciones y nos ponen nota por nuestra exposición.

—Pero, entonces, ¿qué quieres que hagamos? Son las siete de la tarde y no tengo ni idea de cómo es un disfraz de rama de árbol —respuesta muy compresible para cualquiera, excepto para un niño ilusionado con su obra teatral.

Ya todos sabemos que la solución inmediata es salir petada a un bazar en busca del dichoso traje de rama y aderezarlo con mucha purpurina y una corona para que se vea guapa. Fin de la idea del otoño. Por el momento, estoy saliendo airosa porque, a la edad de Miranda, una corona es más efectiva que el KH-7.

Tengo mil ejemplos más de esto, pero ya saldrán a lo largo de nuestra aventura. El caso es que ahora estoy en periodo de exámenes. Y vivo más nerviosa que Simeone en un final de la Champions —me encanta poner este tipo de ejemplos y comparaciones porque son muy visuales—. Muchas veces me ahogan las prisas, otras la indignación y también la desesperación. Soy incapaz de entender por qué la sociedad que hemos construido nos somete a estas presiones.

Ya he leído mucho y he entendido la importancia de compartir con nuestros hijos su proceso educativo. Me gusta la teoría de que es muy importante para ellos tener a los padres presentes a lo largo de su desarrollo intelectual. Pero me cuestiono si tenerlos presentes y con un ataque de ansiedad es la mejor solución.

El regalo de Miranda

Y, además, dicho sea de paso, ¿nunca has sentido que estás haciendo un trabajo con tu hijo sobre los continentes y que, en el fondo, te estás midiendo con la madre de Pablito para que el trabajo de tu hijo sea mejor? Tiene un punto de mezquino, ¿no? Porque adulteramos los resultados escolares de los niños con nuestra «inocente aportación» convirtiéndolo todo en un festival de talento de los mayores.

Recuerdo el día que una amiga me llamó. Me contó que su hijo estaba participando en una actividad. Era todo muy loco. En el colegio se había planteado un concurso de felicitaciones para el día de la madre. Se presentaban y, a través de un enlace a una página web, se votaba la postal que considerabas más talentosa.

Evidentemente, le hice el favor a mi amiga y pinché sobre el dichoso enlace. Al descubrir el talento de esa clase, tuve mis dudas sobre si llamar al Museo del Prado y pedir que se retiraran todas las colecciones existentes. Había tantos genios en aquella página como para reescribir la historia del arte universal —léase con sorna, como corresponde—. Me dispuse a votar y, en cuestión de segundos, los puntos de unos y otros subían como las gráficas del Ibex 35. Parecía que decenas de personas estaban haciendo lo mismo que yo y que el famoso enlace del cole corría por los chats de los amigos de los padres buscando el éxito de sus hijos. Me sorprendió, pero entendí que estaba ocurriendo lo que muchas veces yo misma había pensado: que el trabajo de mi hija sea un éxito y voy a ayudarla —interprétese como hacerme con la cartulina y el rotulador y echarle todo mi *expertise*—.

Cuando intento entender, encajar y reflexionar sobre lo que el mundo me quiere decir a través de Miranda, no hago más que aprender y crecer. Y voy con el aprendizaje que creo que la vida quiere enviarme con todo esto.

Sin darnos cuenta, hace ya varios años que hemos decidido como sociedad, que la familia, los niños y el cuidado del hogar es lo más importante de todo. Puedes tener un trabajo espectacular o una vida de mucho éxito, pero tu gran responsabilidad en este camino, en este tramo de vida que tenemos que recorrer, es acompañar a tus hijos. Ser partícipes y responsables de una sociedad sana y entusiasmada. Con energía.

Sin embargo, poco a poco y sin darnos cuenta, hemos terminado diseñando un modelo educativo de inmersión total de la familia en el día a día de los más pequeños. Y ¿es posible estar en tantas cosas con nuestros peques? Hagamos repaso de las muchas actividades para las que somos requeridos:

Día del padre.
De la madre.
De la patrona del pueblo.
Del libro.
De los abuelos.
De Navidad.
De las actividades deportivas.
Del águila imperial.
Del trabajo de tu padre.
Del trabajo de tu madre.
De los océanos.
De las tribus nómadas.
De Don Quijote.
De todo.

El regalo de Miranda

Hemos orquestado un calendario de eventos en los centros lectivos en los que, inexcusablemente, han de estar los padres —y, a veces, otros familiares—.

De esta manera, nuestra mente se calma y nuestra conciencia deja de machacar solo por la mera existencia de esos días. Pero, a la vez, nos carga de una presión y una insatisfacción complicadas de sobrellevar.

Sumado a eso, sería deseable reflexionar sobre los efectos que puede tener sobre nuestros hijos el hecho de que estemos inmiscuyéndonos en entornos que son puramente suyos. O sobre los sentimientos de soledad que podrían sentir el día que no podamos estar —porque habrá días que no podamos estar—. Pero quizá lo haga en otro capítulo.

Me genera mucha frustración pensar que han sido otros los que han diseñado e impuesto cómo tengo que ser una buena madre. Han determinado que esos días son los que te cubren el carnet de progenitora de primer nivel. Y si fallas, tienes pocas posibilidades de recuperación.

Siento que a mi alrededor tengo a multitud de madres haciendo deberes con sus hijos —a todas horas— para que tengan éxito en los trimestrales. Y mandan mensajes desesperadas sobre el hartazgo que arrastran.

Yo no tuve a mi madre estudiando conmigo. También es cierto que la eché de menos en muchísimas conversaciones. Pero no sobre Álgebra. Fue sobre la vida. O sobre cómo me sentía. O sobre si había discutido con una amiga en el patio. Si lo comparo con lo que hacemos en la actualidad, me pregunto: ¿compartimos esos momentos con nuestros hijos o simplemente coloreamos el mapa de Asia?

Como de todo en general desde que nació Miranda, intento aprender, aprender, aprender de la vida que tengo a su lado. En este territorio me cuesta, porque son sus estudios y su desarrollo académico. Es, por tanto, su responsabilidad y su evolución en otros entornos. Por eso intento mantener cierta distancia. Ella es la que está aprendiendo las capitales de Europa, no yo. Y aunque «le tome la lección» como hacía mi abuela, no voy a responderle a los test del cole.

Se hace difícil a veces escucharla cuando me reclama y me dice que sus amigos dibujan mejor o están más capacitados para algo y que sus madres los ayudan. Pero la línea entre ayuda e injerencia es muy clara para mí. Por otro lado, estoy segura de que ella aún no es capaz de medir esa línea ni entenderla. Por lo menos en esta fase de su vida.

Veremos en la adolescencia qué cosas me ayuda a aprender y qué otras cosas me reclama. Porque estoy segura de que cuando llegue ese día no va a querer que vaya con ella a hacer los deberes a casa de María y el resto de sus amigos...

Y, por cierto, ya que estamos, sería un gran apoyo que los colegios pensaran en lo que vivimos las familias a este respecto. Queremos estar en la vida de nuestros hijos. De hecho, la mayoría estamos siempre. Pero déjennos que decidamos qué queremos compartir con ellos cuando no están en su entorno académico.

21

EL CHAT DE MADRES

Ay ¡qué capítulo más bonito! ¡Cómo disfruto con ese hilo interminable de mensajes que cada día me acompaña en el móvil allá donde vaya! Quiero hablar de su utilidad, pero sé que lo que estás esperando en el fondo es leer cómo me desahogo del hartazgo que tengo del sonidito —«tilín, tilín, tilín, tilín»— en cada reunión de trabajo. Tus deseos son órdenes para mí, así que vamos a por ello. Y, sí, por qué no, voy a utilizar estas páginas como terapia de alivio...

Hagamos memoria de mi experiencia como integrante de este grupo de WhatsApp.

Miranda tenía dos años cuando decidimos que acudiera a un colegio al uso. Antes estuvo en una guardería, pero, después de un año, su padre y yo pensamos que lo mejor era matricularla en un centro donde podría desarrollar toda su vida académica. En otro momento hablaré con calma de la decisión de llevar a tu hijo a un *kindergarten* —parvulario en nomenclatura finolis—. Es otro dolor de cabeza porque te sientes —o, por lo menos, a mí me pasó— muy mala madre dejando a tu bebé en un

El chat de madres

lugar desconocido y con personas extrañas de las que no sabes nada. Pero, ahora, estamos con el dichoso chat. Vuelvo con él.

A los pocos días de incorporar a Miranda al cole, saltó en la pantalla de mi teléfono un aviso: «Osos azules, Fulanita te añadió al grupo». Y ahí empezó todo. Al principio me resultó muy útil poder estar en contacto con otras madres/padres que habían tomado la misma decisión que yo y estar al día de cómo iba transcurriendo la jornada en ese lugar.

Para ser sincera, no había ni un solo padre. Quiero ser inclusiva, pero, en mi caso, fue así y, por mucho que quiera cambiar la realidad, hace tan solo cinco años no había ningún hombre en ese grupo. Hoy hay algunos, sin embargo tengo la sensación de que es únicamente postureo. No me gustaría entrar en polémicas, solo quiero ser franca y contar las cosas como las vivo o las siento. Actualmente, ellos escriben de vez en cuando y opinan, pero poco. Pensándolo bien, tengo que reconocer que les agradezco su falta de presencia porque así disminuye el número de comunicaciones que recibo. Sé que estoy entrando en una contradicción difícil de sortear. Así es la vida: quiero una cosa y luego prefiero otra. En fin, continúo con lo que estaba.

Arrancamos nuestra aventura como madres participativas y deseosas de estar presentes en su desarrollo educativo. Nos comunicábamos todo tipo de cosas y disfrutábamos de estar creando una comunidad *friendly*. Un ejemplo de nuestro día a día:

Hola a todas, ¿qué tal? Buenos días. Espero que la semana se esté portando bien con vosotras. Solo comentaros que Mariana me ha dicho que a finales de mes les van a leer un cuento en clase.

El regalo de Miranda

¿Ah, sí? ¡Qué *nice*! Se lo van a pasar genial.

¿Un libro? ¿Cuál?

Buenos días, igualmente, que disfrutéis mucho de la jornada.

Hola, mamás. No sabía nada. ¿Tenemos que hacer algo?

¡Qué alegría leeros y qué ilusión que nuestros hijos estén ya en un colegio! Se están haciendo muy mayores jajajajaja.

Buenos días. Tengo entendido que es un libro que les van a leer y nosotras no tenemos que hacer nada.

Hola, ¿qué tal? ¿Hay que comprarles algún libro?

Buenos días a todas. No me ha dicho nada Carolina, pero decidme, por favor, si necesitan algo.

¿Qué tal, cómo estáis? Seguro que es porque todos los finales de mes celebran el Día del Libro. Es que tengo un hijo mayor y ya tengo experiencia.

¡Hola, hola! Hablé ayer con la profesora y no me dijo nada. Hoy mismo le pregunto.

Buen día, ¿cómo estáis? Me alegro mucho de saludaros. Es el *Pollo Pepe*. Lo leen siempre durante el curso porque les gusta mucho a los peques. Mi hija Isabela, la mayor, ya pasó por ahí. Se lo leen y empiezan a descubrir la magia de la lectura. Os recomiendo que lo compréis porque les encanta.

Claro, el *Pollo Pepe*, es muy divertido. Martina lo tiene.

Por favor, ¿sabéis si lo venden en Amazon? Es que tengo una semana muy complicada de trabajo y no me va a dar tiempo a comprarlo.

El chat de madres

Y así podría estar durante veinte páginas reproduciendo lo que fue aquella conversación. O cualquier otra. Por aquel entonces me resultaba muy útil y me parecían unas madres muy amables y muy dispuestas. Todas saludaban, todas aportaban sus opiniones y todas daban información sobre el acontecimiento que nuestros hijos tuvieran que protagonizar. Era una fuente de información interesantísima —yo diría que más que el BOE— y te mantenía entretenida compartiendo el día a día de tu pequeño en su primer año escolar. De alguna manera, parecía que estuvieras a su lado durante toda la jornada académica y hacía que tu sentimiento de abandono disminuyera.

Decía al principio que, en algún momento, hablaría de lo mal que te sientes al dejar a tu hijo en la guardería por primera vez. Creo que no voy a dejarlo para más tarde. Es tan traumático que requiere ser comentado en este capítulo. Quizá viva las cosas muy apasionadamente y deba contenerme en mis emociones —a ver, quizá no, estoy segura, pero no me apetecía autoflagelarme una vez más—. En cualquier caso, hay que reconocer que dejar a tu bebé de un año —a veces, incluso menos— a las ocho de la mañana con los biberones, los pañales, los chupetes, una muda para cambiarlos y el peluche favorito —preferiblemente que huela a ti porque, según los expertos, eso los calma—, produce un estado de ansiedad y tristeza que me cuesta describir. Durante las seis u ocho horas que permanece ahí —y tú en tu trabajo— el tiempo no pasa, se hace eterno y solo pedirías un deseo a la lámpara de Aladino: que tuvieran cámaras por todo el centro donde pudieras ver cada uno de sus movimientos. Con una simple conexión estoy segura de que sería más llevadero. Al margen de no poder abrazarle, olerle o acurrucarle, contemplar su imagen sería un consuelo. Son demasiado pequeños y, nosotras, como madres, aún estamos sufriendo las consecuencias físicas y hormonales de todo el embarazo. Nos supone un esfuerzo titánico compaginar nuestras obligaciones profesionales —por mucho que sea una elección personal, madura y meditada— con la existencia de ese retoño que sentimos que nos necesita en cada respiración. Demasiados meses compartiendo el mismo cuerpo como para acostumbrarnos tan rápido a permanecer en entornos separados.

Yo tuve la grandísima fortuna de poder elegir el momento en el que iba a separarme de Miranda. Mi trabajo me permitía decidir cuándo y, por suerte, alargarlo hasta que me sintiera preparada. Pero, con todo, fue una decisión muy complicada de asumir y muy poco llevadera. Empecé pasito a pasito, un par de horas, que luego fueron aumentando hasta cuatro. Nada comparable a muchas madres que han de hacerlo a los cuatro meses y a tiempo completo. Recuerdo que vivía este tema con indignación. Me cabreaba soberanamente cuando pensaba en mujeres como yo que no tenían mi situación y despotricaba contra el Gobierno, contra la sociedad y contra la humanidad entera por no darle a la maternidad la importancia y el espacio que debe tener en un mundo civilizado. Me convertí en una *hater* y, en cualquier entrevista que me hacían porque estrenaba un programa o porque acudía a un evento, reivindicaba la necesidad de replantearnos los permisos de maternidad. Lo sigo haciendo. Es un sinsentido que pretendamos que las familias decidan aumentar el número de integrantes con estas condiciones. Eso sin hablar de los gastos que supone llevarlos a un centro de este tipo.

El chat de madres

Acudo a diferentes fuentes de información para rescatar los siguientes datos: Noruega tiene 56 semanas de permiso de maternidad cobrando el 80 por ciento del salario, y 46 si quieres cobrar el cien por cien; en Inglaterra son 56 semanas; 24 semanas en Islandia; en Italia, 20 semanas; 18 semanas en Finlandia... Los españoles tenemos 16. Dista mucho de Noruega, pero está muy próximo a países como Francia o nuestros vecinos de Portugal. De cualquier modo, no me parece de recibo ninguna opción que no sea la de Noruega. Creo que es más razonable que dejemos a nuestros hijos al cuidado de terceros una vez cumplido el año. Cualquier otro escenario es comportarnos como una sociedad que da la espalda al alumbramiento de una nueva vida. Pero, como digo sin descanso, es mi opinión y no tiene por qué ser la tuya.

Ahí dejo mi denuncia y mi berrinche para quien tenga a bien leerlo. Las reflexiones que se pueden hacer a partir de estos datos son muchas. Pero no quiero aburrir.

Mejor seguimos con los «chats de madres» que dan mucho juego y ayudan a desengrasar la máquina y rebajar el tono. Volvemos con esas charlas eternas sobre temas banales pero que nos roban toda la atención. Enumero algunas íntimamente relacionadas con las actividades programadas por el colegio:

—El disfraz de la llegada del otoño.

—La cartulina del día de la Hispanidad.

—El trabajo-resumen sobre la Constitución Española.

—El villancico de Navidad con el atuendo de pastorcito, niño Jesús, oveja, camello, pastor ¡o caganer!

—El listado de deseos para el nuevo año decorado y maquetado como si fueran a publicarlo en el *New York Times*.

El regalo de Miranda

– Los carnavales.

– El Día del Libro.

– La Semana Santa y sus misterios.

– El mes de las flores y la primavera.

¿Alguien da más? Por supuesto que sí. He querido ser comedida y recoger en esta enumeración únicamente las actividades más destacadas. Hay muchísimas otras que podría añadir pero que no quiero revelar para mantener la intriga —ironía, es simplemente que me agota solo el hecho de recordarlo—. Sumado a todo esto están las conversaciones que surgen con respecto a los cumpleaños, los cambios de uniforme, las pérdidas de objetos, los piojos, los deberes extra que no aparecen en la agenda o en la aplicación del cole, las excursiones…

Y, por qué no, los conflictos que aparecen entre ellos en sus horas lectivas. Este último tema es de los que más me sorprenden que se aborden. Considero que no es el espacio para hablar de esto dado que es en el chat multitudinario donde estamos todas —y algún padre—. Por lo tanto, compartir esa información con todos los detalles de un momento tan desagradable —léase bronca, discusión o pelea entre dos niños— entiendo que no es acertado. Me resulta inapropiado porque soy partidaria de respetar la privacidad de los niños y no considero aceptable abordarlo en un entorno masivo.

Aun con todo este fregado, tengo que expresar mi agradecimiento al grupo porque, sinceramente, me mantienen al tanto de todo y me han salvado de unos cuantos despistes —el maldito ukelele se nos olvida de vez en cuando, pero siempre lo recuerdan en el chat y damos la vuelta a por él—. Me vuelve

El chat de madres

loca en muchas ocasiones, pero compensa por la cantidad de información que podría habérseme escapado de no estar el grupo de «las supermamás» a los mandos de todo. Sí que echo de menos que no hayamos organizado una asamblea —o algo parecido— para convenir algunos términos. Por ejemplo: no es necesario que saludemos todas cuando una manda un mensaje a primera hora, o si alguna felicita a otra por el cumpleaños de su hija no hace falta que lo hagamos todas detrás, o podemos abstenernos de comentar todos los mensajes que aparecen, o sería muy útil que nombráramos a una portavoz que se encargara de recordar las normas de vez en cuando —porque estoy segura de que no las acataríamos a la primera—, o deberíamos incluir a todos los padres en este hilo de mensajes para que vieran con claridad el sacrificio que supone mantenerse al día con la agenda de nuestros hijos. Y, por supuesto, al director del colegio, a ver si se da cuenta de que nos tiene *desfondaos* con tanta actividad —ay, perdón, *desfondás*, en femenino—.

22

LA ERA DE LA TECNOLOGÍA Y DE LA IA

«Ningún desafío llega a nuestra vida porque sí. Siempre aparece porque somos capaces de enfrentarlo. Solo hay que ponerse a ello». Quiero empezar así porque creo que, con este pensamiento, podremos abrir más nuestra mente antes de escribir y leer sobre algo tan desconocido y polémico para la gran mayoría de nosotros.

La pasada primavera participé en un evento que se llamaba *Digital Enterprise Show 2024*. Estuve en una mesa para hablar de la IA (Inteligencia Artificial) aplicada a la industria del entretenimiento. Hablamos del futuro y de nuestro sector —ahora doy detalles—.

Para poner en contexto el tema, explico qué es eso del *Digital Enterprise Show*. Es un evento dedicado a las tecnologías exponenciales, que se celebra desde hace ocho años en la ciudad de Málaga. Allí se reúnen más de diecisiete mil directivos de todo el mundo para hablar de innovación, digitalización y oportunidades de negocio.

Los grandes titulares que se suelen resaltar de esta celebración hablan del impacto económico que tiene para la ciudad

—treinta y cuatro millones de euros— y su impulso y proyección a nivel internacional.

Pero la edición de este año fue para mí toda una sorpresa. Primero, indiscutiblemente, porque me habían llamado para participar en una de sus mesas. Suelen acudir personalidades de alto nivel. De hecho, recuerdo que acudió Obama en alguna edición anterior. Al margen de eso, mi gran asombro llegó cuando descubrí el propósito que se habían marcado este año.

«Se estudiará la parte funcional de las nuevas herramientas digitales con el propósito de maximizar su contribución a la sociedad, mientras se pone en valor el lado ético». Ese fue el titular que leí en algún documento que me enviaron o en alguna publicación sobre el evento. Me gustó y llamó más mi atención sobre la jornada que pasaría con ellos. Ética aplicada a la tecnología es el gran desafío de la humanidad en la actualidad. Así que estaba en un lugar donde descubriría con total certeza muchas cosas nuevas.

Llegué al pabellón, nos llevaron al gran escenario donde se hacían las ponencias más relevantes, nos pusieron el micro y nos sentaron en primera fila a la espera de arrancar nuestro coloquio. En ese momento estaba en el escenario otro ponente. Mantenía una charla al alimón con una autoridad internacional en temas de Inteligencia Artificial, la española Carme Artigas, presidenta del Comité Ético de la ONU. Era Zondwa Mandela, nieto de Nelson Mandela y presidente de la Mandela Legacy Foundation, fundación que lucha por la igualdad y los derechos humanos.

Allá va, para mí, su declaración principal —y mi gran aprendizaje ese día—:

El regalo de Miranda

«Hablamos mucho de regulación en estos foros sobre tecnología, pero estamos creando tecnología que puede hacer cada día más grande la desigualdad. Se necesita reeducación y apoyo para capacitar a la gente en habilidades blandas y digitales. E inculcar el concepto de desarrollo personal».

Y, como siempre, mi hija se hizo presente y mi cabeza empezó a dar vueltas como la niña del exorcista.

Escuchar al nieto de Mandela hablar de habilidades blandas o el concepto de crecimiento personal, dadas las dificultades de la población a la que da voz por el mundo —el continente africano—, volvió a recordarme el gran conflicto que atravesamos los habitantes del Primer Mundo.

Nos falta creatividad, colaboración, capacidad de adaptación, flexibilidad, habilidades interpersonales… Y convivimos con dispositivos, *apps*, ChatGPT y demás, que no tenemos ni idea de cómo se usan. Y mucho menos, únicamente en positivo. Se establecen grandes debates sobre cómo regular todo lo que nos está llegando y cómo legislar al respecto. Absolutamente de acuerdo con ello. Es imposible esperar más o mirar hacia otro lado. Sin embargo, no estamos acometiendo la principal tarea: educar y capacitar a nuestros hijos para que dominen el futuro en el que van a desarrollarse estas tecnologías. Cómo utilizar un móvil —por poner un ejemplo muy básico— para mejorar su rutina no está en el programa académico de ningún colegio de este país. Potenciar su educación humanista y su desarrollo personal para equilibrar la balanza entre tanto robot y programas informáticos variados tampoco es una prioridad en la conversación de los ciudadanos. Pero para el nieto de Mandela era uno de los grandes temas a debatir.

La era de la tecnología y de la IA

No voy a demonizar los avances, ni mucho menos volverme una antitecnología. Nunca he creído en la eficacia de ponerle puertas al campo: mi hija tiene móvil, le pauto los tiempos de uso y estoy pendiente de explicarle lo que escupe ese aparatito. Pero sí es cierto que, después de escuchar al ponente que nos precedía, se impuso un «yo humanista» que encendió en mí la enorme necesidad de buscarle un camino a este universo tecnológico en el que vivimos y que, indiscutiblemente, requiere nuevos enfoques.

Quiero disfrutar y aprovechar las enormes posibilidades que nos ha abierto todo lo digital. Pero ya es hora de reflexionar sobre cómo le damos cabida dentro de nuestras vidas y le encontremos una regulación compatible con nuestra existencia. Somos seres humanos rodeados de máquinas que facilitan nuestro trabajo, sin duda, y estas captan nuestra atención. Vivimos en un mundo donde todo se ha convertido en datos y el valor de la economía reside en ellos, en los que tienes, en los que consigues. Pero es hora de exigir que la máquina se mantenga al servicio del hombre y no a la inversa. Sobre todo porque ha llegado el momento de plantearnos cómo ayudar y formar a nuestros hijos sobre lo que les deparará la era digital. Debemos asegurar que sean autónomos a la hora de incluirlos en su agenda.

El tema es complicado y exigente. Y, además, no hay marcha atrás. ¿Cómo le damos un uso en positivo? ¿Cómo nos trabajamos a nosotros mismos en lo relativo a lo humano para salir victoriosos en un entorno cada vez más mecanizado e informatizado?

En nuestra mesa de diálogo se plantearon cuestiones muy interesantes que quiero compartir con vosotros. Desde las *fake news* y la responsabilidad de los medios de comunicación de eliminarlas y no darles pábulo, hasta la posibilidad de que un día nos levantemos y no sepamos si lo que escuchamos, leemos o vemos por la TV es real o producto de una IA avanzada.

Y ahí seguía Miranda en mi cabeza. Debemos exigir un mundo donde nuestros hijos sepan si lo que leen o escuchan es producto de una inteligencia humana o artificial. Es nuestra responsabilidad apoyar organismos internacionales como la ONU que está trabajando por que el concepto de ética esté en todos y cada uno de los avances que vamos alcanzando en esta industria. Es importante que reflexionemos sobre si nos mantenemos callados frente a gigantes internacionales que lanzan sus productos al mercado sin ningún tipo de testeo previo —recordemos el escándalo del ChatGPT— o damos un paso al frente y nos arremangamos para poner negro sobre blanco.

Y, por cierto, va siendo hora de que este sector entienda que antes de lanzar una red social o una *app* deben cumplirse unos requisitos. Ninguna otra industria puede hacer circular un alimento o medicamento sin pasar por cientos de controles de regulación.

Insisto en mi planteamiento. ¿Ha llegado el momento de incluir en nuestro sistema educativo una asignatura rigurosa e importante que les dé las claves a nuestros hijos de lo que supone el avance y de lo que serán sus vidas? Es crucial. No se trata de no dejarles móviles o iPads. Se trata de explicarles lo que hay detrás de todo eso. Cómo trabajan, cuáles son sus beneficios, cómo saber si detrás de lo que ahí se obtiene hay un trabajo ético y regulado... ¿Hasta dónde se puede llegar si no abrimos esta conversación?

La era de la tecnología y de la IA

Recuerdo el día que me hablaron de la importancia de no segmentarnos. Era algo así como —me explico con un lenguaje con el que nos entendamos y sin mayores alharacas—: si permitimos que estos gigantes sepan todo sobre nosotros como consecuencia de regalarles todos nuestros datos, nos enviarán determinada información basada en todo eso que saben, nos enviarán la publicidad de determinadas cosas ajustadas a nuestro perfil, limitarán nuestro pensamiento y cercenarán nuestros sueños. ¡WOW!

Apuesto por una educación en la que se incluya este tipo de aprendizajes. Dar conocimiento para ser conscientes de cómo aprovecharnos de lo digital. Me gustaría que Miranda tenga muy claro que, por mucho que un robot quiera escribir una noticia perfecta sobre un acontecimiento, nunca tendrá la capacidad de observación y de detalle que tiene un ser humano. Quiero que, cuando mi hija vea un programa de televisión presentado por una creación de la IA, tenga la certeza de que nunca habrá magia en ese show, porque la magia se obtiene con emociones. Y las emociones no son patrimonio de un robot. Lo que no significa que no lo lea o lo vea. Puede serle útil en ciertos momentos. Solo quiero que tenga la información.

Nos preguntaron en ese evento qué creíamos que nos diferenciaba de la IA; qué teníamos los seres humanos que no pudiera llegar a tener un robot. Tuve clara mi respuesta. Los seres humanos somos producto de un milagro. Somos el resultado de un óvulo y un espermatozoide que lucha en su carrera por alcanzar la meta. Todos somos producto de ese milagro natural. Un robot solo sabe de tornillos.

Llegué a casa y empecé a hablarle a mi hija de todas estas cosas. No tengo ni idea de cómo lo ha registrado. Seguro que muchas no las entendió, pero permanecerán en su subconsciente. Y otras las tendrá clarísimas desde ese mismo momento. Lo que sí tengo meridianamente claro es que, una vez más, ella me lleva a reflexiones que puede que, de otra manera, nunca hubiera llegado a alcanzar.

Ah, por cierto, en la fiesta de clausura busqué a Zondwa Mandela para saludarle y felicitarle por venir a España a hablarnos de crecimiento personal. No lo encontré. A ver si discurro la manera de conocerlo algún día. Alguien como él seguramente tiene mucho que enseñarme.

23

¡¡¡POR FIN, VACACIONES!!!

Ayer mi hija acabó el cole y estamos, oficialmente, de vacaciones. El verano ha arrancado y quedan por delante los mejores meses del año. Para la mayoría de nuestros hijos —por no decir todos— este periodo está cargado de actividades que les chiflan. Piscina, playa, juegos en el parque, fin de los madrugones, las tareas escolares no existen —o son insignificantes—, los horarios son muchísimo más flexibles… Los padres solemos relajarnos con todo lo que hacen —incluso con la comida somos más permisivos, piénsalo—.

Son unos meses de mayor libertad para ellos y, lógicamente, eso les encanta.

Si repaso mis años de la Luján niña e intento recordar el sentimiento que me generaba este momento, creo que diría que alegría. Pasaba el mes de julio en el pueblo de mi madre con mi abuela, mis hermanas y todos mis primos maternos. Nos juntábamos diferentes edades y era una fiesta continua. Con sus peleas y sus rifirrafes, entre juegos y contiendas, no había un minuto en el día donde tuviera cabida el aburrimiento. Siempre

El regalo de Miranda

con la bicicleta como objeto principal —éramos la representación en el mundo real de la serie *Verano azul*— y con las calles del pueblo a nuestro servicio para ir y venir sin dar mucha explicación. Una situación perfecta y cargada de magia para un niño.

Era otra época y el entorno —una localidad pequeña— permitía que nos pudiéramos mover a nuestro albedrío. Quizá esa palabra, albedrío, libertad, es la que encierra la explicación del porqué todos los niños desean con tanta intensidad que llegue el verano. Sentirse libre es, sin duda, una de las sensaciones que mayor satisfacción dan a nuestro cerebro. Para los adultos, las vacaciones son, muchas veces, un tiempo de estrés donde terminamos deseando volver a la rutina. En el caso de los padres, el trabajo fuera de casa desaparece, pero el doméstico se incrementa. Incluso así, lo vivimos de una manera distinta.

Vuelvo a ese pequeño pueblo y a mis años con trenzas en el pelo y siguen apareciendo postales de euforia. Es más, con solo escribir sobre ello me estoy sintiendo más contenta de manera automática. Dicen los expertos en crecimiento personal que volver a la niñez es una terapia muy eficaz. Que cuando regresamos a ese momento nuestro cerebro es capaz de revivirlo todo y segregar serotonina a borbotones. Me está pasando. Sabía que era así porque lo he practicado en mis sesiones con Paz Calap —mi *coach*—, pero hacía tiempo que lo tenía aparcado. Vuelvo a confirmar su efectividad. ¡Cuánto bien nos haría convivir en todo momento con ese infante que llevamos dentro!

La Luján niña tenía, además, una dosis de suerte añadida. En los meses de julio y agosto, en Asturias, se celebran todas las fiestas locales. Las romerías de los pueblos se amontonan en el calendario. Con todo lo que eso significa. Verbenas con su orquesta en los *praos*, ferias con mil atracciones y el famoso *bollu preñao* para poner el mejor broche de oro. Con este panorama, prácticamente todas las semanas teníamos la oportunidad de ir a los coches de choque, el tiro, el pulpo, el gusano, la tómbola... En mi época, no estaban de moda las camas elásticas —no se si existían, de hecho— pero no hacía falta. Ya teníamos suficientes estímulos.

Me voy a permitir un inciso porque acabo de recordar el día que me tocó Macario en la tómbola. ¡Qué subidón de entusiasmo me está entrando! Era un premio de los más deseados. Algo similar a si, ahora, a Miranda le tocara una entrada *premium* para ver a Lola Índigo —le encanta—. El que no tenga presente la imagen del muñeco de José Luis Moreno tiene una deuda con la vida. Su biografía está en desventaja y la vida ha sido poco generosa con él. Ese señor con bigote y boina, tremendamente humilde y con enormes problemas por su deficiente economía, era un ídolo para los de mi época. ¿Quién no recuerda su famosa frase «Ay, qué contento estoy»? MÍTICO. Este empresario, productor y humorista que era José Luis Moreno tenía más personajes —Monchito y Rockefeller— pero ninguno, para mí, como mi querido Macario.

En fin, me ha quedado claro —y creo que queda claro— que la época estival es una fuente de experiencias y diversión para los más jóvenes de la casa.

En el caso de Miranda, el abanico de posibilidades que se abren desde el día de ayer es mucho más sofisticado. Viajes al extranjero para conocer el mundo o destinos playeros con todo tipo de comodidades. Con cita obligada —porque, además, así lo quiere ella— en mi pueblo, Salas, para las fiestas patronales. Hablaba antes de los tiempos que corren y la diferencia con los míos. Ella está viviendo una infancia muy distinta y con otro tipo de actividades. Pero es una niña y, en el fondo, disfruta de lo mismo que yo. Amigos de su edad, juegos de su edad, conversaciones de su edad. Lo refinado o elegante del destino se la trae al pairo. Lo celebro a pesar de que es una servidora quien organiza el calendario y ese menú de internacionalidad y elaboradas experiencias. Es la paradoja de la vida, a veces. Somos conscientes de lo felices que fuimos con muy poco, pero le buscamos cinco pies al gato.

Sería un buen momento para hacer una parada y reflexionar, de nuevo, sobre las necesidades que nos vamos creando mientras tratamos de alcanzar la felicidad a base de estímulos cada vez más complejos. Puede que debiera dejar de escribir para recordarme, otra vez, que el duende, la ilusión y el encanto de la vida están dentro de nosotros y en lo que sentimos. Nunca en lo que viene de fuera. Por suerte, tengo a Miranda, que es mi gran maestra en los temas esenciales de la vida. Su destino favorito: Salas, Asturias.

Pero, en realidad, cuando arranqué a escribir todo esto, mi intención era otra. Quería contextualizar el significado de las vacaciones de verano y recordar las mías y, luego, pasar rápidamente a otro pensamiento que tuve ayer. Sin embargo, cosas que pasan, me he quedado enganchada a mis maravillosos recuerdos estivales. Lo agradezco. He disfrutado mucho con los párrafos anteriores repasando mis andanzas de bastante tiempo atrás.

Voy, por tanto, con mis devaneos.

¡¡¡Por fin, vacaciones!!!

No sabría encontrarle explicación al por qué llevo un día entero meditando sobre una idea. Quizá sea una tontería y esté perdiendo el tiempo. De cualquier manera, pensar o meditar nunca es una pérdida de tiempo. Cosa bien distinta es que me lleve a una conclusión filosófica a la altura de Séneca. Seguramente, no —ironía; está claro que no—. Pero, por si acaso, sigo dándole vueltas —más ironía—.

Estábamos desayunando para ir al cole el último día del curso. Miranda estaba con sus cosas y no hacía comentario alguno. Y, de repente, digo yo:

—Qué bien cielo, ¡se acaba el cole! ¡Ya tienes vacaciones! Qué guay que vas a poder hacer lo que quieras.

Uso con ella el lenguaje que creo más apropiado. El término «guay», aun sabiendo que para mi hija estoy absolutamente obsoleta.

—Sí, bueno —contestó sin más.

—Uy, no te noto eufórica. Vamos, todo lo contrario.

—No, está bien. Estoy un poco triste porque no estaré con mis compañeros y porque Gabi se va a vivir a Alemania y no la vuelvo a ver.

Estaba mostrando síntomas de añoranza por su entorno habitual.

—Yaaaa, te entiendo. ¡¡¡¡¡Pero arrancan las vacaciones!!!!! Lo mejor del mundo, Miranda.

Al principio comentaba que es la mejor época para la mayoría de los niños. No he dicho para todos porque, efectivamente, hay algunos que, al no estar en su ambiente escolar, sienten ese vacío. Volviendo a mis años de EGB, recuerdo que había compañeros de aldeas muy pequeñas que se encerraban hasta septiembre en su casa y el día a día era mucho menos divertido para ellos que para los que vivíamos en la villa.

Pero no era esta mi reflexión. Saliendo de la urbanización, nos encontramos con Isidoro —¡el mejor profesional de mantenimiento que hay en toda Europa!—. Su comentario se asemejó al mío. De hecho, iba por completo alineado con lo afortunada que era mi hija por terminar el año escolar y quedarse sin hacer nada los próximos meses.

Fue entonces cuando mi locura reflexiva se desató.

¿Por qué les machacamos a los niños con la idea de que es maravilloso estar sin hacer nada?

¿Cómo es posible que les fijemos la idea de que, por fin, se han liberado de la rutina y que eso es lo mejor?

¿No es contraproducente vincular «no hacer nada» con «estado perfecto del ser»?

Sé que es muy rebuscado y que soy muy puntillosa con las cosas. En cualquier caso, puede que exista alguna creencia limitante en nuestra edad adulta que provenga de todo este jolgorio que se produce a nuestro alrededor al terminar la escuela. Relacionar «no tener actividad diaria» con «felicidad máxima» me parece un riesgo. Fundamentalmente porque nos convertimos en señores y señoras que desean, únicamente, llegar al fin de semana o que haya un puente largo. Eso es lo que veo a mi alrededor. Soy consciente de que estamos ante un comportamiento que, más que con la holgazanería, tiene que ver con el hecho de que no nos gusta nuestro trabajo. ¿O no?

Yo lo dejo ahí porque me produjo malestar decirle a mi hija que es una suerte «no dar ni golpe» y es posible que tome esa actitud en el futuro.

¡¡¡Por fin, vacaciones!!!

Por otro lado, en mi caso, mucho tiempo de inactividad me produce bastante hastío. Es mi caso. Sé que quizá es el de una minoría. O no. No hay verdades absolutas.

En definitiva, da igual. Sea o no una mala idea festejar la parálisis, prefiero educar a Miranda en la ilusión por levantarse cada mañana y hacer cosas. Muchas cosas. Muchas tareas para su esparcimiento sumadas a otras que supongan un aporte en su trayectoria profesional. Es un foco de satisfacción darle utilidad a tu jornada. Así lo veo. No sé. Madre mía, lo mucho que dudo.

Bueno, no. Yo elijo un verano con parada y fonda, pero volviendo rápido a mis temas laborales porque me hacen muy feliz. Sobre todo, no quiero predisponer a Miranda en su pensamiento y prefiero darle estímulos para la acción. Mola estar de vacaciones, pero un rato. No hacer nada es una fuente de frustración. Así lo siento. Se admiten opiniones distintas y enfoques diferentes, ¿eh?

24

EL SÍNDROME DEL NIDO VACÍO

Estamos en verano y en esta época mi hija divide sus vacaciones para poder compartirlas con su padre y conmigo. Quince días con uno, quince días con otro en julio y lo mismo en agosto. Es poco tiempo y puede parecer una locura que relacione el síndrome del nido vacío con esto. Sin embargo, me gustaría que se entendiera que pasamos todo el año juntas y se hace cuesta arriba dejar de estar con ella dos semanas.

Hace cuarenta y ocho horas que se fue y ya puedo describir la multitud de sentimientos que me han inundado. Me gustaría que fuera de otra forma, pero no quiero mentir y es como lo cuento. Todos los años, cada año. Y eso que pensaba que iría a menos…

Me he molestado en buscar «síndrome del nido vacío» —es habitual que confirme el significado exacto de cada cosa que pienso con un diccionario—:

> Es una sensación general de soledad que los padres o tutores pueden sentir cuando un hijo abandona el hogar. Aunque es

El síndrome del nido vacío

más común en las mujeres, puede ocurrir en ambos sexos. Si un hijo se casa puede provocar sentimientos parecidos, ya que la influencia de los padres, a menudo, se vuelve menos importante con la llegada del cónyuge.

Una vez más, compruebo la eficacia de acudir a las enciclopedias para conocer en profundidad detalles sobre cualquier tema o pensamiento que se presenta. Enseguida lo comento.

Por un lado, tenía claro que estábamos ante un sentimiento de soledad y que las madres lo acusaban en mayor medida. Es exactamente lo que me pasa. Llego a casa y no hay ni un ruido, no se mueve ni una cortina, no tengo que estar pendiente de ningún horario de cena o sueño y puedo ver lo que quiera en la tele. ¿En serio? Parece, *a priori*, un chollo y una oportunidad fantástica para dedicarme todo el tiempo a mí misma y a mis caprichos y cuidados. Sin embargo, la sensación de vacío y pérdida aparece. Estamos ante una situación absolutamente anómala para mí, lo que significa que no sé cómo comportarme. Es más, me genera tristeza. ¡Qué le vamos a hacer!

Por otro lado, en la definición de «síndrome del nido vacío» se incluye la pérdida de influencia. Este dato ha llamado poderosamente mi atención.

¿Será que los padres no soportamos que nuestros hijos ya no dependan de nosotros? Este es un temazo. ¿Estamos ante una reacción propia de una persona —madre o padre— que necesita que se le devuelva el esfuerzo y el sacrificio que ha entregado durante tantos años? Otro temazo.

Quiero meditar sobre cada uno de ellos para evitar equivocarme con mi hija.

Siendo sincera, no me gusta que dependa para absolutamente todo de mí. Quiero que sea independiente, que sepa organizarse, que tenga capacidad para salir de las situaciones... No me sentiría satisfecha si, a estas alturas —nueve años—, mi hija me mirara o me preguntara a cada paso que da. Veo a mi alrededor a muchos de sus amigos que no son capaces de ir al parque sin su padre o madre, o que nunca han querido dormir fuera de su casa. En mi opinión —que es mía y por tanto no tiene por qué ser la tuya—, es una situación que debemos evitar con nuestros hijos y, si nos encontramos ahí, buscar la manera de cambiar el tercio.

Pero ¿estoy realmente preparada para que mi hija tome sus decisiones sin preguntarme nada y no teniéndome en cuenta?

Es muy pronto para saber cómo voy a actuar en ese momento. Aún me queda tiempo para entrenarme e ir al psicólogo. No sé qué va a pasar ni si seré una madre absorbente y posesiva, o si lograré dejar que mi hija avance sin inmiscuirme.

Tengo una referencia sobre la que puedo inspirarme muy claramente para no repetir patrones. Mi propio caso y mi relación con mi madre. Lo cierto es que a ella le gusta estar al tanto de todo y expresar sus objeciones sin filtros ni cortapisas. Se hace incómodo y, por mucho que pasan los años, no deja de molestarme *(mamá, si estás leyendo esto, no te vayas a ofender que ya te lo he dicho muchas veces)*.

Es cierto que según voy haciéndome mayor voy siendo más condescendiente y voy entendiendo que la señora Pilar —mi santa madre— necesita participar en nuestra vida —la mía y la de mis dos hermanas— aun cuando nadie le pide que levante la mano para expresarse. He asumido que es así y que es tarde

El síndrome del nido vacío

para cambiarlo. Tampoco me supone un enorme conflicto y voy toreándolo como puedo. Sin embargo, preferiría adoptar una actitud diferente cuando me toque vivir ese periodo de mi vida junto a mi hija.

Me gustaría ser capaz de mantenerme al margen, pero siempre dispuesta a ayudar. No a discrepar u opinar. Ayudar. Siento que, para eso, el rol que mejor me puede funcionar es el de «gran escuchadora». Tengo la certeza de que, para triunfar como madre en el futuro, ese es el papel acertado. De cualquier modo, no tengo la fórmula mágica y tampoco sé cómo va a reaccionar Miranda cuando llegue ese momento.

Sea como fuere, elijo que no tenga dependencia de mí. Y espero ser capaz de no intentar generarle sentimientos de culpa por no tenerme en cuenta —que es muy propio de algunos padres—. Ojalá no me vea a mí misma diciéndole frases tipo: «Hija, tú escúchame que yo sé lo que tienes que hacer», «soy tu madre y te conozco mejor que nadie, incluso mejor que tú a ti misma» o «cuando tú naciste yo ya estaba ahí» —esta frase se la escuché decir a la madre de una amiga y se me pusieron los pelos como escarpias; fue hace bastantes años—.

Por otro lado, quisiera no pedirle a Miranda rendir cuentas por los servicios prestados. Comentaba en líneas anteriores que muchos progenitores actúan de esta manera. A saber, llegan a la jubilación, tienen mucho tiempo para ellos, se aburren soberanamente y no saben qué hacer. Empiezan a querer vivir la vida de sus hijos y se armó el belén. Cuando plantean las vacaciones familiares o que todos los domingos se haga comida familiar y su prole rehúsa la invitación, empiezan las malas caras y los reproches —no es mi caso porque mis padres no viven en la misma

El regalo de Miranda

ciudad que yo y su salud no les permite ir de vacaciones conmigo—. Arrancan las críticas y recriminan cualquier conducta.

«Con todo lo que yo he hecho por ti y ahora no vienes nunca a verme», «después de los sacrificios que hice para que pudieras estudiar y me encuentro todo el verano sin que os dignéis a venir a visitarme». Este tipo de cosas.

Vaya por delante que comprendo perfectamente todo tipo de actitudes y que soy gran defensora de las personas mayores y de su cuidado. Creo que, como sociedad, debemos ser más conscientes de su valor y darles más protagonismo en todas las áreas. Pero una cosa no quita la otra. Reconocer, respetar, cuidar, proteger y enaltecer es una responsabilidad ineludible por parte de los hijos y de la sociedad en su conjunto, repito.

Sin embargo, presionar a los hijos o alimentar su sentimiento de culpa atendiendo a nuestra posición de sacrificados padres no me parece un juego limpio. Y he visto muchos casos en los que sucede.

De ahí que, actualmente en mi posición de madre, quiera estar muy pendiente de controlar cualquier deseo que tenga de colocarme en posiciones parecidas. Quizá el concepto que más me gusta llegado ese punto es el de «madre amiga». De igual manera que ahora no comparto esa forma de entender la maternidad, sí que creo que, cuando Miranda se convierta en un ser adulto, puede ser la relación más sana. Permanecer siempre en su radar para que pueda localizarme cuando me necesite, pero establecer una distancia de seguridad, un cordón sanitario para no caer en la tentación de cotillear en demasía en la vida de la otra.

Quizá sea ese el problema. Y puede que la falta de actividad cuando nos hacemos mayores, así como de ilusiones, de citas en

El síndrome del nido vacío

la agenda o de metas a alcanzar nos lleven a entender que solo nos queda un camino: monitorizar los movimientos de nuestros hijos y guiarlos en cada paso que dan como si fuéramos su GPS. La verdad es que no me veo siendo el Waze de Miranda, no quiero imaginarme como una abuelita sin sueños por ejecutar. Suelo decir que quiero seguir creciendo hasta el día en que me muera. O lo que es lo mismo, quiero hacer cosas, formular deseos y buscar la manera de cumplirlos, plantearme objetivos y correr hasta alcanzarlos; soñar sin parar y mantenerme siempre en movimiento. La vida empieza cada día, tengas la edad que tengas, y es un regalo que no voy a desaprovechar. Si, además, eso me ayuda a no convertirme en una madre pesada y entrometida, habré conseguido el triunfo. Así lo veo ahora, espero no cambiar de opinión o actitud. Por lo pronto, lo he dejado por escrito. Acabo de hacer una declaración de intenciones que Miranda podrá utilizar en su defensa si cambio de opinión.

Por cierto, ¿cómo seré como suegra? Si me animo, más adelante, escribo sobre cómo me imagino en ese *thriller* —ironía—.

25

LAS DICHOSAS PALABROTAS

Las palabrotas, ¿son molestas o tienen su utilidad?, ¿qué hacemos con ellas? Lee, que te cuento mi opinión.

Soy una amante del lenguaje castellano. Es tan rico en palabras que nos permite describir cualquier cosa con el matiz exacto y necesario. Tenemos mil sinónimos, múltiples maneras de describir un mismo acontecimiento o referirnos a un objeto. Podemos hablar sobre un tema largo y tendido con un lenguaje variado y siempre ajustado a tus necesidades de expresión. ¡Es la pera!

Me encanta descubrir todas sus posibilidades y aprender nuevas acepciones. Sin duda, mi profesión me exige manejar un vocabulario amplio y tener resortes para describir las situaciones y detallarlas minuciosamente al espectador, el oyente o el lector. Supongo que, de eso, también es responsable mi enorme curiosidad por nuestra lengua y mi admiración por su riqueza.

Objetivamente, no puedes ser un buen comunicador si no tienes las herramientas lingüísticas acertadas y las manejas con habilidad. No todas las palabras vienen a cuento en los diferentes contextos ni tiene mucho sentido sacarlas a bailar en muchos foros. Me refiero a que es también importante tener la agudeza de manejarlas en los entornos apropiados. Por ejemplo, si estoy hablando con mi madre por teléfono y le estoy contando que unos amigos han alquilado una casa en Asturias para las vacaciones de verano, no le digo «Maite se va con la familia a un villorrio de Asturias», le diría «Maite se va con la familia a una aldea de Asturias».

Mi pobre madre no tiene ni la menor idea de lo que significa «villorrio» ni lo ha escuchado nunca. Hacernos los cultos en determinadas conversaciones puede convertirse en una ridiculez. No obstante, trabajar por ampliar nuestro acervo cultural es una asignatura importante y yo lo tengo muy presente a la hora de acompañar a Miranda en su infancia.

Desde que arrancó su aventura en el colegio, me recomendaron que intentara hablarle con un lenguaje adulto y sin remilgos. Que expusiera las cosas como solía hacerlo en mi vida cotidiana y, luego, le diera una explicación más asequible para su edad. Seguí los consejos —con la complicación que tiene porque vuelves varias veces sobre el mismo tema— y estoy muy contenta con los resultados. Maneja un vocabulario muy extenso y se explica muy bien. Es sorprendente escucharla hablar. A veces, incluso te arranca una carcajada porque es muy chistoso asistir al momento en el que suelta determinadas perlas. Como muestra: «Mamá, me ha decepcionado mucho Manuela». O «no comprendo por qué ha entrado en crisis y se ha puesto a gritar». O «no desestimo la idea». O «tienes razón objetivamente, mamá». ¡¡Es Calderón de la Barca, Machado y Cervantes juntos!!

Para algunos puede ser redicha o petulante. A mí me hace una gracia que no puedo contener la risa, aparte de verlo como una ventaja enorme para el futuro. Reconozco que, junto al discurso que suelo emplear con ella, le pongo mucho interés a que lea. También va a clases de expresión oral y escrita. Me reitero en que es muy importante tener fluidez a la hora de expresarse. Te carga de elementos para exponer tus ideas y ganar la partida en las conversaciones. Hablo, se entiende, de convencer con tus planteamientos, lo cual es fundamental en el mundo de los adultos. Seguro que dentro de unos años se lleva el gato al agua en las reuniones de trabajo y consigue convencer a cualquiera que se ponga por delante de lo que le apetezca. Es más, opino que la formación universitaria es una garantía de éxito, pero solo si va acompañada de una sólida capacidad de expresión. Saber mucho y no saber contarlo no sirve de nada. Por eso le pongo empeño y le doy mucha prioridad al manejo del lenguaje.

Estaba pensando que, salvando las distancias, es como los vendedores de la Thermomix. Tienen una habilidad para colocarte el producto que no dudas ni un segundo de su utilidad y de comprarlo de inmediato, una capacidad de persuasión —diría que innata— que es imposible resistirse.

Con el discurso que empleas pasa lo mismo. Aunque no hayas nacido con el talento de un vendemotos —con todo el respeto a los trabajadores de Thermomix, solo estoy tratando de ser muy explícita—, te permite reunir voluntades y usarlas en tu beneficio.

En cualquier caso, y por volver al argumento principal, el poder de las palabras es inmenso. También el tono que empleamos. Dependiendo de la entonación que elegimos, una frase

Las dichosas palabrotas

puede cambiar, mágicamente, de significado. Llamar a alguien «capullo» con complicidad y camaradería adquiere un significado distinto a hacerlo con inquina y rabia. Es lo que se llama «la intencionalidad del mensaje».

Escribiría mil párrafos sobre esto porque, como apuntaba al comienzo, soy muy fan del uso del lenguaje.

Por otro lado, creo firmemente en la capacidad sanadora de las palabras. Dedicarnos mensajes bonitos cada día reporta un estado de bienestar que nos ahorraría muchas horas de psicólogo. Enseñar a nuestros hijos a comunicarse con el mundo a través de mensajes positivos cambiaría el estado de toxicidad en el que vivimos. Escuchar conversaciones sobre todo lo malo que tiene la vida y el planeta es demasiado habitual y, por contraposición, dejamos de lado los millones de cosas impresionantes que nos ofrece nuestra experiencia en la Tierra. Sin duda, esa es otra de sus fortalezas y no le damos importancia. Hablarnos bien a nosotros mismos y a los demás nos envuelve de una energía poderosísima capaz de transformar cualquier realidad. Es curioso que nos hayamos acostumbrado a tomar vitaminas a troche y moche y no nos hayamos percatado de la potencia de un sustantivo.

> **Nota:** *Tomo una suerte de pastillas que me ha recomendado el médico tipo Magnesio, Hidroferol, una cosa que se llama Curcufit, Serobioma… Es decir, que soy de la liga de las vitaminas, pero también de la liga proliteratura.*

Se me ocurre que, como terapia de choque ante el desasosiego del mundo en el que vivimos y la falta de ánimo que, a veces, acusamos, salgamos corriendo hacia el diccionario y nos pasemos un rato interiorizando nuevos significados —ironía—.

Resumiendo, para mí las palabras nos dan poder para expresarnos y para alcanzar nuestros objetivos, nos elevan el tono vital o nos deprimen, nos permiten descubrir todos los matices de las cosas, nos ayudan a sentirnos seguros porque a través de ellas nos hacemos dueños del entorno, nos liberan de verdades limitantes, nos facultan para seguir creciendo, nos regalan magia. ¡Son la leche! —modo coloquial—.

Vayamos ahora con las palabrotas, que son las verdaderas protagonistas de este capítulo. Por como he decidido encabezar el texto, puede parecer que me gusta usarlas y las invito habitualmente a mi conversación. Sí y no. A veces. Declararme la más pulcra del país en este sentido sería un ejercicio indecente. Tiro de ellas en ocasiones y confirmo que me dejan satisfecha. Celebro su existencia y aplaudo su aparición cuando están bien traídas. Sé que estoy haciendo un ejercicio de defensa tremendamente difícil y muy subjetivo, y respeto a quienes manifiesten su desacuerdo. Máxime cuando voy a plantear que se pueden usar en presencia de menores —soy muy consciente del salto mortal que acabo de hacer—. *Stop.* No a los *haters.* Que nadie me juzgue. Tengo argumentos para sostener esta afirmación.

Antes de nada, quiero darles el reconocimiento que se merecen:

1. Ayudan a que te liberes en momentos de tensión. Un «¡no me jodas!» en vez de un «¡no fastidies!» puede aliviar.

2. Imprimen carácter al mensaje. «¡Ha sido la hostia!» en vez de «¡ha sido una pasada!» le da fuerza a lo que expresamos.

Las dichosas palabrotas

3. Se pueden usar en nuestro beneficio de manera positiva o negativa en función del tono. Es decir, valen para todo según nos venga en gana. «¡Eres un cabrón!» entre amigos y tras una broma es aceptable. Pero también utilizamos la misma expresión para referirnos a una persona que nos disgusta sobremanera.

Acepto críticas e insultos en el mail lujanarguelles@hotmail. com. Sin embargo, me gustaría poder aclarar mi postura.

El uso de las palabras malsonantes está muy extendido —lo que no significa que lo validemos, lo sé—. Nuestros hijos no viven en burbujas insonorizadas que les permita elegir cuándo oyen lo que ocurre a su alrededor y cuándo no. Por tanto, al margen de que las usemos o las erradiquemos por completo —yo ya he comentado que soy culpable de usarlas— van a ser conocedores de su existencia. Si nos colocamos en nuestra época infantil o adolescente también podemos recordar que era incluso molón incluirlas en tu vocabulario. Lo que nos lleva directamente a que los chavales se sientan seducidos por ellas. Así que, ante este panorama, yo decidí mantener la siguiente conversación con Miranda:

—Mamá, el señor de al lado ha dicho hosti… —dijo llevándose la mano a la boca y sintiéndose muy culpable por reproducirlo.

—Ya, cielo, es que son palabras que vas a escuchar y que siempre van a estar, solo que no debes utilizarlas.

—¿Y por qué lo ha dicho?

—Verás, hay hábitos que adquieren los mayores que no son los mejores. Hay un sinfín de cosas que vas a ir viendo y escuchando que sería deseable que no reprodujeras cuando seas adulta. Pero puede ocurrir que lo hagas, que decidas comportarte igual. No soy adivina, así que no tengo ni idea de cómo vas a actuar. Lo que sí sé es que los niños no tenéis la capacidad para diferenciar los momentos. Quiero decir que, cuando seas mayor, seguro que tendrás criterio para saber si un comentario es desafortunado o no, cosa que ahora no eres capaz. Por eso no debes emplear nunca las palabrotas. Lo que acaba de decir ese señor en boca de un niño es terrible, muy feo y propio de una mala educación. Dentro de unos años tú decides qué quieres hacer. Sobre todo, si consideras que está bien. No olvides elegir en qué contexto lo haces porque eso sí que es superimportante. No es igual expresarse entre amigos que en entornos desconocidos. ¿Me has entendido?

Menudo chorreo.

—Más o menos, mamá. Pero ¿qué hago si lo escucho, me tapo los oídos? —Inocente ella.

—Nooooo, simplemente acuérdate de lo que te he dicho. No le des más importancia, no lo tomes como ejemplo, no pongas el foco en eso y no vayas a creerte que una palabra te convierte en peor o mejor persona. En el futuro podrás entenderlo todo.

Mantenerla al margen de la realidad no me convence. Nunca barajo esconderle las cosas —siempre que puedo, claro—. Prefiero buscar un resquicio por el que deslizarme y conseguir llevarla donde quiero. A sus nueve años, está perfectamente entrenada para oír un improperio y no inmutarse. La observo y veo que hace oídos sordos y sigue con sus cosas. Si estoy delante y en medio de una conversación donde se pronuncia un exabrupto, suele mirarme con ojos pícaros para conchabarse con-

Las dichosas palabrotas

migo y manifestarme algo así como «lo que acaba de decir, mami, es horroroso, pero, tranquila, que yo ya sé lo que tengo que hacer».

Quiero pensar que, con esta fórmula, voy a desactivar el atractivo de las palabrotas en la época de la adolescencia. Por otro lado, no quiero engañarme y dejar de reconocer que, como dije antes, su uso está extendido. Además, no condeno a cadena perpetua a quien lo practique.

Por último, a pesar de decir que pertenezco al grupo de los «sinvergüenzas maleducados» que manejan esta palabrería, es muy difícil que se me escapen y siempre controlo su aparición. No las demonizo. Podrían no existir, pero ejercen su función.

Hay tantas cosas que sería mejor que no existieran…

Así que, como defensora del lenguaje y de su enorme poder para darnos luz y abrirnos camino, dejemos que las palabrotas vivan su vida y, simplemente, encontremos la manera de darles una buena dirección.

26

¡TIERRA, TRÁGAME!

«¿Mamá, son novios? Porque él es muy mayor».

Hoy he vivido uno de esos momentos que cualquier padre o madre ha protagonizado con sus hijos. Y, si echo la vista atrás, tengo que confesar que mi madre también los padeció a mi lado —luego lo cuento—. Imagino que es fácil hacerse una idea de lo que hablo, pero para evitar que echemos a volar nuestra imaginación y perdamos energías elucubrando, se trata de esos episodios en los que un niño, producto de su inocencia, lanza al aire un pensamiento comprometido. Y TE QUIERES MORIR, QUE LA TIERRA SEA IMPACTADA POR UN METEORITO Y QUE TU HIJO SE QUEDE MUDO PARA SIEMPRE.

Hay realidades que, por mucho que sean evidentes, hemos convenido socialmente que no debemos comentar o verbalizar. Son situaciones en las que nos encontramos con escenas que nuestra mente no puede entender —o nos han enseñado que no siguen los cánones establecidos— y brotan pensamientos que escondemos y guardamos bajo llave sabiendo que no es una buena idea ponerlos encima de la mesa. En el mundo de los adultos nadie comenta determinadas cosas. No es elegante ni educado verbalizar algunas ideas. No es aceptable. Sin embargo, los niños tienen pocos filtros, yo diría que ninguno, y los van adquiriendo en su proceso de aprendizaje porque interiorizan lo que les vamos enseñando, de ahí que algo sea aceptable o no, en base a nuestra crianza y educación. Cierto es que la experiencia nos va liberando de algunas opiniones y nos va creando otras, pero, de niños, somos producto del proceso de «domesticación del ser» —ya hablamos de eso—.

A consecuencia de lo anterior, es más habitual de lo que desearíamos que nuestros hijos se dejen llevar por su espontaneidad y hagan afirmaciones o consideraciones que generen un momento de tensión o un momento «tierra, trágame». En este tipo de situaciones —a pesar de ser conscientes de que los niños son, muchas veces, incontrolables— la responsabilidad recae directamente sobre los progenitores; lo inapropiado de las palabras de los niños es directamente atribuido a los pobres papás por no haber sabido educarlos. ¡Qué gran injusticia! ¡Qué falta de empatía! ¡Bastante mal lo pasamos con el altercado como para que todos los espectadores ahí presentes claven sus miradas en nosotros y nos digan a través de sus pupilas «¡ya te vale, lo que acaba de decir tu hijo!».

Es evidente que no ensayamos con ellos en casa todas sus reacciones. Claramente son seres de luz que aún no tienen todas las pautas de comportamiento registradas y, muchas de ellas, las van aprendiendo por prueba y error. Con todo, su equívoco se coloca directamente en nuestro carnet de buenos ciudadanos en la columna de «partes negativos» al igual que hacen los profesores con los escolares.

El regalo de Miranda

En resumen: el resultado de todo el acontecimiento, de ese momento «tierra trágame», es un sonrojo atómico y un cabreo monumental que desemboca en una conversación al llegar a casa.

—Pero, Miranda, ¿cómo has podido decir eso?

—¿El qué, mamá? —pregunta sin imaginar de qué puedo estar hablando.

—¡¡¡Que el señor era muy mayor!!!

—Pues porque era como un abuelo, mamá. ¿No te pareció que la chica era demasiado joven para tener ese novio? —pregunta de nuevo sin ser consciente de nada.

—Vamos a ver, hija, claro que era mucho más viejo que ella, pero esas cosas ¡¡¡no se pueden decir!!!

—¿Por qué? No te entiendo. Además, te lo dije solo a ti y bajito…

¿Solo a mí? ¿Bajito? Pero ¿qué entiende mi hija por bajito? Además de decirle que ese tipo de comentarios no se hacen, tengo que recordarle la escala de tonalidades para que coloque la sordina lo más rápido posible. Es más, ¡le voy a rogar que practique el mutismo que es muy efectivo en determinados momentos!

> **Nota:** *La sordina es una pequeña pieza que se pone en algunos instrumentos para disminuir la intensidad.*

Por poner en contexto lo ocurrido, estábamos de vacaciones y quedamos con unos amigos. Creo que sobra decir que tuvimos una cena con una pareja con cierto desequilibrio de edades —he sido muy fina y, desde luego, elegante, en mi forma de expresarlo—. Cuando Miranda se percató de la relación entre

¡Tierra, trágame!

la joven y el señor mayor se acercó a mí y me hizo el comentario. A su juicio, en un tono muy reservado y sin ninguna posibilidad de ser escuchada. La realidad es que se cortó el ambiente unos cuantos segundos y quise meterme debajo de la mesa durante toda la velada.

La verdad es que, si reflexiono sobre el acontecimiento, mi hija nunca se había topado con esta situación por lo que nunca me había planteado hablar con ella de estas cosas. Culpa mía porque en su pequeña cabecita lo que tenía registrado eran relaciones de otro tipo, y cada vez hay más romances en los que las edades son muy dispares. Lo cierto es que los niños siempre tienen la capacidad de sorprendernos y aún me quedaba otro susto por delante. Al comentar con ella el tema, me espetó otra consideración más sorprendente aún. Me preguntó: «Es un *sugar daddy*, ¿verdad, mamá?». Casi me da un soponcio al escucharla. No podía salir de mi asombro al oírla manejar un concepto del que nunca antes habíamos hablado. Ahí un ejemplo más de cómo nuestros hijos son esponjas y reciben información de todos lados; es muy difícil de controlar y de saber de dónde proviene cada cosa.

Por otro lado, he de decir en su defensa que lo habitual no es encontrarse con relaciones de pareja en las que hay treinta años de diferencia. Una cosa son edades dispares y otra, ¡treinta años! Parece lícito que quisiera confirmar que eran novios al hilo de este detalle, así que, por no entrar en más líos, la única salvedad que le hice fue que, cuando tuviera este tipo de dudas y quisiera contrastarlas conmigo, esperara a llegar a casa y yo le despejaría todas las incógnitas. Es complicado que se controlen porque ellos no entienden el concepto «esperar», pero yo le insistí en la importancia de no exponer determinadas cosas públicamente.

La verdad es que me costó mucho abordar esta conversación porque me debatía entre hablarle de limitación y no coartarle en su libertad de pensamiento y expresión. Entiéndase que, en el fondo, que un niño diferencie entre lo que puede decir o no es pedirle peras al olmo. O hablo o no hablo. O me siento libre para verbalizar lo que siento y pienso o me callo. O me dices que está bien ser expansivo y auténtico o me recomiendas mantenerme en silencio y ocultar mis verdaderas opiniones. Para un niño no hay punto medio. (Y eso fue lo que me trastornó en el desarrollo de la conversación).

Opté por hacerlo tranquila y sin mucho ímpetu para que no se sintiera atacada y no lo viviera como un enorme error. Es posible que, a la larga, si empezaba a desarrollar la sensación de estar fuera de lugar con sus comentarios, optara por no hacerlos. Y eso, creo, sería infinitamente peor que comerme el marrón de mirar a la cara al señor mayor y seguir con la cena. Confío en su capacidad de juicio, en que está en pleno desarrollo y en que, dentro de unos años, esto no ocurrirá.

Y, dicho sea de paso, tampoco fue tan desacertado el comentario. ¡Treinta años de diferencia es una barbaridad! —ironía, cada uno hace con su vida lo que le venga en gana—.

Aún hay más. No he sido víctima de los comentarios de Miranda en una sola ocasión. Ella es muy expresiva y no te deja indiferente. Lo celebro, la verdad —al margen de los momentos «tierra, trágame» con los que tengo que lidiar—.

En otra ocasión, volvíamos en avión de regreso de un destino paradisiaco. Era muy pequeña, creo que no tenía más de cuatro años. De repente me zarandeó muy sorprendida.

—Mami, mami, ¿qué tiene esa chica en los labios?

—¿Cuál cielo?, ¿qué chica? —pregunté medio dormida porque era un viaje largo.

—¡Esa, mamá! —La señaló con el dedo consiguiendo que la protagonista tuviera claro que ella era el objeto de nuestra charla y que hablábamos de sus labios.

—¡Miranda, por favor, no señales! Y ¡déjate de tonterías! —contesté nerviosísima al darme cuenta de que la mujer estaba totalmente pendiente de mi respuesta.

—Pero es que ¡tiene los labios muy gordos! —remató.

—Miranda, ¡te he dicho que te dejes de tonterías! ¡Siéntate y ponte una película! —Mi nivel de desasosiego era altísimo.

Sin duda, la joven —era una chica de unos treinta años— no había reparado en la enorme cantidad de relleno que llevaba en su boca. Son las cosas de la cirugía. A veces nos mejora y rejuvenece, pero otras veces se nos va la mano y nos convertimos en esperpentos y, a los ojos de un niño, estas cosas no pasan desapercibidas. A los ojos de un adulto, tampoco, solo que disimulamos sin inconvenientes. Sin embargo, puede pasarte como a mí y puedes ser víctima de una Miranda que va a tu lado y que tu disimulo no sirva de nada. Ella constatará el exceso sin pudor y a voz en grito. Así que «tierra, trágame» y seguimos adelante porque era tan pequeña que una conversación sobre lo ocurrido no hubiera tenido sentido ni hubiera sido eficaz.

Por cierto, sigue sorprendiéndole este tipo de estética y, con su edad actual, sí que mantengo conversaciones con ella en este sentido. Le hablo de las percepciones que tenemos cada uno de nosotros y de que no siempre se coincide en las valoraciones de una misma realidad. Aprovecho esos momentos para hablar sobre lo diferente, la opinión personal y no compartida, la forma de ver la vida de cada ser humano, el valor de respetar las decisiones ajenas o la importancia de tener claro un tema y llevarlo hasta el final con todas sus consecuencias. Creo que es una forma muy útil de ir dándole herramientas para saber respetar y para autorreafirmarse.

Hemos vivido más situaciones complicadas. Mi hija no me da tregua en este sentido. Recuerdo la tarde en la que, paseando por nuestro barrio, nos encontramos de repente con una conocida. Me paré unos minutos para ponernos al día sobre cómo marchaban las cosas. Me contó que se había divorciado, de cómo estaba rehaciendo su vida, de su nueva casa y de lo complicado que era recolocar las piezas cuando un matrimonio se rompe. Una conversación poco apropiada estando una niña presente, pero no conseguí que se diera cuenta de que su diálogo —más bien monólogo— estaba fuera de lugar. Así que aguanté el chaparrón como pude mientras Miranda me apretaba la mano y hacía gestos muy molestos intentando arrastrarme para que caminara —muy típico también de los niños, tiran de ti como si no se notara para conseguir que avances y cierres la charla de inmediato—. Un momento de tensión, sin duda, pero que aún encerraba más sorpresas para mí. Me despedí incómoda y arrancamos con paso firme. No habíamos avanzado ni medio metro cuando mi hija exclamó —en tono elevado, como siempre—:

—Mamá, ¡esa señora huele muy fuerte!

NOOOOOOOO, ¿en serio me haces que pase un poco más de vergüenza? ¿No puedes esperar a que demos la vuelta en aquella esquina y ya me cuentas todo lo que quieras? No. Así son los más pequeños y así tenemos que avanzar con ellos en su desarrollo.

¡Tierra, trágame!

Por supuesto que tenía razón y que no podía llevarle la contraria. Negar la mayor implica siempre confusión. Y, en muchas ocasiones, cabreo. Un niño también reacciona igual si pretendemos darle gato por liebre. Por tanto, asentí con la cabeza, no medié palabra y, en cuanto nos alejamos, me encargué de recordarle que hay que ser discreto y plantear determinados temas una vez te encuentres a salvo —es decir, cuando no te oigan los protagonistas—.

Son las cosas de ser padre y madre. Estamos en zona de peligro constante. Nuestros pequeños tesoros nos colman de alegría y también nos colocan en situaciones muy incómodas. Reconozco que me río mucho con todo esto al margen de lo que acabo de contar.

No quiero extenderme más, pero no voy a dejar de comentar el cotilleo que me compartió una profesora del colegio de Miranda hablando de los momentos «tierra, trágame». Al parecer un alumno les contó que su padre, a veces, se ponía camisones de mujer por las noches. —¿Cómo? ¿En serio? ¿Quién será ese padre? No tengo ni idea, pero sería aconsejable que se cuidara mucho de ser visto por los más pequeños de la casa en sus momentos nocturnos si no quiere protagonizar un momento MUUUUUY incómodo...—.

Ah, y decía al principio que yo también puse a mi madre contra las cuerdas en muchas ocasiones. Hubo un día que siempre recordamos en la familia. Es un «hit». Íbamos por la calle con mi madre camino de unos grandes almacenes en Oviedo. Nos paramos en un semáforo y a nuestro lado aparecieron dos monjas.

—¡Mamá, mira, dos monjas! ¿Dónde irán? —le pregunté muy entusiasmada por su atuendo y por la sorpresa de verlas a mi lado. En mi pueblo nunca había visto una monja.

—No sé, hija, habla más bajo, por favor —me respondió muy seca porque era muy estricta y, por otro lado, había que respetar a las religiosas.

—Pero, mamá, ¡míralas! ¿Por qué van por la calle? —insistí ante el asombro que me producía la imagen porque en mi cabecita esas señoras estaban siempre ¡reclutadas en sus conventos y nunca se dejaban ver por los humanos!

—Luján, por favor, cállate —contestó contundente la señora Pilar acompañando su recomendación de un apretón en el brazo muy propio de ella.

Y entonces, entró en escena mi hermana, dos años mayor que yo, que dijo con aires de sabelotodo y mucho de sabionda:

—¡Ay, Luján, pareces tonta!, ¿dónde van a ir? ¡Pues al monjerío!

Recuerdo aquel instante como si fuera hoy y la reacción de mi madre ante tanto despilfarro de indiscreción. Nos cayó una bronca monumental por someterla a ese momento tan vergonzante para ella, y no dio ninguna explicación por su enfado —eran otros tiempos y nuestras madres no practicaban la conversación ni la reflexión—, pero, ahora, nos confiesa lo mucho que se rio interiormente con la escena. No me extraña ante tal derroche de sabiduría por parte de mi hermana…

(Por cierto, creo, honestamente, que el momento «tierra, trágame» fue consecuencia directa de su comentario… y que yo, simplemente, hice una pregunta inocente sobre el destino de aquellas dos señoras… Me declaro inocente —broma—).

27

«MAMÁ, ME HE ENAMORADO»

Paren las máquinas porque aún no ha llegado este momento a la vida de Miranda. No ha planteado esta cuestión ni por asomo. Si bien es cierto que me ha comentado que tal o cual niño le gusta, pero ni mucho menos ha entrado en el tema del enamoramiento. Solo que hoy, un miércoles cualquiera a las cinco de la tarde en mi casa, me ha asaltado este pensamiento. Me he descubierto *conmigo misma* intentando responderle a mi hija la siguiente pregunta: «Mamá, ¿cómo sabes que estás enamorado?».

Reconozco que me he dado un gran susto —a mí misma también— al imaginar la escena. Estoy sola escribiendo y casi le envío un mensaje a mi hermana —que es médico— por si me daba una crisis de ansiedad. Algo extraño si tenemos en cuenta que, durante muchos años —incluso hoy en día—, me han calificado como la gran celestina de la televisión o la presentadora del amor. Atesoro muchos programas con esta temática. Me voy a permitir recordarlos porque me despiertan una sonrisa de manera inmediata. Además de elevarme el estado anímico. Enumero:

– ¿Quién quiere casarse con mi hijo?

– ¿Quién quiere casarse con mi madre?

– Un príncipe para Corina.

– Un príncipe para Laura.

– Un príncipe para tres princesas.

– Tú, yo y mi avatar.

– A quién le gusta mi follower.

– Granjero busca esposa.

Son muchos títulos y, algunos de ellos, con varias ediciones. Pudiera pensarse que, con tanta experiencia, sería fácil para mí responder a estas cuestiones. Sin embargo, reconozco que se me ha puesto un nudo en la garganta.

Siendo sincera, he pensado en muchas ocasiones el significado del amor, su importancia, su necesidad, su valía... dado que soy de la opinión de que el amor es el motor del mundo y la energía más elevada. Pero mantener esa charla con «mi niña» —lo entrecomillo porque creo que esto llegará en un momento donde tendrá cierta edad— me impone respeto.

¿Cómo definir el amor? Gran dilema y con difícil respuesta. Así que lo mejor es acudir al diccionario y luego ya reflexionaré sobre ello.

Amor:

> Sentimiento hacia otra persona que naturalmente nos atrae y que, procurando reciprocidad en el deseo de unión, nos completa, alegra y da energía para convivir, comunicarnos y crear.

«Mamá, me he enamorado»

Ufffff, me supera un poco saber que esta es la definición porque conozco pocas historias de amor que cumplan todas estas premisas. De ahí que una servidora siga buscando.

De cualquier modo, siempre es un buen momento para encontrar argumentos y soluciones a temas fundamentales, así que, me voy a lanzar. Además porque, en la definición anterior —que prometo que está así recogida en el diccionario— habla de «persona que nos completa» y, en absoluto, estoy de acuerdo con eso. Somos seres completos CON y SIN amor de pareja.

A mí me gusta definir el amor como:

«Esa sensación que te procura alguien cuando es capaz de secuestrarte el alma. Cuando se presenta ante ti otro ser humano que empatiza contigo en múltiples cosas. Y no en todas, pero, a pesar de eso, te despierta el deseo de construir un camino en compañía». Digo que a mí me gusta, lo cual no significa que sea exactamente eso.

Quizá el amor es un sentimiento profundo hacia otra persona que consigue que desarrolles más condescendencia y más benevolencia hacia otra forma de entender una misma realidad. Un estado de apertura que hace que estés más receptivo a otras opiniones y puntos de vista. Digo esto porque convivir con otro del que estás enamorado supone converger desde enfoques distintos. Como he dicho, somos ocho mil millones de personas en el mundo y, por tanto, ocho mil millones de puntos de vista diferentes de una misma verdad.

Creo que me estoy poniendo muy intensa, así que voy a bajar el tono. Voy a acudir a ejemplos con situaciones que me han pasado a mí que seguro sirven para encontrar respuestas y ofrecérselas a mi hija cuando llegue su momento.

El regalo de Miranda

He tenido diferentes «amores» que no llegaron a buen puerto. Veamos.

–Tuve un gran amor de juventud que se rompió porque no conocer todos los detalles de su vida me generaba mucho temor. Claramente, eso no era amor. Era necesidad de control y un sentido de la posesión muy poco recomendable en las relaciones románticas. Esas son, a mi juicio, relaciones tóxicas que hay que detectar lo más pronto posible y salir corriendo. La *controller* era yo, pero cuando alguien está en una relación de amor también es recomendable ser transparente en cuestiones fundamentales. No era el caso. Es más, había engaño, y el amor no entiende de mentiras.

–Mantuve un noviazgo varios años que no tuvo un final feliz. El motivo, en este caso, fue la falta de inquietudes y de intereses comunes. No compartíamos sueños o ilusiones y no fuimos capaces de atisbar por dónde podía avanzar nuestro idilio. Está claro que el amor supone respetar los gustos del otro, pero también detectar —antes de llamarlo amor— que éramos tan distintos que, aquello de «los polos opuestos se atraen» en nuestro caso era una falacia. Quizá también los años —éramos muy jóvenes— no nos permitieron mantener una actitud de diálogo con el otro donde encontrar el camino.

–Recuerdo el día que pensé que había llegado, por fin, el amor definitivo. También me equivoqué. Creo que estaba tan centrada en otros aspectos de mi vida —mi trabajo— que me conformé con el hecho de que compartíamos entornos sociales.

«Mamá, me he enamorado»

Durante nuestra convivencia descubrí que tener amigos comunes está muy bien e incluso ser amigos es absolutamente crucial, pero no basta. A un amigo le toleras cosas que no eres capaz de soportar en alguien con el que compartes tu intimidad.

Fue un gran aprendizaje para mí.

–Cuento el último porque, al final, tengo un listado mayor que Elisabeth Taylor. A edad ya avanzada, apareció en mi camino un hombre aparentemente perfecto. Edad perfecta, trabajo perfecto, aspecto perfecto, intelectualmente enlazaba conmigo, se entendía con mis amigos… ¡Ojo, que aquí había gato encerrado! Según avanzó el idilio empezó el calvario. Cambiarte y moldearte a su modo y manera era su objetivo. En estos casos, hay que salir corriendo tengas la edad que tengas. Y una cuarentona como yo coge la puerta y se hace los cien metros lisos más rápido que Usain Bolt.

Después de este repaso —hay más, ¿eh?, pero me los callo— me visita un pensamiento. Siento que tengo que separar el grano de la paja. Y voy al tema: creo que me hubiera venido bien saber que una cosa es lo que sientes por alguien y otra bien distinta es lo que ese alguien te hace sentir a ti. Me explico. Es muy posible que aparezcan personas por las que sientes una gran admiración, puedes pensar que son muy carismáticas e incluso tiernas y adorables. Puede ser alguien muy inteligente y divertido. Y te gusta, te gusta mucho. Lo conviertes en el amor de tu vida y no quieres renunciar a una persona tan valiosa.

El problema es si ese alguien te hace sentir triste o solo. Si no genera emociones positivas en ti. Es más, si te genera ansiedad y te hace cuestionarte si tu actitud o comportamiento es el responsable de que la relación no funcione. Ahí está la verdad de esa relación. Nunca será plena porque no fluye, porque no hay reciprocidad en los sentimientos. El amor ha de hacernos vibrar como la energía más elevada que hay. Nunca castrarnos, cuestionarnos o desdibujarnos.

Me cuesta imaginarme cómo lo hará mi hija y qué situaciones se van a presentar en su vida. De hecho, siendo sincera, me da muchísimo miedo que le hagan daño en las experiencias que le tiene preparado el futuro. Soy incapaz de salirme del papel de madre y cederle el testigo a ella en todo lo relativo a su vida sentimental. Pero soy muy consciente de que tendrá que caminar sola por este trayecto a veces tan bonito, a veces, tan doloroso. Y tan mágico cuando aparece esa alma diseñada para ti —y tú para ella, claro—. A mis cuarentaitantos —ya he dicho antes que estoy en la cuarentena— pienso que seguro es inevitable que viva diferentes historias y distintos amoríos antes de que sepa dónde quiere estar pero, insisto, eso me da mucho miedo. Ya sé que la sabiduría o la verdad no pueden enseñarse, solo puede enseñarse el camino que conduce a ellas desde el acompañamiento. Cada uno tiene que transitar por sí mismo ese trayecto siendo su propio gurú y su propio maestro. Podemos ser la inspiración de nuestros hijos según van avanzando, pero ese recorrido es suyo, es de su propiedad y es único. Está diseñado por ellos y para ellos.

Por lo tanto, creo que, después de todas estas líneas, tengo que grabarme a fuego que será imprescindible que les ponga mucha distancia a esas vivencias. Que consiga ser capaz de darle espacio y que, cuando me pregunte «¿qué es el amor, mamá?» o «¿cuándo sabes que estás enamorado?», pueda contestarle:

«Mamá, me he enamorado»

«Son preguntas que te irás respondiendo a ti misma con el tiempo, cielo. Intenta pensar en ti y en lo que te genera la relación en la que estés. No es egoísmo. Es amor. Es la manera en la que darás lo mejor de ti. Todo tiene que surgir de manera natural y creo que es muy importante que la otra persona actúe de igual manera. También es cierto que se trata de recorrer un camino juntos, por lo tanto, tendrás que permanecer muy abierta a lo diferente, a lo nuevo, a lo contrario a ti, pero desde el respeto y el convencimiento. Suena complicado, pero es posible, lo sé».

Nota: *Aunque no lo haya vivido aún, estoy segura de lo que escribo. Es más, estoy convencidísima de que el día que mantenga esta charla con Miranda estaré experimentando la grandiosidad de un amor pleno junto a un alma que ha pactado con la mía entenderse, respetarse, admirarse, acompañarse y crecer juntas. Está escrito, está hecho.*

28

ESTO NO ES *FIRST DATES*, HIJA

Aviso a navegantes: viene un capítulo fuerte.

Hay diferentes situaciones en las que los niños nos dejan sin palabras. En múltiples ocasiones no tenemos la menor idea de cómo responder a sus preguntas. Solemos evadir algunos temas porque consideramos que no tienen la edad para explicarles determinadas cosas.

A mí me gusta pensar que los que no estamos preparados somos los progenitores, bien porque no tenemos suficientes armas para afrontar el discurso, bien porque no nos apetece. Prefiero asumir que la responsabilidad está siempre en nuestras manos y que la vida nos está planteando un nuevo reto. Si mi hija me pide información, seguro que se la puedo dar. Con unas palabras u otras, pero tengo que lanzarme al vacío. Decirle cosas como «déjate de tantas preguntas» o «no es algo que puedas entender ahora» creo que es un error. Pero es mi opinión. Recreo a continuación la siguiente escena:

Mi hija me ha dicho que le gustan dos niños de su clase. No uno, dos. Pero, además, me ha dicho que ninguno le gusta del todo, que cada uno le gusta a su manera. Y hay un tercero, al parecer, que también le hace tilín. Y va tres cursos por delante. ¿Eso qué significa? ¿A alguien le prepararon para mantener esta conversación con una mocosa de seis años? ¡Porque a mí no!

Este fue el soliloquio que hice en mi mente el día que Miranda me contó, por primera vez, cómo se estaba sintiendo su corazoncito. No recuerdo con exactitud si tenía cinco o seis años, pero más o menos. Normalmente, suelta sus pensamientos al aire y arranca con sus temas sin que haya preparación previa. No es como enfrentarse a una colonoscopia que lleva su preparatorio y ya sabes lo que te espera. Nadie te manda un mail con todas las directrices ni te indican que tienes que estar veinticuatro horas sin comer y tomando una solución que te limpie el intestino antes de entrar en quirófano. La opción de elegir la fecha e ir mentalizándote para que puedas digerir lo que te espera no está y, por supuesto, no hay anestesia ni sedación en ningún caso —que siempre es un alivio porque, lo cierto es que, no te enteras de nada—. El día que tu hijo te suelta determinadas preguntas, es directo, concreto, viene el golpe sin ser amortiguado. Toca responder.

—Ay qué bien, qué divertido. Y ¿son guapos?

Qué manera más absurda de abordar la situación. Qué frivolidad y que poco natural.

—Sí, no sé. Son muy divertidos. Me lo paso genial con ellos —contesta.

—Van a clase contigo ¿no?

Otra pregunta vacía de contenido porque no me aporta nada. Entiendo que es la manera que encuentra mi mente de darle tiempo a la situación y prepararse para seguir navegando.

235

El regalo de Miranda

—Sí, ya te he hablado de ellos, mamá, ¿no te acuerdas? ¡Es que no me escuchas! —replica Miranda y me da otro mazazo porque está en lo cierto. Hay muchos momentos en los que tengo tantas cosas delante que no le presto atención.

—Me has hablado de todos tus amigos del cole, hija, no te pongas así —digo para esquivar el golpe.

—Claro, normal, porque somos todos amigos, pero siempre te cuento lo bien que me lo paso con X y con Y. —No voy a revelar la identidad de los afortunados porque la privacidad de los menores hay que respetarla.

—Cierto es, mi vida. De hecho, ya me había dado cuenta de que les prestas más atención a ellos —miento como una bellaca para que piense que estoy en todo y que la conozco mejor que nadie—. Entonces, cuéntame, ¿qué te gusta?, ¿cómo es eso de que son tus favoritos?

—Ay, es que no sé… No me preguntes así que me da vergüenza… —Se retrae y le entra la timidez típica de conversaciones de este tipo.

—Uy, uy, uy, cuéntame, porque veo que estás muy entregada —le respondo haciéndome la enrollada, pero en realidad titubeando más que ella.

—¡Mamá, no me pongas esa cara!

¿Qué cara? ¿De qué habla? Ninguna cara. Estoy intentando sobrevivir a una situación inesperada. Quiero ganar tiempo y sonsacar al contrario para obtener información y poder estar a la altura en las respuestas. Además, necesito disimular y mantener el tipo, mostrarme serena y segura. No puedo hacerle ver que no tengo ni la menor idea de cómo afrontar esta «charla entre amigas». Desgraciadamente, esa es la realidad y no soy capaz de fingir con éxito.

Esto no es *First dates*, hija

Como siempre que me ocurren estas cosas con ella, intento encontrar la mejor manera de entenderla para poder darle herramientas. Saber qué momento está viviendo y qué está sintiendo. Entonces voy a mi infancia y recreo en mi cabeza situaciones parecidas. Suelo descubrir similitudes entre su infancia y la mía. Lo cual me da mucha paz y me permite entablar un nuevo diálogo.

Por otro lado, es una oportunidad fascinante de revivir y redescubrir cómo fue Luján de niña, cómo se comportaba, qué hacía, qué le preocupaba, cómo actuaba, qué conversaciones le ayudaron o cuáles nunca existieron. Es exactamente ahí donde me doy cuenta de que, en mi educación, el tema de los chicos, de las relaciones sentimentales, siempre fue un tabú. Eran otros tiempos, vivía en un entorno muy diferente al de Miranda y mi madre no tenía tantos recursos intelectuales para acompañarme en mi crecimiento. E interpreto todas estas cosas como una nueva oportunidad que me ofrece la vida para deshacerme de los prejuicios que pueda tener. Sinceramente, creo, querido lector, que somos una generación muy marcada por los vetos. Sobre todo en el ámbito sexual, pero lo abordaré en el próximo capítulo porque da para mucho. Aquí solo me voy a quedar con el despertar sentimental que vivimos los seres humanos a muy corta edad.

Cuando tenía cinco años vivía locamente enamorada de Rubén Castillo. He hablado de él en mi anterior libro, creo. Si lo ha leído y ahora lee esto, igual se avecina una boda —ironía—. Fue mi primera emoción en el ámbito amoroso. Con él me di el primer beso. Sí, sí, con cinco años. Precoz. O no, porque cuando lo he hablado con mis amigas, ellas también tienen recuerdos de esas edades. Puede que no lo hayamos reconocido nunca públicamente, por lo que decía de los vetos, pero, si sale el tema ya tenemos la libertad para hablar de ello y confesar. Al margen de edades y experiencias personales, yo cuento la mía y lo que me ocurre con mi hija y cómo rescato momentos vividos por mí para aplicar las enseñanzas a su día a día.

Si sigo pensando, después de Rubén Castillo también me sentí atraída por un joven mucho mayor que yo que se llamaba Richard. Estaba enamoradísima. Aquí no se produjo beso ni acercamiento de ningún tipo. Yo tenía diez años y él dieciséis. No hubo *match* posible. Pero, claramente, es otra coincidencia con la vida sentimental de Miranda. Ella me hablaba de un tal Z que iba tres cursos por delante y le parecía guapísimo. Estábamos ante otro Richard. ¿Qué hacer? ¿Cómo proceder y hablar con ella de una manera acertada? La respuesta correcta es con naturalidad.

Simple y llanamente, no hay mejor opción que empatizar y disfrutar de ese momento tan bonito que están viviendo nuestros churumbeles. Sus primeras emociones y sentimientos en el ámbito amoroso. Sus primeras escenas de película cargadas de rubor y vergüenza. Los primeros capítulos de series románticas que se multiplicarán con los años y les harán disfrutar de lo fascinante que es —a veces— estar por completo *fallen in love*.

Reconectar con ese momento tan mágico de nuestra vida de la mano de nuestros hijos nos permitirá, además, recordarle a nuestro corazón cómo latía con fuerza en otras épocas. Experimentar con intensidad aquella inocencia perdida nos aportará tanta frescura al adulto que somos hoy, que no podemos per-

Esto no es *First dates*, hija

dernos la oportunidad. Bajo ningún concepto permitas que un «no tienes edad para estas cosas» o «ya está el niño con la tontería de quién le gusta» te arranque la posibilidad de volver a aquel escenario y caer de nuevo rendido a la belleza del amor infantil.

Y aquí encuentro la enseñanza que nos da la paternidad/ maternidad. En lugar de pensar que esto es una tontería o que tu hijo no necesita hablar contigo de eso, te invito a que lo veas como una oportunidad preciosa para compartir todas tus vivencias con él o ella y contigo mismo.

Es mi decisión. Yo he optado por contarle a Miranda mis amoríos de niña. Lo disfruta muchísimo. Se ríe a mandíbula batiente. Tengo la certeza de que le ayuda a enlazar más conmigo, a identificarse, a normalizar la situación. Creo que es importante para nuestra relación madre-hija que descubra todas esas sensaciones compartiéndolas conmigo.

Habrá otros temas en los que adopte un papel diferente, más aséptico, más de presentadora de informativos. Quiero decir que, en otros casos como los temas sexuales, he decidido mantenerme más alejada emocionalmente y ser una simple informadora. Sin embargo, aquí, he optado por estar más cerca y mostrarme más cómplice. Pienso, que por su edad, necesita ese tipo de actitud. La cerrazón o el silencio solo pueden transmitirle inseguridades y miedos. No es lo que quiero para ella.

Ahondando más en el porqué puede sentirse atraída por diferentes niños, he elaborado mi propia teoría y me resulta muy efectiva —a día de hoy, con nueve años, sigue hablando de varios compañeros—. Lo que quizá está haciendo mi hija es poner en valor las diferentes cualidades de los chicos de su en-

El regalo de Miranda

torno y seleccionando las que más se adecuan a sus gustos. Como en un proceso de selección, va marcando los *tips* que le resultan atractivos en uno y otro.

«X es muy amable y dicharachero.

Y es muy listo y siempre contesta el primero en clase. Además, es muy gracioso.

Z me deslumbra. Tan mayor, tan seguro de todo, siempre líder en el patio».

Que le guste un surtido de opciones es maravilloso porque, visto así, pude plantearle la siguiente conversación:

—¿Sabes qué, Miranda? Es importante que sepas qué te encaja de las personas y qué no. También tener muy claro qué rasgos de tus amigos son importantes para ti. Es muy inteligente no cerrarse a algo ni ceñirse a una única cosa. Así cuando seas mayor y te plantees tus relaciones personales, ya habrás descubierto qué formula es la perfecta.

—Yo no voy a tener novio, mamá —afirmó ella con una contundencia muy habitual entre las niñas de su edad.

—Seguro que no, pero si se plantea la situación, ya has descubierto qué cosas te gustan. No renuncies a ellas porque creas que no son posibles o porque no puedes pedir tanto en una persona. Si ves que hay cosas que te gustan y quieres, búscalas y espera con paciencia, que seguro que aparecen todas juntas en una sola persona.

Queda mucho camino por delante antes de que se plantee esto, pero estoy convencida de que, plantando esta semillita en su mente, siempre recordará qué pensaba de niña, qué le gustaba, qué chicos/chicas le atraían y por qué; y podrá hacerse una imagen más clara de por dónde quiere que discurra su vida sentimental. Es pronto, lo sé. Pero nuestra cabeza va guardando recuerdos, sentimientos y emociones que arrastramos toda la vida. Quizá tenga sentido fijarlos desde ahora para que no se confunda, se pierda o se sature con la gran cantidad de vivencias que va a tener en el futuro. Así que:

¡Que arranque su *first dates*!

29

HABLEMOS DE «ESO»

No sé si recordáis —segurísimo que sí— el programa de la doctora Elena Ochoa, *Hablemos de sexo*. Fue toda una revolución en la España de los noventa. Lo dirigía Chicho Ibáñez Serrador, el mismo del *Un, dos, tres... responda otra vez*. Qué formatos tan diferentes y tan lejanos en temática. Pero, sin duda, forman parte de la historia de la televisión de nuestro país. No tienen nada en común, excepto su creador y director —y el éxito que alcanzaron, claro—.

La imagen de aquella experta vestida como directiva de una empresa del Ibex dando lecciones a los españoles sobre sexualidad está nítida en mis recuerdos. Siempre prudente, seria, se mantenía delante de la cámara y hablaba con rigor sobre cuestiones controvertidas para aquella época. En el momento de su emisión —estuvo en la parrilla de TVE desde marzo de 1990 hasta diciembre del mismo año— yo tenía trece años. No era espectadora de ese programa —mis padres no eran tan adelantados—, pero aquella señora se convirtió en una estrella de la televisión de la que todo el mundo hablaba.

De ahí que esté en mi memoria —y en la tuya, muy probablemente—.

Dicen los periodistas de la época que el objetivo de aquel espacio era informar sobre sexualidad desde una perspectiva científica y humana sin entrar en juicios de valor. Hablar de «eso» pero siendo rigurosos y abordando el tema abiertamente, sin miedo.

Cuentan que no fue fácil elegir a la responsable de conducir algo que se tornaba transgresor. Se hicieron diferentes castings entre sexólogas y expertas en psicología —hablo en femenino porque tenían claro que debía ser una mujer— y, finalmente, decidieron que la Dra. Ochoa era la adecuada. Una profesora universitaria de psicopatología, atractiva y con grandes dotes de comunicación.

Según ha declarado la profesional en entrevistas posteriores, tuvo algunas reticencias para aceptar. No se veía hablando de penes y masturbaciones delante de una cámara. De hecho, pensó en renunciar varias veces durante el proceso preparatorio. Ha llegado a comentar que fue clave el hecho de que su madre acababa de fallecer. La doctora cuenta que no hubiera aceptado tal reto de no ser así. Hubiera sido imposible centrarse en su tarea imaginando a su madre al otro lado de la pantalla.

Leyendo varias publicaciones sobre aquel fenómeno televisivo, descubro el mismo sentir en cada una de ellas: «Era un tema tabú», «fue un desafío», «había un gran desconocimiento», «despertaba un enorme rubor entre los espectadores», «tenía muchos detractores», «cómo hablar de eyaculación precoz en la televisión pública»… No me sorprende. Después de convertirse en un acontecimiento nacional, tanto la televisión pública como

El regalo de Miranda

Antena 3 —recuerda que, en esos años, ya habían arrancado las emisiones de las privadas en España—, decidieron lanzarse con un nuevo espacio. El resultado fue la retirada de anunciantes de ambas cadenas por considerar morboso el planteamiento.

¿Qué podemos añadir a este repaso histórico? A mi juicio, muy poco. En mi opinión, solo bastaría con reflexionar un instante para darnos cuenta de ¡la incultura que teníamos hace treinta años! Puede que no nos parezca mucho tiempo, pero si pensamos en cómo ha evolucionado el mundo en tres décadas, igual sí. Estamos en la era digital, llevamos dispositivos móviles en el bolsillo y nuestros hijos estudian con un iPad. Y eso sin entrar en más avances. Sin embargo…

Seguimos teniendo temor y muchos prejuicios respecto al tema. No somos capaces de entender que la educación sexual es tan importante como las matemáticas. O más. No se plantea una enseñanza sobre nuestro cuerpo y las relaciones con el mismo ímpetu que obligamos a los niños a hacer multiplicaciones y divisiones. La vida sexual nos acompaña hasta el momento en el que morimos. Pero de «eso» no hablamos. Nos resistimos a entender que, desde niños, tienen que descubrir cómo cuidarse y cuidar al otro en este territorio. Hay mucha resistencia a enfrentarnos a conversaciones sobre cosas verdaderamente importantes —emociones o sexo siguen sin ser materia obligatoria—. ¿No es momento de modernizarnos? En mi opinión, no hay duda porque, además, las consecuencias de no abordarlo están siendo demoledoras. Te invito a que cojas tu móvil, entres en Google y hagas una búsqueda sobre sexo y adolescentes. Una vez que superes los escalofríos que recorren tu cuerpo, sigue leyendo. Después de romper a sudar, respira tres veces y, cuando retomes la calma y notes que has conseguido sosegarte, avanzamos.

¿Ya? ¿Seguro? Pues venga. Titulares:

«El porno es el referente sexual de los menores».

«La pornografía es la principal fuente de información para los jóvenes».

«El 55 por ciento de los jóvenes de dieciséis a veinticuatro años afirma que ha aprendido más de sexo en TikTok que en la escuela».

Hay muchos titulares más pero no es cuestión de seguir fustigándonos. Bueno, sí, porque, según los expertos, el resultado de esto es que adoptan roles de dominio, se normaliza la sumisión entre los miembros de una pareja, prolifera el chantaje emocional y la violencia psíquica o física, se practica la coacción, el uso del insulto, la falta de respeto, no se fortalece la confianza...

Dejémoslo ahí porque cualquiera que haya visto pornografía sabe que no se ocupa de transmitirnos valores en las relaciones de intimidad. No se dedican a eso. No nos encontramos guiones donde hablen de lo importante que es la comunicación en el sexo o del respeto mutuo. No es su función. Ahí no vamos a aprender a entender y explorar nuestros deseos de forma sana y segura. Es así.

Me atrevo a decir en este punto que les estamos arrebatando a los chavales su derecho de disfrutar de su sexualidad en positivo y libre de riesgos. Y todo porque seguimos practicando el silencio y estigmatizando el placer. Con todo, creo que es el momento de reproducir una conversación con mi pequeña Miranda —dicho con retintín porque, aunque es pequeña, ya plantea situaciones relacionadas con lo sexual—.

—¿A qué jugabais en la habitación, mi vida? —le pregunté una tarde en la que habían venido amiguitos del cole a jugar.

—A papás y mamás. Dani y yo éramos los padres y Manu y Ali los hijos —me contesta con una risa sospechosa que me hace repreguntar.

—Ya, pero ¿en qué consiste jugar a padres y madres? ¿Os regañáis, habláis de cómo educar a los hijos, de hacer la compra mañana…? —Yo intento hacerle una broma y espero respuesta.

Ella ríe cómplice con sus amigos.

—Sí, sí, sí, de la compra. A ver, mami, pues ¿cómo va a ser? Nos conocemos, nos enamoramos, nos casamos, nos damos los anillos, cuidamos de nuestros hijos… ¡Lo que hacéis los mayores!

Recreando una tarde cualquiera de las que ha habido muchas, es fácil tirar del hilo y abordar el «eso». Todos los niños —recordad vuestra infancia— hemos jugado a papis o a médicos. Y en cada jueguecito, había una intención oculta de descubrir las relaciones con los amiguitos y las emociones y deseos con el sexo contrario. La exploración a muy corta edad es historia de los seres humanos. A pesar de ello, pasan los años y se repiten las escenas y no abrimos nuestros ojos y nuestro discurso para ayudarles en su despertar —a la edad de Miranda— y en sus primeras experiencias —para lo que me quedan pocos años—.

En mi caso, he decidido mostrarme muy receptiva a todo lo que me quiera contar o intuya que quiere decirme. Y lo ha hecho. Permíteme que sea muy discreta con esto porque es su vida, sus vivencias y sus interrogantes, y no soy quién para compartirlos. No obstante, sí te confirmo que cuando mi hija ha sentido que no la juzgo —ni es un problema contarme una si-

Hablemos de «eso»

tuación— lo ha hecho. Debo añadir que el entorno y los prejuicios sociales ya hacen su tarea con los más pequeños y ellos son plenamente conscientes de que van a plantear «un tema problemático».

De ahí su actitud, sus risitas y su pudor. Sigue siendo una confidencia, no un asunto más, a pesar de que estamos hablando, simplemente, de su cuerpo, de su forma de relacionarse con los demás a nivel afectivo; cómo le gusta dar o recibir afecto o qué le parece aceptable o no. Por mucho que nos empeñemos en no decir «pene» o «vagina», desde el día en que se quitan el pañal saben lo que hay ahí. Y es estupendo, dado que, cuando llegan contando que le han levantado la falda a una niña en el patio o le han abierto la puerta del baño a un niño, estamos en disposición de recordarles que eso está mal porque los genitales no se enseñan así porque sí. Es una conversación sobre sexo ¿no te parece? A muy bajo nivel, pero lo es. Por algo se empieza.

No podemos negarnos a la evidencia. La información que se les facilita a los adolescentes en los centros educativos —así lo afirman ellos— hace únicamente referencia a los peligros de la sexualidad —enfermedades de transmisión sexual y embarazos no deseados— y a los métodos anticonceptivos. No hay ningún acercamiento al sexo desde el punto de vista del deseo, el placer, la orientación sexual… Ni se aborda el temor y la ansiedad que pueda plantear cuál es el momento o la persona adecuados.

Es peor aún si hablamos de lo que les contamos a los niños: aparato reproductor masculino y femenino. Punto.

No podemos permitirnos como sociedad que nuestros jóvenes estén informándose de algo tan importante como la expresión de los afectos a través del porno. La familia es fundamental y los centros educativos deben ponerse a ello con el rigor y la seriedad que requiere la formación integral de nuestros hijos.

La sexualidad es parte de la vida. Desde muy pequeños —comentaba el caso de mi hija— empiezan a reírse al hablar de «sus partes» o cuentan chistes verdes que han escuchado en algún lugar. ¿Por dónde empezamos a hablar con ellos? ¿Y cómo? Hay situaciones diarias que nos pueden ayudar. Por ejemplo, a la hora del baño se puede hablar de esas partes y su privacidad. El nacimiento de un niño puede ser otro gran momento para comentar cómo se concibe un bebé —y así dejamos a la cigüeña en paz, que ya no puede más de tanto vuelo a París—.

No se trata de darles discursos, ellos nos pueden guiar en la conversación. Si se muestran reticentes, puede que estén percibiendo que es un tema incómodo para nosotros; relajémonos. Normalidad. Tampoco lo convirtamos en un chiste, corremos el riesgo de que se sientan avergonzados. Y, sobre todo, perdemos oportunidades extraordinarias de mandarles mensajes muy constructivos. Si juegan a los médicos, es el momento de deslizar que los profesionales sanitarios son los únicos que pueden tocarles sus partes íntimas con el permiso de los padres, nunca otra persona, aunque la consideren muy cercana a la familia —buen mensaje para evitar un posible abuso ¿no te parece?—.

Humildemente, pienso que estamos perdiendo la oportunidad que nos brinda el sexo para compartir nuestros valores y creencias con nuestros hijos. Tal vez nos genere inseguridad o miedo la conversación, pero, por otro lado, no podemos ser los responsables de coartarles en ese camino o arrojarles, sin querer, a la búsqueda indiscriminada de información en los dispositivos móviles.

Para terminar, te cuento el día que me convencí totalmente de mi papel como formadora en este campo. Estaba en casa tranquila, Miranda tenía un cumpleaños y aproveché para hacer mis cosas. En un descanso curioseando por las redes sociales, vi cómo una amiga recomendaba un documental de una plataforma de *streaming*. Se titulaba *Generación porno*. Su comentario decía algo así como: «impactada con lo que cuentan, no me lo puedo creer, no sabemos nada de nuestros hijos». Recuerdo que de inmediato pensé que ¿cómo es posible que X diga esto? Es una mujer superavanzada en todo y su hijo es muy pequeño. ¿Porno? No entiendo nada. ¿De qué habla X?

Fui directa a la televisión y me lancé a darle al *play*. No voy a hacerte *spoiler*. Te invito y te recomiendo que lo veas.

Y, AHORA SÍ, prepárate para los escalofríos.

30

SER COMPETITIVO Y EL MEJOR PUEDE SER TU GRAN CASTIGO

Le he dado muchas vueltas a este tema y sé que seguiré haciéndolo a lo largo de toda mi vida. Por mi propia experiencia y por la tarea de orientar a Miranda en su camino. Cuando me planteo el tema de cómo enfocarle esta cuestión, me asaltan muchas dudas. Por un lado, vivimos en un mundo donde la competitividad se ha impuesto. Corremos sin descanso hacia el éxito buscando ser los mejores en todo y vanagloriarnos por los triunfos alcanzados. Generalizar no es bueno, así que prefiero dejarlo en que vivo dentro de un círculo profesional donde observo esto constantemente. Puede ser que en otros entornos no sea tan feroz, pero en mi sector y en mi ambiente, es una locura. De ahí que le tenga tanta manía al tema. Sin embargo, noto que no es exclusivo de *mi mundo*. Entre mis amigos o familiares también se respira esa tensión. Incluso en los niños observo con estupor cómo les estamos invadiendo con la necesidad de «ser los mejores».

A lo largo de estas páginas ya he avisado en otras ocasiones que voy hablando de mis cosas. Lo que comento se puede in-

Ser competitivo y el mejor puede ser tu gran castigo

terpretar de múltiples maneras y no tiene por qué ser común a todos los seres humanos. Por eso, será fantástico que si alguien me lee y tiene soluciones o situaciones distintas, me las comente. Me ayudará mucho y me cargará de conocimiento. El conocimiento es otro de los temas que me mantienen despierta. Soy como los perros policía. Ante un aprendizaje, salgo corriendo a por él. De ahí que, cualquier teoría u opinión será siempre bienvenida.

Continúo con mi preocupación por la manera en la que educamos a nuestros hijos en el territorio de la excelencia. Siento que los empujamos inconscientemente a desarrollar una necesidad de perfección que solo puede traerles decepción. En todas sus tareas, desde las actividades extraescolares hasta las asignaturas troncales del currículo escolar, los invitamos a alzarse con «el número uno». Creo que tenemos la falsa creencia de que si los estimulamos a *echar el resto* en todas sus facetas, crecerán más virtuosos y más preparados *para hacerse con el mundo*.

No seré yo quien diga que estimular es una mala idea. En absoluto lo creo. Pero entre estimular y poner el listón por las nubes hay varios peldaños en la escalera.

Hay una frase preciosa que, hablando de peldaños, viene muy al caso:

«Para alcanzar el cielo, es necesario apoyar bien la escalera».

Y justo ahí es donde empiezan a asaltarme todas las dudas.

Ciertamente, es importante llegar a las metas que nos marcamos. Por supuesto que es deseable avanzar hacia nuestros objetivos. Sin embargo, lo primero que deberíamos plantearnos es sobre qué base colocamos nuestra escalera para ascender. Sin una base sólida y certera, el castillo de naipes se desmoronará.

Seguro que la mayoría de nosotros insistimos a nuestros hijos para que hagan los deberes. Muchas veces los castigamos por no terminar sus tareas. Recibimos las notas cada trimestre y presionamos para que los notables se conviertan en sobresalientes. Pero nunca, o muy pocas veces, les preguntamos o les hablamos cobre el concepto «estar satisfecho» o «estar seguro», «estar pleno», «estar conectado con sus ilusiones».

Arrancamos los procesos educativos sin hablarles de su significado. Me refiero a que los mandamos al cole, pero no les explicamos que es el lugar donde empiezan todos sus sueños. Nunca nos planteamos lo ventajoso que sería que vieran la escuela como un centro de fabricación de ilusiones para su futuro. En ese edificio van a empezar a tener y a desarrollar todas las habilidades intelectuales que les permitirán elegir qué hacer con su vida.

En lugar de eso, nos enfrascamos en que cumplan con las clases, los deberes y los trabajos. Y los apuntamos a actividades como fútbol o gimnasia rítmica y les jaleamos en los torneos para que metan goles como Ronaldo o para que les den una medalla olímpica por sus saltos.

Al hilo de lo que digo, veo en redes sociales como se ha puesto de moda la ceremonia de entrega de diplomas en fin de curso. Desde muy corta edad, se premia a los mejores niños de la clase por sus notas y méritos. Bajo la triste mirada de los que se quedan en la grada porque no tienen reconocimiento alguno.

¿Es bueno para los más pequeños que se organicen este tipo de actos? Porque yo veo muchas caras de desilusión. Y escucho

Ser competitivo y el mejor puede ser tu gran castigo

muchos comentarios entre ellos del estilo «a mí no me dan diploma ningún año».

Estimular y ayudar a que saquen toda su capacidad es una obligación que tenemos sus educadores: padres y profesores. Pero someterles a medirse con su entorno desde tan pequeños ¿es una enseñanza positiva?

Pienso en mi infancia y no era tan sofisticada como la que está viviendo Miranda. La España rural no planteaba en mi época ceremonias de entrega de nada. Pero sí recuerdo cómo nos comparábamos unos con otros. Estaba el más listo, el más guapo, el más atlético, el más moderno, el más alto, el más tonto, el más gamberro, el más simpático, el más ligón… Por cada cosa, entrábamos al *ring* a disputarnos el título como si fuéramos Ilia Topuria en un combate de MMA.

Compararnos era habitual. Recuerdo que nuestros padres estaban metidos en la competición y hacían comentarios —tengo claro que por desconocimiento y sin ninguna mala intención— del tipo «Elena saca las mejores notas de tu clase» o «Begoña ha conseguido la medalla de oro en natación de los juegos de verano». Y el ansia por ser buen hijo hacía que esa frase la interiorizaras como algo que debías conseguir para que el entorno, sobre todo tus padres, te tuvieran en cuenta. Para ser un triunfador.

También estaba tu amigo que, ante esta afirmación, miraba hacia otro lado y le daba todo igual. Lo que no le libraba de registrar todo aquello en su cabeza y sentir que, aunque no iba a darle ningún recorrido al tema, él estaba en el pelotón de los mortales y no iba a pedir mucho más al futuro. Lo justo y seguimos a la siguiente pantalla. Pasar desapercibido y ¡hasta luego que es tarde!

253

El regalo de Miranda

Quiero decir con todo esto que, si no les hablamos del sentido profundo de las cosas y los acompañamos en su despertar desde esta profundidad, podemos estar cometiendo un gran error. Con todo este panorama, me gusta plantearle a mi hija diferentes cuestiones.

Le hablo del éxito.

—Miranda, ¿sabes a qué se refieren cuando hablan del éxito?

—Sí, mamá, cuando ganas algo, ¿no? Cuando la gente está contenta porque ha conseguido un trabajo o algo que quería —me contesta ella, inocente.

—No, cielo, te cuento. El éxito es sentir que estás haciendo las cosas tal y como has elegido. Darte cuenta de qué quieres y empezar a caminar hacia eso. Muchas veces no sabes o a lo mejor te das cuenta de que debes ir por otro lugar. Pero sigue siendo éxito porque vas aprendiendo de todo —digo y voy con toda la artillería.

—Pero, mamá, no te entiendo. Yo te he oído hablar con tus amigas de que han conseguido un contrato y habláis de éxito. O cuando haces un programa y la gente lo ve, dices que ha tenido éxito —plantea ella con toda la razón porque los niños se empapan de esas conversaciones, aunque no lo parezca.

—Sí, es así. Pero el hecho importante no es el contrato o que la gente lo vea. Lo importante es que era algo que tú querías hacer y lo has conseguido. ¿Me entiendes?

—A ver, es como cuando yo quiero que me den un parte positivo en el colegio y hago todo perfecto para que me lo den, ¿no?

—Si tú quieres el parte positivo, es así. Si no lo quieres y lo haces porque yo te lo exijo o para que yo esté contenta, no te

Ser competitivo y el mejor puede ser tu gran castigo

hará sentirte bien más adelante. El éxito, mi vida, es que estés satisfecha con las cosas que vas viviendo. Desde luego que portarse bien mola mucho porque la gente que está contigo está más contenta y la energía es mejor. Pero piensa siempre en que tienes que sentirte satisfecha y segura con lo que vas decidiendo —le digo echándole otro discurso.

—Pues muchas veces no tengo ganas de hacer los deberes y los hago porque tú me lo dices o te enfadas. Pero no me gusta nada.

Toma golpe de efecto.

—¿Pero te hace sentir bien al final de todo? —pregunto.

—Sí, claro.

—Pues ahí está, Miranda. Las cosas que queremos no llegan por casualidad o porque sí. Siempre tienen un camino para alcanzarlas. Por eso, a veces, el camino te aburre un poco. Tú acuérdate de pensar cuando termines de hacer tus tareas en si te sientes bien. Si la respuesta es «sí», perfecto. Quédate con eso —remato.

Puede que todas estas charlas no sirvan de nada o no tengan un efecto mágico dentro de diez años. Pero yo ando en esas. Y de competitividad también le hablo. Recreo alguna charla.

—En la clase de vóley lo hago fatal, mamá. Gimena juega superbién, pero yo no —me plantea.

A mí me entra el nerviosismo y lanzo una batería de preguntas a ver cuál es la envergadura del problema.

—¿Qué me estás contando? ¿En serio? ¿Y qué estás pensado?, ¿cómo te sientes?, ¿qué quieres hacer?

—Pues es que no se me da bien, creo. Y, además, yo me he apuntado más tarde y ellas van más adelantadas. Saben hacerlo

255

mejor y yo me quedo siempre sin darle a la pelota —me cuenta afectada.

—Vaya, pues es una faena, ¿no? Porque te noto que no te gusta...

—Pues no, la verdad. Y me cabreo, mamá. Yo quiero jugar bien y que me lleven a los campeonatos.

—¿Crees que dentro de un par de meses lo harás mejor? Yo creo que sí. Llevas muy poco tiempo. Además, ¿te divierte? Porque si te empiezas a preocupar por jugar bien y ser mejor que las demás te vas a olvidar de pasarlo bien. Cuando disfrutas de algo, no sé por qué, mi vida, lo haces muchísimo mejor. —Voy soltando mis argumentos de empoderamiento.

—Para ti es muy fácil. Claro que me lo paso bien, pero, cuando empiezo a ver que soy la peor de todas, me cabreo y me pongo triste.

Ella sigue buscando una solución rápida y, sobre todo, consuelo.

—Verás, cuando yo era pequeña, jugaba con mis amigas y siempre quería ser la mejor. Al final nunca estaba contenta, mi amor, porque con el rollo de ser la mejor, mi cabeza no me dejaba pensar en disfrutar. Y te aseguro que lo recuerdo con tristeza porque no me sirvió de nada. Todo lo que hacemos, lo tenemos que hacer para que estemos bien. No para que nos vean bien mientras estamos tristes por dentro.

—¿Y cuando se ríen de mí? ¿Qué hago? ¡Ahí no me siento bien, mamá!

—Normal a nadie le gusta que los demás se choteen de uno. Yo te hago una pregunta: ¿te ríes de la gente cuando están aprendiendo a hacer algo? ¿Te gusta comportarte así?

Ser competitivo y el mejor puede ser tu gran castigo

—Por supuesto que no, mamá, ¿qué pregunta es esa? —responde contundente.

—Pues te vuelvo con lo mismo. Seguro que quienes sí se ríen de los que hacen algo peor no se están sintiendo bien con lo que hacen. Cuando alguien está aprendiendo hay que ayudarle a que siga adelante. No reírse o hacerle que abandone. Y cuando se rían de ti piensa que, en el fondo, se están sintiendo muy mal por lo que están haciendo. Olvídate y sigue a lo tuyo. A disfrutar, mi vida. Porque, si no, por muy bien que juegues, nunca será algo que te aporte, será un sufrimiento. Imagínate estar todo el día en la cancha teniendo que ser la mejor por obligación y solo para que la gente te aplauda porque metes puntos. Menudo rollo.

—Ya, pues sí.

—Ser el mejor todo el tiempo y a todas horas es una carga y un sufrimiento. Disfrutar en todo momento y a todas horas es una manera de vivir que compensa, y mucho. Así que, si consigues que lo que haces cada día te permita estar entusiasmado y entregado a la alegría, habrás alcanzado la meta.

Eso quiero intentar que ocurra con la vida de mi hija. Por ahí me gustaría acompañarla. Lo que va a pasar, nadie lo sabe. Lo que está pasando es que le cuento cada día —cuando no pierdo la paciencia, claro— la profundidad de las cosas. Es difícil, pero tampoco es física cuántica. Estoy segura de que lo entiende.

Por otro lado, siento que Miranda asimila todos estos conceptos mucho mejor que otros tantos adultos que conozco. Seguro que ellos no tuvieron la suerte de que se los explicaran desde muy pequeños. Estoy convencida. Así que, mientras me aguante la paciencia, seguiré manteniendo charlas con mi hija que podrían parecer demasiado elevadas, pero que, precisamente por eso, están haciendo su función: dejar un poso en su subconsciente al que algún día podrá recurrir.

31

NO, PORQUE LO DIGO YO

¿Cuántas veces has escuchado de niño «no porque lo digo yo» a tu madre? ¿Habitualmente? Estoy convencida de que más de las que habrías querido. Seguramente demasiadas. Pero vamos a dejarlo en suficientes como para saber que los noes de manera constante y sin explicación no son agradables.

De hecho, en la edad adulta, si repasamos momentos donde hemos escuchado un «no» sin argumentos y de manera tajante, podemos recordar con todo tipo de detalles la frustración que nos hizo sentir. Y cómo brotó, de inmediato, una extraña sensación de rebeldía dentro de nosotros que pudimos frenar por un posible despido. O por no liarla más grande.

Esos recuerdos son, precisamente, los que coloqué delante de mí cuando me descubrí diciendo «no» sin ton ni son a Miranda. Me refiero a situaciones cotidianas, a episodios sin ninguna importancia o que no suponen un riesgo para su integridad física o mental —ironía, me encanta—. Y, como todo, con ejemplos se visualiza mucho mejor:

El regalo de Miranda

Ese día que llega del cole y plantea una negociación pero tú estás harta de reuniones, has vivido una jornada complicada y no estás dispuesta a que te vengan con más gaitas.

—Mamá, ¿puedo ver un poco la tele mientras meriendo y luego hago los deberes?

—No, Miranda. Ponte con Leobien, con Sociales y con lo que te toque hoy, que no he mirado la agenda.

—Pero es que hoy tengo pocas tareas. Solo un ejercicio de los ríos de España y una poesía que tengo que memorizar para dentro de dos semanas —me informa ella con la voluntad de transmitirme que le da tiempo a todo.

—Pues cuanto antes te pongas, antes acabas. Luego ya tendrás opción de ver lo que quieras.

—Ya, mamá, pero mientras meriendo puedo hacer las dos cosas —insiste y empieza a ponerme de los nervios.

—Seguro que sí, pero ponte a lo que te he dicho. Hay que seguir un horario, Miranda. Date prisa y no pierdas tiempo.

Por el tono empieza a entreverse que estoy entrando en un proceso de cabreo y que se avecina discusión.

—Pero, es que, mamá, no entiendo que no me dejes hacer dos cosas a la vez porque no voy a retrasarme ni olvidarme de hacer nada. Y hoy casi no tengo deberes. Dime por qué no —insiste.

—Porque lo digo yo y punto.

Producto del cansancio del día o de cualquier otro motivo, no valoro lo que me está exponiendo y tiro de frase de madre.

Tenemos que reconocer que nos hemos visto protagonizando esta escena. Nos ha pasado a todos. Enseguida recreo otro sainete parecido. Pero veamos este en mayor profundidad. Hay varias lecciones que aprender.

260

No, porque lo digo yo

Cuando me ha ocurrido algo así —que ha sido en muchas ocasiones—, a veces he perdido los nervios. Producto de la desazón, me he convertido en Chucky —muñeco diabólico que todos conocemos—. Una vez recuperada la calma, me he parado a reflexionar y a intentar entenderla.

Suelo pensar en cuando era niña o en momentos de mi día a día, y me olvido del papel de educadora estricta y máxima autoridad. A veces, muy rápido, encuentro paralelismos entre la actitud que acaba de tener mi hija y la que puedo tener yo en un contexto parecido. Puede que tarde un rato, que me cueste más, pero, normalmente, se obra el milagro.

¿Cuántas veces estamos en la oficina, tenemos varios temas encima de la mesa y decidimos aplazarlos porque estamos saturados? ¿En cuantas ocasiones nos sentimos tan desbordados que preferimos salir a tomar un café con un compañero y reagendar lo que habíamos programado? Unas cuantas. No es ningún pecado cambiar una reunión o arrancarla quince minutos más tarde porque nos ha entrado una llamada importante o porque hemos encontrado tráfico.

Ya sé que somos todos muy responsables y siempre ponemos por delante lo importante. Tengo claro que eres un trabajador excelente y nunca priorizas tus deseos banales ante un tema crucial. Estoy convencida de que no has utilizado tu horario laboral para resolver algún tema personal —¿seguro?, no te mientas, es la única manera de ser un buen padre/madre—.

Los adultos, cometemos pecados. Los mayores también tomamos decisiones incorrectas. Los papás a veces nos dejamos llevar por la holgazanería de manera puntual. Es humano. Es así. No mantenemos una actitud recta y correcta escrupulosa-

El regalo de Miranda

mente perfecta cada minuto del día. Lo único cierto —y que nos salva— es que no tenemos una cámara como en el programa de *Gran Hermano* que siga nuestros pasos. Ni está «el súper» reprendiéndonos por todos nuestros deslices. Nos hacemos nuestras trampas y nos las perdonamos o justificamos.

En cambio, cuando nos enfrentamos a la dura tarea de establecer modos de conducta para nuestros hijos, solemos ser rígidos y poco permeables. Tienen que cumplir el horario de manera disciplinada y sin lugar a cambios de última hora. Es más, no atendemos a razones ni damos pie a explicaciones. «Porque lo digo yo» es una respuesta más que razonable.

En mi caso, en este momento de mi vida y, después de pensarlo muchas veces, he decidido que, para mí, no lo es.

Hay más frases que he analizado y he entendido que están vacías de sentido y que es mejor que no las maneje al tuntún. Van en la línea de «no, porque lo digo yo». Se me escapan alguna vez porque las escuché en mi niñez y somos animales de costumbre. Pero procuro no hacerlo.

«Mientras vivas bajo mi techo, harás lo que yo te diga». ¡Ese es el sumun de las frases de madre! Pobres nosotras si pensamos que es eficaz. Entre otras cosas, porque si queremos tener hijos autosuficientes y resolutivos, muy probablemente, más pronto que tarde, tengan herramientas suficientes para sentirse autónomos y decidan salir de ese techo que les hace sentir constreñidos. O puede que estén en ese momento tan complicado llamado adolescencia, donde su única razón de ser es la rebeldía y empiecen a pensar en coger la puerta y marcharse sin que los lleguen a echar. En cualquier caso, no quiero que mi hija viva con resignación las cosas que le planteo porque considero que son absolutamente necesarias para su educación. Prefiero optar por ponerme en su lugar, en su mente infantil y entender que ese día, en ese momento, sea cual sea el motivo de su apatía, es mejor darle quince minutos de tregua y volver más tarde a hablar sobre las obligaciones escolares.

Cuesta mucho mantener la mente en calma. Normalmente, porque son muchas las tardes en las que intenta hacerme el cambio de horarios. Pero he comprobado que ella sabe que yo sé cuándo está haciendo de trilera y cuándo es una necesidad. Así que, por qué no ceder un poco...

Pero pongamos otro ejemplo del «no por el no» que seguro que también has vivido en tu casa y has sufrido en tus carnes.

—Mamá, ¿qué hay de cenar? —pregunta Miranda.

—Pechuga de pollo a la plancha con ensalada. Delante tienes una sopa, que hace mucho frío y te va a sentar genial —le contesto orgullosa de los menús saludables que siempre le planifico.

—Ay, no, mamá, qué rollo. Hoy he comido arroz con pollo en el comedor —me informa con rapidez para tener poder de negociación con la pechuga.

—Pues hay pollo. Siempre con problemas, hija, no sé cómo te arreglas.

No contenta con su comentario «qué rollo», no escucho el argumento del comedor.

—No son problemas, mamá, es que he comido pollo en el colegio.

¡Qué capacidad tiene mi hija para insistir con sus cosas! ¡Y la de veces que puede decir «mamá» a lo largo de un día!

—Así es, no son problemas. Hay pollo y vas a cenar pollo.

No soy muy empática con la situación. La cena suele ser tras el baño y ya he tenido otras discusiones con ella durante la ducha.

—Pero ¿y por qué no puedo cenar una tortilla francesa con pavo o huevo frito con patatas y mañana tomo el pollo?

Pavo, tortilla francesa, huevo frito… Cualquier opción que se le ocurra se sale del recetario.

—Porque no y punto. Ya está Miranda, que al final vas a terminar cenando huevos estrellados, lo estoy viendo venir.

¡EEEEEH para, Luján! No es para tanto. ¡No te desboques!

Analicemos. Por un lado, es cierto que los niños tienden a poner objeciones a todo, a oponerse a todo y a buscarle las cosquillas a todo. Están en un proceso de aprendizaje y es bueno que se opongan. ¿O no? Es momento de razonar. Seguro que, aunque esté saturada y no pueda más, encuentro un sentido a todo esto.

Si no se opusieran a las cosas —a algunas cosas— su aprendizaje sería menos completo. Quiero decir que es bueno que planteen sus «peros» y muestren disconformidad. Tengo el convencimiento de que es estupendo que vayan forjando una personalidad fuerte y segura con respecto a sus necesidades, y para eso tienen que reivindicarse. Por otro lado, también tengo la sensación de que pretendemos que sean contundentes solo a veces. Si se trata de oponerse a hacer una trastada, es maravilloso, pero si se oponen a cenar pechuga de pollo, son unos rebeldes. Son niños, aún están formando su criterio y no tienen capacidad para medir dónde sí y dónde no. Así lo veo tras mi proceso de aprendizaje.

Cuestión aparte sería que no he repasado el menú del comedor y el dichoso colegio ha decidido, hoy, darles arroz con pollo. Podían haber elegido otro día y me ahorraban la situación. Aquí

No, porque lo digo yo

mi cabeza da siete vueltas y culpa al mundo y al sistema de todos mis males. No soy una *superwoman* y no puedo estar pendiente de cada detalle. Y en mi mente recreo otra frase de madre que consigue volverme loca: «¡entre todos, vais a acabar conmigo!» Sin duda, hay que respirar. La mejor aliada y el mejor medicamento: la respiración.

Una vez hecho el ejercicio de respiración cuadrada —en los libros de crecimiento personal o en Google encontrarás cómo se hace, es muy sencillo— te das cuenta de que tu hijo no es indisciplinado. Díscolo. Indomable. DESOBEDIENTE. No. Esa enumeración de adjetivos que se agolpan dentro de tu cerebro son producto de tu desesperación. Tu precioso niño está expresando su deseo de cenar un huevo frito. Es más, está siendo muy responsable y ordenado con su alimentación porque quiere que sea variada y ya ha comido arroz con pollo —qué empacho tengo de paella—. Además, ¿quién no desea cenar media barra de pan mojada en un huevo frito? Al final, vamos a tener que reconocer que nuestros hijos llevan razón —es, lógicamente, ironía—.

Por dejar de tocar los huevos —y no me refiero al tema culinario—, quiero quedarme con la anécdota —hay muchas más— y reconocer la multitud de ocasiones en las que tiramos de la negación porque no escuchamos o estamos sobrepasados. Recapacito y, de repente, descubro que nuestros hijos son un entrenador personal implacable en el desarrollo de nuestra paciencia. Gracias a ellos tenemos la oportunidad de ensayar, practicar, poner a prueba nuestro aguante varias veces al día. La inmensidad del aprendizaje que nos están proporcionando es inconmensurable.

El regalo de Miranda

No dudes que en estas frases se está imponiendo mi vena humorística, pero que hay mucha verdad en lo que te expongo.

Cuanto más lo pienso, creo que hay que añadirle más agradecimiento, dado que, en el fondo, nos estamos comportando de manera autoritaria y no damos espacio a la negociación —actitud que nunca mantendríamos si estuviéramos en un entorno laboral—. Soy muy consciente de la importancia del proceso educativo de un niño. Sin embargo, quizá sería importante que no olvidemos que siempre hay espacio para dejarles que manifiesten desacuerdo u opciones diferentes. Es bueno que tengan sus opiniones y empiecen a desarrollar su capacidad de negociación. Es mi opinión y puede que no sea la tuya. La respeto. No te diré que es así porque lo digo yo. No te gustaría, ¿verdad?

Nota: *Es importante que analicemos las frases de madre, no deberíamos perderlas de vista.*

32

EL DÍA DEL SÍ

Hace tiempo llegué a la conclusión de que la dificultad que tenemos los adultos para decir «no» está muy relacionada con nuestras vivencias de niños. En mi libro *Aprendiendo de nuevo a vivir* dediqué todo un capítulo a la importancia de ser asertivo en la negación, que es algo que nos cuesta mucho y nos genera cierta ansiedad.

En ocasiones, llegamos a pensar que ser asertivos significa debilidad o incapacidad, y eso que es una de las palabras más mágicas de nuestro rico castellano. Lo es porque implica una elección clara, sin rodeos, y porque nos libera de muchísimas cargas que solo nos mantienen ajetreados con compromisos que no llevan a ninguna parte.

Sin embargo, NO nos gusta. Pongamos ejemplos, que es la mejor manera de verlo claro:

—Dar un «no» como respuesta en nuestro trabajo cuando se plantean peticiones sin sentido nos genera una enorme desazón.

¿Cómo voy a negarme? ¡Podrían despedirme! O lo que es peor, ¡podrían pensar que no sé hacerlo!

— Responder con un «no» a tu pareja cuando te informa de que vais a una cena de amigos y estás muerta de sueño porque te has levantado a la seis de la madrugada.

¿Cómo no voy a ir si le hace muchísima ilusión y lo disfruta tanto? Es importante para él, tengo que complacerle. Seguro que se me pasa el cansancio.

— Decirle a tu madre que no vas a permitir que siga criticando tu actitud y decidiendo sobre tu vida.

¡No puedo hacer eso, es imposible, soy incapaz! Tiene mucho carácter y seguro que acaba en una discusión.

— Llamar al timbre de tu vecino e informarle de que no vas a soportar la música a todo volumen una noche más. Que es la una de la madrugada.

¿Es una buena idea hacerlo? Puede pensar que soy una tiquismiquis y que no es para tanto, no es tan tarde. Además, si tengo el sueño ligero es un problema mío y debería usar tapones.

Como seguro que ya lo tenemos claro, recojamos una frase que lo recapitula todo:

«O eliges conscientemente quién quieres ser y cuál es tu camino, o te conviertes en una víctima del entorno».

No podemos vivir pendientes de lo que los demás opinen de nosotros porque, de ser así, les estamos entregando nuestra vida.

Con lo cual, ya estamos tardando en adoptar de nuevo al bendito «no» en el día a día porque es un compañero indispensable para nuestra evolución.

El día del SÍ

Volviendo a la infancia, he reflexionado en muchas ocasiones sobre la cantidad de veces que, de niños, obtenemos un «no» o nos hablan en negativo:

«No te subas ahí porque te vas a caer».
«No comas eso porque te va a doler la tripa».
«No te quites el abrigo porque te vas a resfriar».
«No sigas protestando porque, al final, voy a tener que ponerme seria».

Sin olvidarnos del capítulo entero que le dediqué al «no porque lo digo yo».

Tantos «noes» y los momentos de tensión que estos generaron me hacen pensar que le cogimos cierto rechazo al «no». En esos años, sentir la frustración constante ante infinidad de situaciones de negación puede habernos llevado a entender ese término como una maldición. Era un periodo de libertad infinita y exploración permanente, pero llegaba el maldito «no» y nos coartaba, lastraba y castraba. Y de ahí nuestro temor a utilizarlo muchos años después. Quizá nuestro subconsciente la ha registrado como una palabra que siempre conlleva tiranteces y nos produce miedo.

Es una opinión y una manera de verlo que puede que no compartas. NO pasa nada —ironía—.

De cualquier manera, procuro prestarle mucha atención a la importancia del lenguaje con el que nos expresamos y, en especial, a otra expresión: el «ni hablar».

Una noche me encontré protagonizando una situación con mi hija que me afianzó en mis teorías. Los fines de semana procuramos ver alguna serie, película o dibujos animados juntas, así que ella me preguntó:

—Mamá, ¿vemos una peli?

—Claro, ¿qué te apetece?

—Espera, que busco en Netflix. —Es su lugar de referencia a la hora de elegir contenido audiovisual. Son tiempos nuevos y tienen ofertas diferentes a las de nuestra generación. Como presentadora en la televisión tradicional me cuesta, incluso me molesta, que solo consuma entretenimiento dentro de estos contenedores, pero es otro aprendizaje que me toca junto a ella.

—Perfecto. No tardes en elegir, que se nos va la hora.

Sutilmente reprocho el inmenso catálogo y la dificultad para encontrar algo que te llene del todo.

—¡Mami, mira! Hay una película de una familia que tienen que decir «sí» a todo.

—¿Cómo? Comprueba si la pueden ver niños —respondo.

Siempre le hablo de la calificación por edades y de los contenidos que no puede ver.

—Sí, sí. Es una comedia familiar.

Le dimos al *play* y arrancó la historia.

Para los que no la vieron o no la recuerdan, es una peli del 2021 y, en tan solo un fin de semana, se convirtió en todo un éxito. No me sorprende, porque Miranda no titubeó cuando apareció en el *scroll* de ofertas. Normal, la presentación era imbatible para un niño: una foto divertidísima de una familia lanzándose globos de agua y divirtiéndose todos juntos sin mayor pretensión que disfrutar. Cinco miembros de un clan dirigiendo su mirada cómplice —y un tanto canalla— al espectador, avisándole de que, ahí, había posibilidad de olvidarse de todo y entretenerse. La sinopsis directa y sin mayor complicación: los padres estrictos que dicen «no» a todo van a tener que cambiar de actitud. Durante 24 horas, celebrarán con sus hijos el «Día del SÍ» y serán los más pequeños quienes pongan las normas.

Indudablemente, era una propuesta perfecta para ver en familia y hacer de los pequeños de la casa los protagonistas de una noche de sábado. Podría haberla dejado pasar y no darle un espacio en mi recuerdo —para un adulto, no tiene mayor enganche, no es Santiago Segura con su saga «Padre no hay más que uno» que la hemos visto varias veces—. Pero ni mi hija ni yo nos resistimos a la propuesta y al aprendizaje que nos trajo después.

Como en la mayoría de las ocasiones, hizo suya la idea y la propuso para que la experimentáramos juntas.

—Yo quiero que hagamos un día del SÍ.

—Sí, claro, para que me vuelvas loca con tus cosas —respondí.

—Pues nada, siempre no —apostilló Miranda con una sabiduría infinita.

«Siempre no». Y recordé lo que había escrito en mi libro sobre «la importancia del no» y su posible vinculación con el miedo al «no», la frustración endémica ante un «no», la gran necesidad de usar esta palabra en muchas ocasiones en la adultez, el «no» como único recurso de los padres y lo sanador de un «sí» en multitud de momentos.

No, no, no, siempre no. Qué curioso. Aquello que había analizado y aprendido pocos años atrás quizá no lo tenía interiorizado o puede que, simplemente, cuando no practicas una actitud vuelve la ignorancia como vuelve la flacidez si no practicas un deporte.

El regalo de Miranda

De inmediato, la Luján niña se manifestó y también habló —y no fue generosa con su análisis—. En un santiamén, me envió una decena de recuerdos de mi niñez relacionados con la negación que no habían dejado un buen sabor de boca. Enumero:

¿Te acuerdas de cuando tu madre te dijo que no te iba a comprar la colonia Anouk que usaba tu prima?

¿Sigues sufriendo cuando recuerdas que no te dejaron disfrazarte de princesa porque había que ser original?

¿Has comprendido que el disco *Boom 4* no llegara nunca a tus manos?

¿Entiendes que jugar con la Luján de parvulario no era posible en ese entorno y esa época y, por eso, tus padres nunca lo hicieron?

¿Te ha costado muchos años comprender que los niños en los ochenta no tenían voz?

Te pongo en contexto:

Siempre quise tener la colonia que utilizaba mi prima. La respuesta siempre fue «no» porque no era la que se solía comprar en casa para las hermanas. Recuerdo perfectamente ese «no». Una anécdota sin mayor profundidad, pero ahí estaba dentro de la cabecita de la pequeña Luján.

En la época de Carnaval, en mi pueblo, siempre nos disfrazábamos. Mi madre era una entusiasta de esa fiesta. Nos diseñaba los trajes, mi abuela los cosía y mis hermanas y yo los lucíamos. Pero nunca fue de princesa. Eso no era original ni divertido. Era una ñoñería. Probablemente, otro recuerdo sin

El día del SÍ

aparentes consecuencias, pero también estaba ahí en los recuerdos de la pequeña Luján.

¡Ay el *Boom 4!*, ese disco de finales de los ochenta que siempre añoré. Tenía once años. Nunca lo tuve. Siempre fue un «no» porque tanta música en inglés y sin sentido no era propia para una joven de tan corta edad.

¿Jugar, hablar, exponer? Ahí ni entramos. Una auténtica utopía.

Por no extenderme mucho y hacer comprensible mi relato, todo aquel episodio derivado de una película de Netflix vino a traerme luz. A través del comentario de mi hija y de la irrupción inmediata de mi niña interior como consecuencia a mi «no» a Miranda, pude hacerme preguntas y darme respuestas.

¿Por qué no jugar al día del «sí»? ¿Dónde está el conflicto en un planteamiento de este tipo? ¿No es maravilloso darle rienda suelta a los más pequeños y poder medir así hasta dónde llega su creatividad, sus sueños y su carta de deseos? Quizá no confiemos en la educación que le estamos dando y temamos descubrir que tenemos ante nosotros un pequeño ser despiadado y materialista. De ser así, bienvenido el juego, porque tendremos la información que necesitamos para actuar.

Es posible que lo primero que recojan en su lista de peticiones sea un juguete, un pedido a un restaurante de comida rápida y una visita a un parque de atracciones. Seguro que en el *top* tres de sus necesidades no aparezca hacer los deberes, recoger la mesa o repartir sus ahorros con sus primos y hermanos. Con total certeza, querrá hacer cosas que no son propias de su edad, pero ¿es un problema o un planteamiento kafkiano?

Hay una gran pregunta que podríamos formularnos y que yo me hice en ese momento: ¿cómo actuaría si me dijeran a

El regalo de Miranda

todo que sí durante un día entero? Y también, ¿cómo lo enfocaríamos los adultos?

¿Aparecía en tu lista ir al trabajo o irte de fiesta con tus amigos?

¿Preferirías vivir con estrecheces o que te tocara la lotería? No me mientas porque estoy segura de que la generosidad no estaría entre tus pensamientos durante esas 24 horas.

¿Querríamos ir a un restaurante con tropecientas estrellas Michelin o a un McDonald's?

¿Atenderíamos las llamadas de la pesada de nuestra madre o aprovecharíamos al máximo la jornada de deseos?

Hemos sido niños y, por suerte, seguimos siéndolo en muchas actitudes y comportamientos —quien haya dormido al niño interior tiene la gran tarea de despertarlo, es fundamental que conviva con nosotros—. A medida que pasan los años, las situaciones, conversaciones y escenarios que protagonizamos pasan por el filtro de la conciencia, pero siempre somos niños. Es lo bonito de la vida y la magia del camino. De no ser así, seríamos autómatas y máquinas creadas por la IA, que los hay, aunque seguro que si eres un ser creado en Silicon Valley no estás entendiendo nada de lo que escribo en estas páginas. Un ser sin alma ni conciencia no puede entender nada de esto.

Juguemos al «Día del SÍ» porque, os anticipo, es divertidísimo.

33

ANÁLISIS DE LAS FRASES DE MADRE Y SU APLICACIÓN EN EL SIGLO XXI

Ya he hecho alusión en alguna página anterior a las «frases de madre». Sin embargo, creo que merecen un capítulo íntegro para ellas, no solo por hacerles el homenaje, sino también por la sabiduría que encierran.

Con todo, quiero dejar claro de antemano que hay muchas que no me gustan nada o que les he hecho una actualización, digamos una interpretación personal, para intentar comprenderlas. Evolucionamos, cambiamos y lo que nos servía años atrás, ahora es un auténtico disparate. A pesar de ello, me resisto a no hacerles un repaso y revisarlas. El sistema que voy a utilizar es enunciarlas, explicarlas y, después, comentarlas. Arrancamos.

En el número 1:

—*Mamá, ¿qué hay de comer?*
—*Comida.*

Es una de las conversaciones más habituales entre madres e hijos. Ella, producto de su hartazgo —eso va a ser común en muchas frases— responde, jocosamente, con una evidencia.

Reconozco que la he utilizado y no es una respuesta que me haga sentir mal. Entiendo la curiosidad de mi hija por conocer el menú. Pero, en muchas de las ocasiones que plantea el interrogatorio, ya le he dicho —mínimo— tres veces antes lo que hay de comer ese día. Hartazgo, SÍ. Normal. Además, considero que es una respuesta perfecta para hacerle entender a tu hijo que, si entra en la cocina y ayuda, ya tiene toda la información —ironía—.

En el número 2:

—Mamá, ¿dónde están mis zapatillas del cole?
—En su sitio
—No las encuentro, aquí no están.
—¡Como vaya yo y las encuentre, te enteras!

Prácticamente con cada cosa que buscan lanzan un grito al aire pidiendo orientación. La madre dirige los pasos hacia el punto de encuentro. Manda otro mensaje implícito en su respuesta: «En su sitio». Esa es la manera de hablarle, también, de la importancia de establecer un orden.

En este caso, debo ser sincera y admitir su uso. Sobre el papel, no me gusta mucho porque termina con una amenaza. Pero es que, gracias a las fórmulas narrativas que usamos, las madres nos convertimos, en ocasiones, en asesinos en serie. Solo queremos intentar evitar que la sangre llegue al río, de verdad.

Análisis de las frases de madre y su aplicación en el siglo XXI

En el número 3:

—*Mientras vivas bajo mi techo harás lo que yo te diga.*

Una manera diferente de dejar claro quién ostenta la autoridad. La casa representa el poder y, dado que los vástagos aún no tienen autonomía para volar solos, no pueden tomar decisiones por su cuenta.

Esta frase me gusta bastante poco. No la he usado nunca con Miranda. Al menos en los últimos años. Puede que, cuando la conversación serena y tranquila con ella no consiguiera resultados, le haya comentado que mi madre me la decía de niña. Pero no me gusta y no quiero emplearla. No obstante, no tengo la certeza de que en su adolescencia cambie de opinión —ironía—.

En el número 3:

—*Todos mis amigos lo hacen.*
—*Y si tus amigos se tiran por un puente, ¿te vas a tirar detrás?*

Los ejemplos grandilocuentes siempre han sido territorio de las madres. Ellas saben dónde pinchar. Manejan un lenguaje escueto pero directo y muy visual. Enseñarnos a tomar nuestras propias decisiones al margen de lo que haga el entorno es siempre un acierto.

Por supuesto que he tenido conversaciones con Miranda de este tipo. Los niños son perros de rastreo cuando intentan buscar argumentos para convencerte de algo. Y el primero de

El regalo de Miranda

ellos suele ser lo que hacen sus amigos. Todavía no ha salido «el lanzamiento de puente» en nuestras charlas, pero es una de las frases que tengo guardadas para la puesta de largo de los quince.

En el número 4:

—*Mamá, ¿me das dinero pasa salir?*
—*Pero ¿tú te crees que yo soy el Banco de España? Todo el día pidiendo.*

Estamos, de nuevo, ante la capacidad inconmensurable de una madre para encontrar ejemplos o símiles absurdos que arrojan mucha luz a la conversación que se mantiene. Un hijo es una máquina tragaperras. No tiene fin.

Miranda ya ha oído hablar del Banco de España. Me gusta mucho este modo de respuesta. Ya, desde niña, mi hija va a saber que existe esta institución —ironía—. Estoy pensando que mi amiga Marta trabaja ahí. Igual se lo comento la próxima vez y decide pedirle el dinero a mi amiga y no a mí.

En el número 5:

—*Mamá, no he sacado muy buena nota en Física. El profesor es muy duro.*
—*¿Y a tu amigo X qué tal le ha ido?*
—*Bien, él ha sacado notable.*
—*Deberías aprender de X.*

Análisis de las frases de madre y su aplicación en el siglo XXI

Incentivar a los estudiantes es fundamental para que sientan la necesidad de superarse. Hacerles ver que es posible alcanzar una meta a pesar de las condiciones externas está muy bien. La comparación aquí es odiosa.

Nuestras madres también tenían derecho al error y a utilizar estímulos poco acertados según la psicología actual. Este tipo de comentarios nunca quiero hacérselos a Miranda. Ojo que puede que se me escape alguno. Estar todo el día educando aumenta mucho el margen de error.

En el número 6:

—*Hasta que no lo rompas no te vas a quedar tranquilo.*

La madre enuncia una frase en afirmativo constatando lo que está ocurriendo —el hijo está tocando algo— y avisándole de las posibles consecuencias —el objeto que se está manipulando se puede ir al traste, ¡stop!—.

Los hijos son, a veces, cabezones e inquietos. Empiezan a jugar con algo y se les olvida que, con tanto entusiasmo, hay muchas opciones de terminar en fracaso. Hay un refrán que dice: «Tanto va el cántaro a la fuente que se rompe». Pues eso, si sigues dale que te dale, la probabilidad es muy alta.

No recuerdo usarla. Yo empleo más la de: «Lo vas a romper...».

No creo que estemos ante una frase que nos haya generado un trauma —ni a nuestros hijos les va a pasar—. Ahora bien, sí que me he planteado que decirle «lo vas a romper...» es vivir en la anticipación —lo cual genera ansiedad—.

El regalo de Miranda

Confieso que esta es de las frases que más escuchaba cuando era una niña. Supongo que, al ser tres hermanas, el arte del malabarismo con objetos era parte de nuestros juegos. No soy capaz de imaginar la cara de institutriz malvada que acompañaba a mi madre cuando nos la soltaba. Uf, me entra hasta miedo.

En el número 7:

—Mamá, me han castigado en el colegio.
—Algo habrás hecho.

El profesor siempre tiene razón y actúa en consecuencia. No hay opción a defensa ni interposición de contrademanda. Él es el mandamás y sus decisiones son incuestionables.

El reparto de autoridad estaba muy claro en nuestra época y los entornos se respetaban y no se cuestionaban. Es más, la autoridad no permitía diálogos. Se pronunciaba la sentencia y se invitaba al delincuente a salir de la sala sin rechistar.

Hoy en día es muy distinto y preguntamos a nuestros hijos qué ha ocurrido, solemos escuchar su versión y confiar en lo que nos dicen. También intentamos que busque soluciones solo y, fundamentalmente, que no vuelva a hacerlo. Puede que lleguemos a ir a hablar con el profesor porque le damos crédito absoluto al relato de nuestros hijos. Me parece bien. Los adultos no siempre tienen la razón. Es más, las opiniones son libres y muy variadas. Así que los criterios para elegir una respuesta pueden ser perfectamente distintos.

Análisis de las frases de madre y su aplicación en el siglo XXI

En el número 8:

—*Que sea la última vez.*

Aquí tu madre te está dando una nueva oportunidad, no está queriendo castigarte o reprenderte, pero deja muy claro que, si vuelve a pasar, habrá problemas.

¡Ay!, lo que le gusta un ultimátum a una madre. Debo añadir que, en esta frase, siempre había un tono atemorizante. Te dejaba salir airoso, pero te temblaban las piernas a la vez.

Miranda la ha escuchado y creo que, pese a ello, va a seguir haciéndolo. Los tonos que empleo suelen ser suaves e invitan a la reflexión y el entendimiento. Con todo, sin duda hay ocasiones en que mi tesitura vocal me ayuda a que tenga muy claro que se la está jugando —acabo de ser muy madre con esta última frase—.

En el número 9:

—*Un día me vais a matar del disgusto.*

Es una petición de socorro por parte de mamá. Está pidiendo con desconsuelo que cambies de conducta y que la ayudes a sentirse mejor y menos desbordada. El lenguaje es de telenovela turca, pero a las madres siempre nos gusta adoptar el papel de Escarlata O'Hara en *Lo que el viento se llevó.*

La uso, lo siento. Sí, soy culpable. Y tengo otra versión que dice lo mismo y que mi madre usaba con mucha asiduidad —somos tres hermanas, lo recuerdo—. Lanzo: «Un día voy a desaparecer y no me vais a encontrar más».

El regalo de Miranda

Me chifla. Es como hacer meditación o la respiración cuadrada. Libera mucho. Es sanadora. Te permite, por un instante, situarte en un destino playero sola y con un daiquiri tomando el sol sin hora de salida. Sientes que otra vida es posible y que la calma puede formar parte de tu agenda.

Insisto, lo siento, pero soy fan absoluta de esta fórmula telenovelera.

En el número 10:

—*Te lo digo por tu bien.*

Justificación de por qué está dando su opinión. Ella siempre lo hace todo porque quiere lo mejor para ti. ¡Qué majas son las madres, la verdad! ¡Y qué buenas intenciones tienen siempre! Nunca dejan de pensar en los demás. Son como el Padre Ángel —ironía, que aprovecho para reconocer el excelente trabajo de Mensajeros de la Paz con él al frente—.

La uso con Miranda, pero tiene un tono y finalidad muy distintos a como yo la escuchaba de pequeña.

La recuerdo como una versión edulcorada de otra muy famosa: «porque lo digo yo» o «porque lo digo yo, y punto». Mi madre usaba las versiones más contundentes. Lo de ser suave, lo dejaba para los días que salía el sol y nos poníamos todos muy contentos. Pero soy asturiana y en aquella época no estábamos aún tan afectados por el cambio climático. Llovía 345 días al año. Teníamos veinte días de margen para que se dirigiera a nosotros con la versión edulcorada. Dado que nunca le ha gustado mostrarse débil en ninguna parcela de su vida, creo que oíamos «por tu bien» una vez al año.

¡Ojo! En mi casa esa frase no iba nunca detrás de una conversación sobre algo en lo que tuviéramos disparidad de criterios. Eso era imposible en mi familia, mi madre siempre tenía razón ¡y punto!

¡Ah! y era su mejor coletilla a un rapapolvo de impresión. Terminar una regañina histórica con «te lo digo por tu bien» le encantaba porque la hacía sentir que todo estaba justificado.

Estas son algunas. Hay cientos de ellas. El ranking no responde a criterios de excelencia. Se trata de recoger una muestra y que nos sirva para tenerlo presente en nuestra jornada como educadores. Fijar la idea de que, cuando nos sorprendamos utilizando una frase de madre nos paremos después unos segundos a ver qué esconde detrás. Es muy divertido y, por supuesto, te devuelve a ese momento que viviste junto a tu madre y te dibuja una sonrisa. Ah, y te hace recordar otra de sus frases: «Cuando seas madre, te acordarás de mí».

34

ATENCIÓN: FRASES TÓXICAS. NO USAR

Tuve la enorme satisfacción de recopilar un listado de frases de madre en el capítulo anterior. Me resultó muy divertido y muy esclarecedor de mi función de educadora con Miranda. Pero hoy me ha brotado la idea de recoger otras que no tienen la autoría exclusiva de las madres —algunas sí— y que son muy habituales también en esta complicada aventura que estamos viviendo al lado de nuestros hijos.

El discurso que empleamos en cualquier ámbito de nuestra vida puede llevarnos a un destino u otro. La capacidad del lenguaje es infinita y hablar de una forma acertada solo nos regala bienestar y, desde luego, nos empodera. Saber poner las palabras acertadas en las diferentes situaciones es de lo más sanador, porque la manera en la que hablamos y nos hablamos a nosotros mismos nos libera o nos condena. Analizando con detalle su poder, se descubre la importancia de manejarlo con destreza. Sería muy útil profundizar en ello, pero creo que con los siguientes ejemplos podremos hacernos una idea aproximada de lo que afirmo. Te invito a que investi-

Atención: FRASES TÓXICAS. No usar

gues más porque, para mí, ha sido muy curativo y me ha fortalecido muchísimo.

«Lo he dado todo por ti».

Es una afirmación muy extendida entre padres manipuladores que buscan cobrarse el esfuerzo que han hecho por sus hijos. Cualquier momento será bueno para recordarle que entregó su juventud y su serenidad a su crianza y educación. Esto es un dardo envenenado cuya única intención es hacer que el niño se sienta culpable si no responde a los requerimientos de sus progenitores. Y, claro está, se busca que el hijo entienda que el bienestar de la familia pasa porque sea consciente de lo mucho que ha de agradecer por todo ese sacrificio. En resumen, «devuélveme mi vida poniendo la tuya a mi servicio y actuando según mi criterio».

Es importante que no nos veamos asaltados, fagocitados, presos de esta frase, porque hace mucho daño a nuestros hijos y porque, de algún modo, lo conviertes en la única fuente de felicidad cargándole de una responsabilidad que no tiene —nunca y en ningún caso—.

«Haz el favor de madurar».

Suelo escucharla a los padres de chavales adolescentes. Es una invitación a que despierten a la vida adulta de una vez por todas. Entiendo la desazón que supone tener un hijo en la edad del pavo, pero usarla en nuestras conversaciones con ellos tiene un riesgo elevado de herir su autoestima. No es real ni cierta; menosprecia su capacidad para discernir y para tener criterio. Son adolescentes cargados de hormonas y de ruido en la cabeza,

El regalo de Miranda

pero no son idiotas. Pueden estar confundidos, y aun así siguen teniendo derecho a plantear sus ideas. Esta frase les arrebata ese poder de un plumazo y les hace sentir que no son respetados por los adultos. Esto los llevará a alejarse y a buscar otros referentes de validación o encerrarse en sí mismos. No es una buena idea faltarles al respeto, eso es una enorme desconsideración con ellos, lo que solo puede traernos mayores complicaciones.

«Podrías parecerte un poco más a tu hermano».

Si bien es cierto que es muy común que recibamos este revés en alguna discusión con nuestros padres —o que lo hayamos utilizado con nuestros hijos— hay que frenar este impulso porque no va a ayudar a arreglar las cosas. Todo lo contrario, causará más dolor y enfado consiguiendo, incluso, que se deteriore la relación entre hermanos. Nadie es igual a otro. Además, es maravilloso que todos seamos únicos. La uniformidad resta, la variedad nos llena de sabiduría. Soy consciente de lo complicado que puede llegar a ser entender a nuestros hijos. Es muy cansado e, incluso, a veces, no tenemos ni idea de cómo encajar lo que nos plantean. Sin embargo, decir «podrías parecerte a fulanito» o «deberías seguir el ejemplo de menganito» no suma ni ayuda a salir del círculo en el que nos encontremos. Empequeñece y molesta. Mucho. A nadie le gusta que ensalcen las cualidades de los demás porque menosprecia las nuestras.

«Así nunca vas a conseguir nada».

Estamos ante una frase muy seductora para los progenitores que están hartos de la falta de constancia o responsabilidad de sus hijos. Sin embargo, cuestionar sus capacidades es la mejor

Atención: FRASES TÓXICAS. No usar

manera de invitarlos a que se mantengan inmóviles. Me explico: si les decimos abiertamente que consideramos que no alcanzarán ningún objetivo, seguramente conseguiremos que ni se molesten en intentarlo. Según los expertos, esto genera, además, una enorme dosis de estrés y ansiedad en ellos, por lo que tendrán la falsa idea de que sus esfuerzos nunca serán suficientes, así que, para qué probarlo.

Debemos recordar también que no somos pitonisos ni adivinos, así que no tenemos ni la más remota idea de qué va a ser de nuestro hijo en el futuro.

Ah, y no somos nada. Ni vagos, ni responsables, ni respetuosos, ni canallas. Nos comportamos de alguna forma en algún momento en concreto. Por lo tanto, tenemos el poder de cambiar de actitud. No castres a tu hijo sentenciándole.

«Callado estás más guapo» o la versión «cuando seas mayor, lo entenderás, ahora no tienes ni idea».

Son frases tan habituales en las bocas de los padres que no sabría por dónde empezar. Todas dan a entender a nuestros hijos la misma idea: ¡sus opiniones no valen nada! Puede ser verdad que estén totalmente equivocados en lo que dicen, pero debemos recordar que estamos educándolos y acompañándolos en su proceso de maduración, así que hay que evitar este tipo de comentarios. Si pensamos en las consecuencias que pueden tener, entenderemos la importancia de no usarlas. Son una semilla poderosísima para crear la falta de confianza de nuestros hijos. Sentirse valorados es crucial para que puedan convertirse en adultos seguros de sí mismos. No los hagáis dudar de lo que valen.

«No es para tanto, no montes ese drama» o la versión «eres muy exagerado, hijo, de verdad».

Miranda es muy temática, lo que quiere decir que coge un tema y escribe todo un guion de telenovela sobre el mismo. Eso supone que la exageración está presente muy a menudo y, por supuesto, las tragedias. Me explicaron que era muy importante no restarle importancia a las emociones que me expresaba. Silenciarla o hacerle pensar que sus sentimientos me incomodan y me molestan podría llevarla a infravalorarse en un futuro o a anteponer los deseos de los demás por encima de cualquier necesidad propia. Sus emociones importan como las del resto del mundo y tiene todo el derecho a comentarlas sin que haya una connotación negativa en ello. Si en algún momento a mí me cansa tanto teatro debo asumir que mi hija necesita exponerse más que el resto y acompañarla en ese camino.

«En mis tiempos era mucho peor, estáis muy mal acostumbrados».

He escuchado un trillón de veces esta cantinela a mi abuela y, por supuesto, a mi padre y a mi madre. Recuerdo haberlo vivido como una auténtica pesadilla. Siendo sincera, siguen repitiéndolo y me sigue generando mucho desagrado y malestar.

¡¡¡Qué pesados con su época y lo mal que lo pasaron!!!

Me he propuesto tener muy presente las diferencias generacionales y los estragos que estas hacen. Tengo muy en cuenta que mi hija vive una realidad que no es la mía y que registra patrones e ideas diferentes porque sus *inputs* son otros. Me concentro en no verme arrastrada por esa marea de padres que amargan a sus hijos haciéndoles todo tipo de reproches por la

Atención: FRASES TÓXICAS. No usar

realidad que están viviendo. Quizá las condiciones eran más duras hace años, seguro que sí, pero, sea como fuere, deberíamos alegrarnos por que nuestros hijos estén disfrutando de un entorno mejor y un mundo más evolucionado.

«Tú verás lo que haces».

Reconozcamos que esta frase está presente en nuestras conversaciones —y no únicamente con nuestros hijos—. Suele ir entonada con aire de superioridad y con intención de amedrentar. Es así, no nos engañemos. Es, normalmente, el cierre a una charla en la que estás dando un consejo y sientes que no te están escuchando. De ahí el tono amenazante con la intencionalidad de cargar al receptor de responsabilidad. Nos sale de manera automática sin reparar en los efectos que pueda tener; y son muchos. Pensemos con sosiego qué pasa cuando recibimos un mazazo así; cómo actuamos. Pues que procedemos con una cautela extrema, casi miedo, que no nos permite ver todo el escenario con claridad ni, por supuesto, los matices. Con nuestros hijos pasa lo mismo: sin quererlo, estamos mermando sus facultades y les estamos sometiendo a una presión y un estrés que no lleva a ningún sitio. Es crucial que la eliminemos de nuestro acervo de frases hechas. Yo lo intento. Aún estoy en ello.

«Te lo dije».

Esta es, probablemente, la peor frase de todos los tiempos. Actúa como un látigo castigador, es un azote que no busca reforzar nada ni descubrir nada nuevo. Solo sirve para alimentar el ego de quien la pronuncia.

«Ya me lo dijiste, ¿y qué?», sería la respuesta más acertada.

El regalo de Miranda

Está comprobado que no aprendemos por la experiencia ajena, sino por la propia, que los dictados del entorno pueden darnos otras perspectivas, pero no convencimiento ni sabiduría. La experiencia propia es el único camino de crecimiento y, si nuestros hijos necesitan equivocarse y hacerlo a su manera para descubrir algo nuevo y útil para sus vidas, bienvenido sea. No te sorprendas a ti mismo diciendo esa dichosa frasecita que hemos escuchado tantas veces y que tanto dolor nos ha generado.

«Siempre» o «Nunca».

Cualquier frase que empiece de una forma tan absolutista no suele llevarnos a un final feliz. No describen un comportamiento real porque las personas no nos comportamos de la misma manera antes las situaciones. Por otro lado, cierra posibilidades de cambio porque si «siempre» o «nunca» haces algo, no quedan más opciones, no se puede responder de otra manera.

Es más recomendable expresarnos sin necesidad de llevar las situaciones a los extremos.

Habría muchas más *frasecitas* que nos permiten darnos cuenta de cómo podemos ser, a veces, los seres humanos a la hora de expresarnos. Enumero:

1. Crueles
2. Destructivos
3. Dictadores
4. Injustos
5. Irresponsables
6. Soberbios

7. Intolerantes
8. Chantajistas
9. Malignos
10. En resumen, TÓXICOS

No es bueno para ti emitir un mensaje tan destructivo, no enriquece la convivencia y no ayuda a los que más quieres.

35

LUJÁN SUEGRA. ¡SOCORRO!

Miranda está entrando —o ya está metida de pleno— en la preadolescencia. Ya me habían avisado de que la edad del pavo se estaba adelantando y que los niños de hoy en día eran muy despiertos, lo que suponía que el momento sabelotodo y rebeldía aparecía mucho antes. Estoy comprobando que mi hija ya está presentando algunos síntomas y confieso que me desubica esa actitud. Su capacidad para reflexionar y entender las situaciones que se presentan no está aún desarrollada y reconducirla por el buen camino me cuesta muchos quebraderos de cabeza. Está claro que esta generación vive impactada por unos estímulos que nosotros no tuvimos de niños y esta realidad está suponiendo una evolución prematura en ellos. A ver cómo lo gestionamos. Confiemos. Comparto una frase que me da mucha paz ante desafíos que se me antojan imposibles:

«La vida siempre me plantea los desafíos que sabe que soy capaz de superar».

En una entrevista, escuché a Carmen Maura exponer otros motivos por los que puede que estemos atravesando esta situación. Planteaba la posición de los niños en los sistemas familiares, hablaba del papel que les hemos otorgado y el lugar de privilegio en el que se encuentran.

¿Tienen nuestros hijos un papel protagonista que no les pertenece?

Este tema me gustaría tratarlo con profundidad, así que, en el próximo capítulo, iré con ello.

Volviendo a lo mío y al origen del título —ser suegra—, hoy me he imaginado a mí misma siendo la madre de la novia. De repente, este posible escenario ha captado mi atención y mi cabeza me ha pedido que me coloque en ese lugar. No ha sido una idea fortuita que llega sin avisar y sin sentido, ha habido un detonante. Ver a mi hija que ya mide casi un metro y medio, hablando como si tuviera un sillón en la Real Academia de la Lengua —muy habitual en ella—, vestida a lo Karol G y con cara de asombro porque yo no tenía ni idea de la canción que me estaba pidiendo poner en el coche, me ha hecho colocarme dentro de veinte años. Se que no es una buena idea presuponer y anticiparse al futuro, pero ha sido inevitable.

A veces ocurren esas cosas y te encuentras analizando cómo será tu vida dentro de unos años, lo cual solo puede ser un pasatiempo sin más relevancia porque cualquier parecido con la realidad que nos tocará vivir va a ser pura coincidencia.

No se trata de no diseñar un plan de futuro Nooo. Soy muy fan de trazar una hoja de ruta donde reflejemos nuestras metas y que nos guíe en la búsqueda de nuestros objetivos y en cómo alcanzarlos. Solo que, en muchas ocasiones, solemos hacer de futurólogos en lo que respecta a lo negativo, a las preocupaciones sin fundamento y a los fantasmas que nos creamos.

El regalo de Miranda

Sobre esto, escuché en una charla de Robin Sharma, experto en crecimiento personal y autor del libro *El monje que vendió su Ferrari*, algo que viene muy al caso y que me resulta muy útil cuando me encuentro haciendo conjeturas sobre una posible catástrofe. Contó que un ejecutivo que asistía a sus clases de liderazgo había hecho un estudio pormenorizado sobre sus preocupaciones. El resultado fue muy esclarecedor y puede aplicarse al resto de los mortales:

Descubrió que el 56 por ciento de las cosas que nos generan inquietud son sucesos que muy probablemente nunca vayan a suceder; el 26 por ciento tienen que ver con eventos pasados que no pueden cambiarse; el 8 por ciento se basaban en opiniones de personas que no le importaban ni le conocían en profundidad; el 4 por ciento obedecían a problemas de salud que ya se habían resuelto; y solo el 6 por ciento eran preocupaciones reales sobre las que debía poner su atención.

Resumiendo: el 94 por ciento de los problemas que nos planteamos son producto de la imaginación y, por tanto, una pérdida de tiempo.

> **Nota:** *Recomiendo reflexionar sobre esto y sacar los porcentajes de nuestra propia vida, porque ese ejecutivo no se equivocaba demasiado.*

Sea como sea, yo hoy he sido suegra durante un buen rato y, aviso de antemano, todos los clichés sobre la relación yerno-suegra me han sobrevenido —y, por supuesto, me han atormentado—. Vayamos punto por punto.

¿Qué suele suponer un conflicto entre yerno y suegra?

¡Ay, qué gran pregunta y qué supertemazo!

–Sus opiniones tienen más valor que las mías.

Entender que mi hija empiece a vivir su vida y no me pregunte qué opino sobre sus decisiones supongo que no va a ser fácil de asumir. Ejercer de guía durante tantos años y después renunciar al papel de gran consejera no sé si será sencillo. Visto con distancia y desde la serenidad de un ordenador, me resulta curioso que los padres no seamos capaces de confiar en nuestros hijos ni dejarlos caminar bajo su criterio y según sus elecciones. Claramente, el miedo a que sufran nos tortura y pretendemos evitarlo, entendiendo que nuestra experiencia podrá darles toda la información que necesitan. Como resultado de esa poderosa creencia, no podemos aguantar que avancen solos y sin las indicaciones de mamá.

Pero, además, de repente y sin previa notificación, hay un señor —o señora— que acaba de llegar a su vida y tiene todo el poder sobre su mente. Por arte de magia, un ser humano extraño se cuela en su corazón y comparte todas sus inquietudes y ¡opina sobre cómo enfocarlas! —así piensa una madre-suegra—.

¡Qué sabrá él sobre la personalidad de mi hija y sobre las cosas que le afectan!

–Ha cambiado su manera de ser. Antes era muy ahorradora, por ejemplo, y ahora es una manirrota.

Los seres humanos evolucionamos con los años —es lo deseable— y vamos adoptando diferentes comportamientos. Lo que era bueno e incuestionable puede convertirse en todo lo contrario. La vida nos va dando información y nosotros nos vamos moldeando, vamos mutando, vamos sufriendo diferentes metamorfosis para desarrollar nuestro propósito y sacarle brillo a

El regalo de Miranda

nuestro «yo» esencial. En el fondo, no somos nada, simplemente nos comportamos de una determinada manera en un momento en concreto.

Sin embargo, llega una persona a la vida de nuestros hijos y, casualmente, su manera de proceder ¡toma un giro de 180 grados! ¿Seguro que es casualidad? —así piensa una madresuegra—.

¿Estará siendo una mala influencia sobre ella?

—Ya no pasa tiempo conmigo. Su tiempo le pertenece a él —o ella—.

Salir del nido es ley de vida. Formar nuestro propio entorno es historia de la humanidad. No espero que Miranda viva conmigo eternamente ni que priorice mi cuidado por encima del suyo propio. Ella tendrá que hacer realidad sus sueños, descubrir el mundo, cumplir sus etapas, acumular sus experiencias, superar sus dificultades, viajar, divertirse, salir, ir a trabajar, cumplir su rutina, aburrirse en casa, descansar. Lo normal.

Solo que desde que decidió tener pareja y asentarse con ella ¡le dedica toda su atención! ¡Ya no tengo hija! —pensamiento de madre-suegra—.

¡Está absorbiéndola y fagocitándola de tal manera que ya no tiene ni un minuto para su madre! ¿Alguien puede entender esto?

—La familia del otro.

Es deseable que, si así lo quiere, Miranda forme una familia y tenga un hogar. Si tuviera que elegir —desde la serenidad de mi ordenador, insisto— cómo me gustaría que se desarrollara toda esa parte de su vida, tengo claro que sería con alguien con quien tuviera una conexión absoluta y con quien pudiera compartir absolutamente todo, incluida su necesidad de mantener su intimidad al margen de la relación —cosa importantísima, por cierto—.

Dentro de todo eso está el entorno —los parientes— de la persona que elija que, evidentemente, tendrán sus valores, sus tradiciones, sus cualidades y sus mecanismos de funcionamiento como sistema familiar.

Con todo, desde que mi hija arrancó esta relación ¡solo existen buenas palabras para ese sujeto y para todo su clan! Los halagos son constantes y parece que yo no existo —reflexiones de madre-suegra—.

¿¿Desde cuándo es más divertido ir un domingo a comer con su gente que con su propia madre??

—Son MIS nietos.

Es posible que Miranda sea madre algún día y, si la vida lo decide, yo seré abuela. Aún no he hecho el ejercicio de visualizarme en ese rol, quizá porque lo veo muy lejano, pero espero que llegue y que tenga la posibilidad de vivir esa experiencia. Supongo que me gustará compartir tiempo con mis nietos y que me comportaré como la mayoría de los abus: seré consentidora y disfrutaré al máximo de estar con un niño sin la preocupación de ponerle límites o reprobarle la conducta —educarle, en resumen—. Seguro que me volcaré en darle caprichos y ser su persona favorita en el mundo, lo que, seguramente, generará algún que otro conflicto con mi hija y su pareja. Es lo que veo que ocurre con Miranda cuando manifiesta que su mayor deseo es pasar las vacaciones con mis padres y vuelve asalvajada de Asturias.

La única diferencia con respecto a lo que yo vivo ahora mismo es que espero no verme actuando y diciendo las cosas que yo ahora escucho.

¡Era lo que faltaba, a mí me van a enseñar a ser madre! Es una niña y esto no es un campo de concentración, ¡no la dejas ni moverse! —frase de madre-suegra—.

Quizá estoy siendo demasiado extrema en mi planteamiento, pero es mi forma de verlo claro y tomar conciencia. Analizo las reacciones de las madres con la llegada de un «ser extraño» y no puedo dejar de imaginar ese momento y anotar cada cosa que considero que puede ser un inconveniente en la relación con mi hija. Ser padres implica acompañar a nuestros hijos en cada una de sus etapas —ya lo he dicho mil veces—. Seguramente, una de las más difíciles sea cuando se emancipan, pero tengo la sensación de que ahí tenemos un sentimiento de orgullo por ver a nuestro hijo convertido en adulto, por lo que conseguimos adaptarnos y ver el lado positivo.

Sin embargo, cuando nos convertimos en suegros, la situación se tercia más difícil. Hay un elemento nuevo en escena —el yerno o la nuera— al que nos cuesta integrar y que es blanco fácil de todos nuestros reproches; le echamos todas las culpas del planeta, incluido el cambio climático —sí, sí, eso también, porque no recicla y mi pobre hija es la que se encarga de esa tarea en casa—. Veo a los emparejados que hay a mi alrededor y observo cómo «los otros» son los responsables de todo lo malo.

Ha cambiado su manera de ser, está silenciad@ porque l@ domin@, me mira mal cuando voy a visitarlos a su casa porque no le gusta que vaya, me hace el vacío, no veo que mi hij@ esté feliz a su lado, está aparcando su carrera profesional porque le ha priorizado... Y eso sin entrar en lo incómodo que resulta lidiar con la familia política.

Miranda tiene menos de diez años y me queda mucho tiempo para practicar el desapego. A pesar de eso, me gustaría no perder el foco y tener en cuenta la cantidad de energía que invertimos desprendiéndonos del papel de grandes gurús para nuestros hijos; debemos mantenernos alerta para no desviarnos. La relación entre padres e hijos es la más importante que vamos a experimentar y, además, hemos estado en la otra cara de la moneda; sabemos qué es ser descendiente. Ahora estamos ejerciendo de progenitores, tenemos experiencia como para no repetir patrones.

Me gusta mucho el planteamiento que hace mi *coach*, Paz Calap, sobre la maternidad. Habla de mi hija como un alma que eligió venir a vivir su experiencia en la Tierra a través de la unión de otras dos almas, la de su padre y la de su madre. Por eso, ambos son importantes y necesarios. Me explica que, una vez hecho el milagro de su nacimiento, ella tiene su propósito y su necesidad de experimentar su aprendizaje —el que sea, el que necesite, el que le toque— y yo debo soltar y confiar. Desde ese momento, arranca su camino y es de su propiedad.

Por otro lado, me recuerda que estoy aprendiendo a ser madre y, por supuesto, no tengo las herramientas para hacerlo a la perfección porque es un desarrollo constante y único. No hay otro ser humano igual a Miranda, por lo que ninguna ley universal tiene que adaptarse a ella. Todas pueden ser válidas o todas pueden necesitar ser moduladas para que le resuenen.

Es una reflexión compleja, a veces no me da las respuestas que busco, pero desde luego, es mágica. Así que me quedo con esto y me pongo a prepararme para todos los papeles que me tocará interpretar al lado de mi hija: madre, suegra, abuela, guía, gurú, amiga, enemiga...

¡Vete tú a saber! Puede que en la adolescencia tenga que ser Angela Channing. ¿Os acordáis de lo mala que era? ¡Pues eso!

> **Nota:** *Por si alguien no se acuerda, hablo de una telenovela estadounidense, Falcon Crest, que se convirtió en un fenómeno televisivo en España en los años ochenta y donde esta señora, Angela Channing, se erigió con el título de la villana más famosa de la tele.*

36

LOS SISTEMAS FAMILIARES Y EL PAPEL DE LOS NIÑOS

¿Cuál es el papel de los niños en los sistemas familiares: protagonista o secundario?

Comentaba en el capítulo anterior que vi a Carmen Maura en una entrevista hablando de cuando era niña. Contaba cómo en su infancia los más pequeños de la casa no tenían ninguna notoriedad o protagonismo en el hogar. Los padres de aquella época vivían preocupados por proveer a su prole como podían —y a duras penas— y no se hablaba en ningún caso de la importancia de dialogar y escuchar a esos seres de luz para ayudarlos en su desarrollo futuro. El cabeza de familia no atendía a casi nada dado que bastante tenía con trabajar de sol a sol para sacar adelante a sus churumbeles que, además, eran muchos. El número de hijos llegaba a cifras impensables hoy en día: cinco hijos, siete, cuatro, diez. Tenían un ejército de bocas a las que alimentar.

El día que la escuché pensé en otra conversación que había mantenido con una amiga bien entrada en la cincuentena. Planteaba la misma idea, pero iba un poco más allá: las conversaciones motivacionales en su casa no existieron y notó sus carencias de adulta, pero la atención que les estamos dando a los niños hoy en día es desmesurada. A su juicio, los más pequeños deben ser atendidos en todas las áreas de su formación —incluido el espectro emocional—, pero deben adaptarse a la vida de los adultos. Los sistemas actuales de organización familiar colocan a los niños en el centro y, según su criterio, es un tremendo error.

Adelanto que no estoy de acuerdo con esa opinión, aunque, como digo siempre, no hay verdades universales. Lo que sí tenemos son refranes y frases hechas. Hay una en concreto que quiero recordar: «las mujeres y los niños primero».

Soy consciente de que se utiliza en entornos de salvación, pero quizá no nos estamos dando cuenta de que es precisamente eso lo que hacemos en un proceso educativo: salvar a nuestros hijos de heridas y sufrimiento en un futuro.

Pero sigamos. Para tener más elementos de juicio —entendiendo que será mi juicio porque pasará mis filtros y haré mi interpretación de lo que he leído—, me he tomado la molestia de leer diferentes artículos sobre lo que es un sistema familiar. Además, no podemos olvidar que este tipo de análisis es actual y no se hacía en los años cincuenta.

Las familias son sistemas que están formados por diferentes miembros, los cuales tienen cada uno su función. Hay una jerarquía que estructura toda la organización y que va definiendo y buscando los caminos. La ejercen los padres.

La meta de todas las familias es garantizar su cuidado, proteger al clan, estimularlo, darle buen trato y garantizar la continuidad de la saga.

Los sistemas familiares y el papel de los niños

Por un lado, los padres se aseguran del alimento, la seguridad de los miembros, su protección y su estabilidad física y mental.

Los niños se encargan de explorar el mundo, solicitar afecto y apego de la figura de referencia —los padres— y control.

En el caso de los adolescentes, además de lo anterior, deberíamos añadir que deben explorar su cuerpo, descubrir nuevas relaciones, nuevos vínculos, intimar con sus iguales, enamorarse, socializar e integrarse dentro de las normas.

En todo este entramado, es esencial que los progenitores garanticen el equilibrio y asuman su papel de líderes y responsables del sistema, lo que supone coherencia en su discurso, constancia, establecimiento de límites, empatía y sensatez en el ejercicio de su poder.

Bueno, no está mal el resumen y nos da mucha chicha para continuar con lo nuestro.

Sin lugar a dudas, la tarea principal que nos toca desarrollar como jefes del cotarro es traer provisiones a casa. Garantizar el alimento y el cobijo de la familia es una prioridad y, por detrás de eso, vienen la estabilidad y demás elementos.

Claramente esa era la obsesión de nuestros padres, dado que fueron hijos de un periodo histórico en el que había cierta escasez y es lógico pensar que, habiendo recibido esa educación y viviendo marcados por ese entorno, no pensaran en nuestras emociones o sentimientos.

Hagamos un ejercicio de memoria.

En mi casa vivía mi abuela. La llamábamos Mamina. Era una mujer muy especial porque desprendía un entusiasmo por la vida apabullante y porque tenía una personalidad arrollado-

El regalo de Miranda

ra. Era una mujer parlanchina, le gustaba socializar y aprender de todo y de todos. Solía decir que «había que estar al día con la juventud» —en su idioma era la manera de referirse a la empatía—.

Habitualmente nos hablaba de su infancia, de su adolescencia, de toda su biografía; fundamentalmente, con la finalidad de mantener vivo el recuerdo de nuestro abuelo, que había fallecido cuando mi madre solo tenía diecisiete años. Recuerdo mis charlas con ella y solo puedo sonreír y sentirme bien. Diría de ella que era «una persona vitamina» —un concepto muy extendido actualmente para referirnos a las personas cargadas de energía constructiva y limpia—.

En este momento estoy reviviendo sus conversaciones, sus aventuras de cuando era niña y no tenía dinero para comprarse un pastel o un vestido, cuando fue reclutada como enfermera en la Guerra Civil y casi le rapan el pelo, cuando nos detallaba la dureza de aquel periodo y las penurias que supuso, cuando se recreaba en su historia de amor y lo difícil que fue sacarla adelante porque él pertenecía a una familia acomodada y ella no.

Lo cierto es que describía una España radicalmente diferente a la que conocíamos, aunque siempre poniéndole un toque de aventura que lo convertía todo en interesantísimo.

Ella, su necesidad de comunicarse a todas horas y su pasión por hacernos partícipes de su fascinante vida, me dieron una dimensión muy clara de las enormes diferencias que había experimentado nuestro país en muy pocos años: de la escasez a la mesa puesta, del hermetismo a la expresión, de la dictadura a la democracia.

Los sistemas familiares y el papel de los niños

Además de ser un relato entrañable de la vida de Mamina —merecería una serie de televisión—, me sirve para concluir que es normal que en esa época no se preocuparan por la salud mental de los más pequeños. Comer es siempre más importante.

Me permite también darme cuenta de que la educación de mi madre estuvo marcada por la necesidad de tener la despensa llena o una casa digna, lo que desembocó en que ella estuviera concentrada en asegurarnos el sustento. Las emociones y temas parecidos no tenían lugar. Ejerció su papel de jefe del sistema siguiendo esas directrices y priorizando lo que entendía fundamental: que sus hijas pudieran vivir sin estrecheces y ser capaz de darles una formación profesional para que pudieran desenvolverse en el futuro con ciertas garantías.

Tiene sentido que la crianza de los niños haya pasado por estrategias distintas. Ellos son los más débiles de la estructura y dependen directamente de las elecciones que hagan sus progenitores en cuanto a las necesidades que se deben cubrir. De ahí que entonces hubiera unas y ahora haya otras bien distintas. El mundo y la sociedad han evolucionado y estamos ante un escenario que reclama y atiende prioridades de otra índole.

Esto se puede explicar aplicando la pirámide de Maslow:

La pirámide de Maslow, o jerarquía de las necesidades humanas, es una teoría psicológica que defiende que conforme se van cubriendo las necesidades más básicas, los seres humanos desarrollan deseos más elevados. Habla de cinco niveles:

—Nivel 1: Necesidades fisiológicas referentes a la supervivencia, como comer, dormir o reproducirnos.

El regalo de Miranda

—Nivel 2: Necesidad de seguridad que tiene que ver con cuidar de nuestra salud física y conseguir recursos materiales como la casa, el coche o el salario mensual.

—Nivel 3: Necesidades sociales que son las que nos proporcionan aceptación social. Son las relaciones de amistad o de pareja.

—Nivel 4: Necesidades de estima que conciernen al reconocimiento propio y ajeno. Estamos ante la necesidad de equilibrio del ser humano y el desarrollo de su autoestima. Supone ganar en confianza, independencia, libertad, reconocimiento, estatus...

—Nivel 5: Necesidad de autorrealización. Es la más elevada del ser humano y llega cuando todos los niveles anteriores se han alcanzado y completado. Es la necesidad psicológica que da sentido a nuestra vida, el nivel en el que alcanzamos la serenidad y, por tanto, la felicidad.

Estamos en un país donde sus ciudadanos tienen cubiertos, en su mayoría, los tres primeros niveles. Dice la Constitución que tenemos derecho a una vida digna e incluye vivienda, sanidad y educación —no entremos en temas políticos, que lo contamina todo—. Por consiguiente, como sistemas familiares debemos concentrarnos directamente en el nivel 4, superarlo e intentar llegar al 5. De ahí que nuestros hijos y su crianza nos tengan pendientes de conceptos como reforzar la seguridad en ellos mismos o mejorar el desarrollo de sus habilidades blandas. En este contexto, ya no nos olvidamos de sus emociones o sus sentimientos porque son exactamente el gran tesoro al que tenemos que darle brillo. Es, como padres, la piedra angular de su evolución.

Los sistemas familiares y el papel de los niños

Volviendo entonces a la pregunta, cuál es el papel de los niños en los sistemas familiares, protagonista o secundario, creo tener clara la respuesta: ellos SIEMPRE han sido los principales motores de un clan. Sin duda de diferentes formas, pero SIEMPRE los más importantes.

Trabajar de sol a sol como hicieron nuestros abuelos o bisabuelos no era por gozo o elección, era para sacar adelante a sus hijos.

En los años ochenta estar concentrada, como lo hizo mi madre, en conseguir que alcanzáramos un título universitario, no era por autorrealización o por ganar en autoestima, era porque entendía que sería fundamental para que nosotras fuéramos autónomas.

En el momento en el que nos encontramos, estar preocupada por lo que siente Miranda o por cómo interioriza las distintas experiencias que va acumulando, no es por sentirme plena, es por darle el mayor conocimiento posible en territorios que se ha demostrado que son cruciales para alcanzar la felicidad.

No sé si mi hija está en un lugar que no le corresponde dentro de nuestra estructura familiar. Quizá me esté equivocando dándole un papel principal en todo nuestro relato y aparcando otras necesidades personales que no deben ser silenciadas. Sin embargo, considero que, como responsable de su acompañamiento en la infancia, es muy importante subir de nivel en la pirámide y que ella y las generaciones futuras consigan, POR FIN, alcanzar la cima y conseguir la medalla de oro, que no es otra cosa que LA FELICIDAD.

Nota: *Tony Robbins,* coach *estadounidense de fama internacional y responsable de guiar en el camino de la motivación a personajes como Oprah Winfrey, Nelson Mandela, Bill Clinton o la Princesa Diana, tiene una frase: «Curad al niño y el hombre aparecerá».*

Se refiere a que, si sanamos las heridas que arrastramos de la infancia, conseguiremos crecer libres y alcanzar el estado que nos pertenece. Me gusta porque, con lo que sabemos, podríamos adaptarla: «Acompañad al niño en todas sus necesidades y el hombre siempre estará».

37

SE BUSCA UN POLÍTICO A LA ALTURA

Lo aviso y así no nos llamamos a engaño. Voy a hablar de política. Sin ánimo de molestar a nadie o colocarme en posiciones de ningún color —derechas, izquierdas, centro, extremo de aquí o de allí—, quiero compartir con vosotros lo que significó para mí el día de la gran reflexión.

Cronológicamente me sitúo en la tarde en la que el presidente del gobierno, don Pedro Sánchez, nos dio la noticia de su necesidad de tomarse unos días de reflexión —cuatro, exactamente— por todo lo que estaba ocurriendo. Era el 24 de abril de 2024. Un juzgado de Madrid había abierto diligencias contra su mujer, Begoña Gómez.

Recuerdo que estaba grabando en un plató de televisión el concurso *El rival más débil*. Se organizó un revuelo en el estudio que no sabía a qué respondía. Hasta que hicimos un corte para recolocar a los concursantes y me enseñaron el famoso tuit:

«…la gravedad de los ataques que estamos recibiendo… la estrategia de acoso y derribo a la que estamos siendo sometidos… en este atropello tan grave… intentar hacerme desfallecer

El regalo de Miranda

en lo personal… soy un hombre profundamente enamorado de mi mujer que vive con impotencia…».

Era una situación muy inusual, nunca vivida en la política española y que generó múltiples reacciones. Durante cinco días, todos los medios de comunicación de nuestro país nos informaban, día y noche, sobre lo que estaba ocurriendo y las diferentes posibilidades a raíz de la decisión que tomara el presidente del Gobierno. Se hacían quinielas, se imaginaban diferentes escenarios mientras los principales protagonistas practicaban el mutismo. Normal, si atendemos al texto que se publicó.

Entonces llegó el famoso lunes en el que todos esperábamos sus declaraciones y una decisión, evidentemente argumentada, fuera la que fuera, y que nos devolviera la paz porque no se hablaba de otra cosa. «Es inadmisible lo que estamos viviendo», «no puede ser la situación de la política en nuestro país», «hay que parar ya», «que se dejen de gaitas y hagan su trabajo». Insisto, toda una suerte de opiniones de todo pelaje.

Ya sabemos cuál fue el resultado. Supongo que a muchos de los que están leyendo estas líneas les pareció bien y a otros, un desatino. Da igual cuál sea el pensamiento. En mi caso recuerdo que el hartazgo me llevó a hacer un ejercicio de reflexión conmigo misma que escribí en el bloc de notas de mi iPad. Y, una vez más, la presencia de mi hija me llevaba a razonarlo todo desde un sentido que no estaba escuchando en ningún medio de comunicación. Comparto aquellas líneas —más bien un testamento— con las que intenté liberarme un poco.

Me gusta escuchar y reflexionar. Es la mejor escuela para el avance. Salir de mis pensamientos únicos e inamovibles es

Se busca un político a la altura

un ejercicio de crecimiento del que solo obtengo sabiduría. Así que, en estos últimos días, me he lanzado al vacío y he abrazado otras dimensiones. Lo cierto es que cuando hago este tipo de ejercicios, procuro no terminar con una conclusión definitiva e inquebrantable. Suelo poner mucho empeño en que sea una apertura a escenarios que no contemplo, y repaso argumentos sobre los que no pongo atención por considerar que tienen poca solidez. Siempre se convierte en una mágica experiencia de aprendizaje porque, simplemente, abren mi mente y me hacen empatizar con otros pensamientos.

En este caso, hay un matiz diferente. En mitad de tanto análisis y tanto ruido, mi cabeza me ha llevado a pensar en mi hija y en la generación que representa. Sus amigos del cole, sus primos, sus compañeros de la clase de patinaje, sus vecinas de la urba… Y viéndolos a todos en mi mente, he sentido que estaba ante una situación que requería un punto y aparte sin negociación ni concesiones.

Todos ellos están viviendo en un país donde se trabaja incansablemente por la erradicación de la violencia en el ámbito laboral, escolar, familiar y público. Es un alivio y un orgullo que hayamos interiorizado que es inadmisible mirar hacia otro lado ante los casos de bullying, acoso, maltrato… en el entorno que sea. Es un descanso que los *Homo sapiens* hayamos despertado, definitivamente, al *sapiens*.

Pero, sorprendentemente, esta generación dependiente de nosotros como padres y educadores vive en una sociedad intoxicada, contaminada y exaltada por una violencia dialéctica que ejerce un sector: el político.

Unos y otros, estos y aquellos, aquí y allá. El insulto y la descalificación son la norma.

¿Es aceptable encender el televisor y ver un informativo donde los representantes políticos de un país democrático se desprecian, se chotean, se atacan descarnadamente y vociferan cuan espectadores del circo romano?

Me he tomado la molestia de buscar las palabras que se dirigen. El listado me despierta una vergüenza infinita: dictador, depredador, genocida, manipulador, sectario, corrupto, inmoral, racista, adultero, antisemita, caudillo, golpista, mongol, sinvergüenza, hijo de puta, traidor, okupa, subnormal, ladrón...

¿Tengo que aceptar que escupan este tipo de improperios en un espacio de representación democrática de un país?

Después de todo esto, es lícito preguntarme si tengo derecho como cabeza de familia a exigir altura política en un juzgado, ¿no? Porque ¿quién está protegiendo a los menores que están expuestos a este sinsentido?

Nuestros hijos estudian en el cole las instituciones del Estado, las funciones que ejercen y la responsabilidad que eso conlleva. Al menos la mía está justo con el control de sociales donde le hablan de Congreso de los Diputados, poder político, jefe del Estado, Senado... Y, al mismo tiempo, coge el mando del televisor, enciende la tele y aparece un informativo. ¡Ojo!, un informativo, no un panfleto calificado para mayores de edad, y se encuentra con este panorama...

¿Con qué autoridad puedo decirle que no utilice determinado lenguaje para dirigirse a una persona después del recital del párrafo anterior?

Se busca un político a la altura

Se nos está hablando de la necesidad de terminar con estas situaciones, a todas luces, impresentables. Escuchamos constantemente la palabra crispación, pero terminan su discurso apelando a la responsabilidad «del otro». Nos invitan a que desaprobemos cualquier conducta de esta índole, pero se olvidan del civismo, la convivencia, la responsabilidad y el ejercicio de la política, del futuro y del ejemplo.

Se olvidan del significado de un sillón en una institución del Estado y la confunden con un taburete en una tasca de madrugada. Se esconden bajo el ruido conjunto y protagonizan espectáculos bochornosos. Todo vale, ojo por ojo.

¿Puede un ciudadano de a pie hacer lo mismo? ¿Se permite a un ciudadano cualquiera colocarse en la puerta de un vecino y dedicarle un muestrario de insultos y acusaciones? ¿Está aceptado que vayamos a las oficinas centrales de nuestra competencia y les gritemos estafadores o ladrones? ¿Alguien educa a su hijo para que insulte u ofenda a un compañero ante cualquier desacuerdo que surja?

Creo que estoy cansada de tanta pantomima, de tanto llamamiento a la rebelión, de tanto mareo y de tanta falta de respeto. Exijo que nos traten como *sapiens* aunque ustedes hayan perdido el juicio hace mucho tiempo. Por último, denme la dirección del juzgado donde puedo manifestar mi desaliento y la necesidad de que protejan a nuestros menores de una violencia absolutamente intolerable.

Ese fue el texto que escribí. Aún no sé por qué, pero me lo pidió el cuerpo. Quizá mi instinto se revolvió a sabiendas de que, en algún momento, lo compartiría con alguien. Aquí está.

El regalo de Miranda

Aquel arrebato repentino que me llevó al bloc de notas de mi tablet a escupir mis pensamientos con cierta desazón tenía una finalidad, aunque, por aquel entonces, no lo supiera.

No obstante, y al margen de lo anterior, hay dos cosas que me resultan curiosas de esa actitud. El motivo y el análisis. Me explico. Siendo sincera, el resorte que me hizo ponerme a escribir fue, claramente, la rabia. La impotencia que sentí viendo a nuestros dirigentes protagonizando aquel vodevil me provocó la necesidad de gritar. Darme cuenta de que mi hija —nuestros hijos— nunca está presente en la mente de quienes toman las decisiones del futuro de un país me hacía sentir mucho desasosiego.

Pero como no soy persona de montar espectáculos, preferí hacerlo sola y en la privacidad de mi tablet.

Lo cierto es que, aunque fuera en la soledad de mi salón, yo estaba muy rabiosa con ellos y con su egoísmo infinito y necesitaba canalizar tanta ira. No pensaba en quién tenía razón o si había motivos para aquel episodio. Solo podía centrarme en mi hija y en los niños de su edad y enfurecerme más aún. No se merecían estar dependiendo de las decisiones de una panda de egocéntricos que solo buscan su beneficio y tener el poder a costa de lo que sea.

Y es ahí donde aparece la siguiente curiosidad. El análisis que estaba haciendo sobre la situación pivotaba exclusivamente en torno a Miranda y su generación. No atendía a mis ideales como ciudadana ni buscaba camaradería con los de mi quinta. Me daban igual los unos y los otros. Lo importante era el nefasto ejemplo y las desagradables formas empleadas por estos señores políticos, que no pensaban en nada más que no fuera salir victoriosos con sus maldades y alterar el ánimo de los vo-

Se busca un político a la altura

tantes para conseguir el seguidismo necesario. Los unos y los otros —no olvidemos el rosario de insultos que se han dirigido y que recogí en mi texto—.

El problema de inicio, el famoso tuit y la carta a la ciudadanía habían pasado a un segundo plano. En los días venideros seguían desprestigiándose en todos los medios de comunicación y continuaban con el mismo juego. Por tanto, no había intención de solucionar nada. Solo mantener la crispación y el estado de tensión entre todos nosotros para que los aupáramos en sus posiciones. No más.

Y lo siento, pero para mí, a día de hoy, hay más.

Carta a los políticos de este país:

> Representan mis intereses y mis ideales, pero, fundamentalmente, espero de ustedes que sean el modelo de persona que es capaz de convenir, dirigir, conducir, encaminar, solucionar… Recuerden también que son un modelo de conducta y un espejo en el que tenemos que mirarnos y, preferiblemente, no sentir que nos invade el bochorno y la vergüenza ajena. Ahora pienso mucho en mi hija y no solo en mí. Es una prioridad absoluta en mi vida. Y, por tanto, esa es la única razón que me va a llevar a las urnas. Empiecen ustedes a pensar en los niños porque, si muchos padres actúan y piensan como yo, no les auguro buen futuro. Les recomiendo que pidan asesoramiento a los Cantajuegos para sus discursos en el Congreso de los Diputados y abandonen la actitud de matones que tanto daño nos está haciendo a todos. Porque, insisto, por ahí no es el camino. E, insisto, me dan mucha vergüenza ajena.

3 8

SER OPTIMISTA
ES UNA OBLIGACIÓN

He pensado que, a pesar de haber hablado anteriormente de conceptos íntimamente relacionados con el optimismo, la importancia del tema es tal que voy a seguir dando la matraca con esto. De hecho, creo que el motivo fundamental por el que mi vida dio un giro de ciento ochenta grados hace unos cuantos años, fue, precisamente, descubrir esta pócima mágica. Salir de la espiral de negatividad en la que vivía y en la que me habían enseñado a caminar es una de las mejores decisiones que he tomado nunca. Es más, estoy pensado que, si me dieran a elegir entre una bonoloto y mi actual estado de felicidad, elegiría, sin duda, la segunda opción.

El optimismo es igual a felicidad. Es imposible alcanzar un estado de plenitud si no eres capaz de ver las grandes bondades que hay en todo. Porque sí, las hay y lo quiero afirmar con contundencia. No me gusta ser tan tajante porque las verdades absolutas siempre encierran alguna trampa, pero, en este caso, prefiero registrar en mi cerebro una afirmación tan exagerada que vivir penando. Claro está que, cuando pasamos por momentos

Ser optimista es una obligación

de enfermedad —tanto propios como de personas queridas—, no podemos alinearnos con esta idea, pero agarrarnos a una distinta tampoco nos dará la solución que necesitamos.

Por cierto, al hilo de lo expuesto, recomiendo seguir en redes a una mujer a la que admiro profundamente porque, a pesar de llevar varios años luchando contra el cáncer, practica esta filosofía. Su nombre digital es @mamasevaalaguerra, todo un ejemplo de fortaleza y, desde luego, de actitud ante las adversidades. Tomo prestada una frase suya que describe a la perfección su visión de las cosas:

«Cuando el corazón está soleado, todas las estaciones son verano».

Por aterrizar el tema y analizarlo con respecto a Miranda, este sería uno de los deseos que le pediría a la lámpara de Aladino con respecto al futuro de mi hija. Los tres serían los siguientes:

1. Que practique el optimismo.
2. Que cultive el agradecimiento.
3. Que ejerza su libertad.

Me resulta primordial conseguir que asimile la importancia de ver lo bonito que hay en todas las cosas. Procuro darle siempre una visión positiva del entorno y de las situaciones. Ver el vaso medio lleno es mucho más inteligente que verlo medio vacío. De eso se trata, de las *verdades inteligentes.*

¿De qué me sirve analizarlo todo desde una mirada limitante y destructiva? ¿Es estimulante afrontar una jornada desde la desilusión o la tristeza? ¿Conseguiré avanzar con la compañía del lamento y de la queja? Las respuestas resultan evidentes, pero, a pesar de eso, las opciones que elegimos suelen pasar por lo contrario. Y ahí es donde cobran su sentido las *verdades inteligentes*. Mantener un diálogo interno en el que solo me hablo de lo negativo —y como resultado únicamente veo los problemas— no es propio de una persona avispada. Me considero rápida, ágil mentalmente, despierta, lista pero, en cambio, me he pasado media vida actuando como una auténtica idiota. He caminado acompañada del pánico a un futuro desolador; he estado interpretando los capítulos de mi vida como auténticos dramas. Me niego a pintarle a Miranda un panorama así. Primero porque no es verdad y segundo porque no tengo ninguna intención de amargarle la vida.

Cuando he vuelto a poner la mirada sobre mi pasado, he descubierto con estupor la cantidad de mentiras que me he ido contando y, sobre todo, lo desagradecida que he sido. Mantenía una actitud con la que solo era capaz de ver las piedras del camino y nunca reparaba en la grandiosidad del paisaje. Era una postura claramente castrante y que me impedía disfrutar del gran regalo que es vivir. Y ¡OJO! ¡Era una actitud aprendida! Así me educaron y así caminé durante muchísimos años. Así que, genio de la lámpara, no te olvides de mi deseo número uno. Yo lo tengo muy presente.

—Miranda, levántate que no llegamos. —Frase de una mañana cualquiera.

—Ay, mamá, de verdad, que tengo mucho sueño. No quiero ir a ningún lado ni hacer nada. Qué rollo. Es un aburrimiento ir a la compra —se queja ella porque no quiere acompañarme a cumplir con las tareas del hogar.

—Vamos, mi vida, que nos espera un día maravilloso y que seguro que viene cargado de sorpresas —digo lanzando un estímulo al más puro estilo «A mediodía, alegría», de Leticia Sabater.

—Sí, claro, muchas. Venga, mamá, que quiero dormir más —insiste.

—Ah, ¿que no te lo crees? Pues yo estoy segura de que en el súper nos vamos a encontrar con alguna amiga, o que después de hacer la compra vamos a ir a algún sitio divertido, o que nos va a llamar Manuela para invitarnos a comer, o que vamos a ir al cine. Pero, bueno, si te quedas en la cama seguro que eso no va a ocurrir. Yo me voy, que no quiero estar aburrida en casa y, mucho menos, quejándome. —Comienza la extorsión.

—Venga, me levanto. Pero ¿vamos a ir con Manu? —pregunta animada.

—Podemos hacer mil cosas. Pero, lo primero, te lo digo siempre, es ¡levantarse con energía y sonreír! Esa es la primera elección y, luego, todas las demás. ¡Sonríe! —La provoco para que lance una mirada cómplice y se cargue las pilas.

—Cómo eres, mamá, ¡estás loca!

Le encanta cuando me comporto así.

Miranda es muy pequeña aún y es fácil persuadirla para que eleve el ánimo. Los niños son pura energía y no les cuesta activarse y entusiasmarse con casi cualquier cosa. Sin embargo, creo que es crucial que nosotros, los padres, mantengamos vivo ese espíritu. Es el mejor entrenamiento para su futuro.

Y, a lo largo de una jornada, tenemos mil situaciones en las que podemos aprovechar para inyectarle la pócima mágica del optimismo:

El regalo de Miranda

—Cuando se quejan por ir al cole y les respondemos que se lo pasarán bien con sus amigos.

—Cuando se ofuscan con los deberes y no atienden a razones, pero nosotros les hablamos de la satisfacción de conseguirlo.

—Cuando se compran una chuche y los invitamos a que la valoren por la suerte que tienen.

—Cuando es fin de semana y les hablamos de la cantidad de tiempo libre que van a tener para hacer mil cosas —incluido aburrirse—.

—Cuando van al médico y se sienten mal y les recuerdas que en unos días se va a sentir superbién y que aprovechen para dormir sin límite.

—Cuando un amigo ha discutido con ellos y les hablas de lo importante que es llegar a acuerdos y lo mucho que van a aprender el uno del otro cuando se arreglen las cosas.

—Cuando han perdido su bloc de notas favorito y les recuerdas que tienen uno muy parecido que quizá haga la misma función.

—Cuando quieren ver la tele e insistes en que es muy tarde y que descansar es la mejor gasolina para despertarse con energía.

Sé que resulta muy naif lo que escribo, pero considero que poner el acento en las posibles opciones que existen, en ver más allá del problema o en concentrarse en lo positivo, es practicar una filosofía de vida ganadora. Además de los ejemplos anteriores —insisto que pueden resultar muy *cringe*—, para practicar el optimismo con nuestros hijos hay que adoptar una determinada conducta: mantener un diálogo que refleje siempre los benefi-

Ser optimista es una obligación

cios, una actitud que se mantenga siempre dispuesta y un pensamiento que siempre sea esperanzador.

A mí me ha cambiado la vida y siento que transmitírselo a Miranda es un gran legado.

Como resultado de esa manera de interpretar los acontecimientos, he sentido un enorme agradecimiento por mi vida y por todo lo que aparece en ella. Entiendo que es un milagro levantarme cada mañana y procuro ser consciente de la valía del tiempo. Dicen que el tiempo es oro, pero yo creo que el tiempo es vida y quiero darle contenido. El metal precioso se acumula y yo no quiero hacer eso con mis días. Quiero exprimirlos y atravesarlos, darles valor y caminarlos.

De eso también hablo con Miranda. Le cuento sobre cuando era joven y cómo, sin darme cuenta, me he convertido en una madre que casi está en la cincuentena. Le hablo del valor de los momentos, de aprovechar los instantes incluso cuando traen dolor. Del gran sentido que tienen los años porque, cuando repasas tu biografía, descubres que todos esos minutos, horas y segundos tenían un para qué; te traían hasta el lugar donde estás. Le pongo muchísima atención. De hecho, voy a contar un juego que nos encanta y que la ayuda a comprender más fácilmente todo esto.

Se trata de «el minuto de silencio». Es muy fácil. Ponemos el cronómetro y nos pasamos sesenta segundos sin decir una sola palabra y, preferiblemente, sin movernos o hacer aspavientos. Calladas, tranquilas y con la mente en blanco, concentradas en el ritmo lento de las agujas del reloj. Parece una absurdez, pero, de alguna manera, se trata de iniciarla en el fascinante mundo de la meditación y entrenarla en la importancia y los beneficios de apagar la cabeza y mantenerla en calma. Así, no solo puedes entender la magnitud de un solo minuto, sino que, además, puedes recrearte en él y darle su valor. Al terminar, suele decirme «Qué paz, mamá». ¡Objetivo conseguido! La serenidad es otro motor para conseguir la felicidad porque, si lo piensas, no sentimos alegría cuando estamos enfrascados en una fiesta. Eso es, en cualquier caso, placer, lo que es distinto a felicidad —no nos confundamos—.

Y, volviendo al tema del optimismo y de la importancia de la interpretación que hacemos de lo que nos ocurre, compruebo cómo Miranda está interiorizando esta forma de mirar las cosas. Lo he observado en varias situaciones en las que yo, a pesar de ser una adulta concentrada en mantenerme en los beneficios y en las ventajas, me dejo llevar por la queja o el pesimismo.

Recuerdo una tarde en la que me plantearon un problema profesional con cierta complicación. Nada definitivo ni determinante —solo la falta de vida lo es—, pero que supuso un mazazo porque no sabía cómo interpretarlo y decidí hacerlo como una agresión, una amenaza y un desafío sin salida.

—Mamá, ¿por qué lloras? —me preguntó al descubrirme desolada por la llamada que acababa de recibir.

—No, mi vida, no lloro, es que me han comentado algo que no me gusta y que me ha afectado mucho. Solo estoy un poco triste, pero no pasa nada, no te preocupes —contesté restándole importancia e intentando que no se diera cuenta de que estaba devastada y no encontraba las herramientas para reponerme.

—No me engañes, mamá, estás muy triste. Soy una niña, pero no soy tonta. Cuéntame qué ocurre.

—Es un tema de trabajo, no lo vas a entender. Tranquila, me repondré y ya está —insistí para que no continuásemos con la conversación.

—Vale, pero ¿no hay solución? Seguro que sí, no te encierres, pregúntale a tu amiga Carmen.

—Sí, ya la he llamado, pero está de viaje y no puede hablar ahora. En un rato me devolverá la llamada.

Con esto confirmé que su consejo era válido porque, en temas laborales, siempre consultaba con ella.

—Ok, ya verás cómo te ayuda. Tú siempre encuentras la manera. No te pongas nerviosa —me aconsejó.

Una vez más, mi hija me demostró que está cargada de sabiduría. Es observadora y sabe que, muy probablemente, mi conversación con Carmen me dé soluciones. Pero, además, me invita a no perder los nervios, porque así no se ven todas las opciones. Con todo, no se olvida de reforzarme diciéndome que soy capaz de resolverlo y que no me recluya, ya que, desde ahí, no hay puertas de salida. ¡Una maestra!

Con su edad es capaz de darme sosiego y recordarme que, con esa actitud, no saldré adelante. ¡Alucinante! Pero aún hay más.

Me gusta salir a caminar y casi todos los días lo hago. Los fines de semana le propongo a Miranda que me acompañe. Un sábado por la mañana íbamos haciendo la travesía y me preguntó:

—¿Por qué has discutido con Uta?

«Uta» es como llama a mi madre desde que empezó a hablar.

—No tiene importancia, cielo, son cosas de mayores —le contesté.

—Pues te he visto un poco enfadada.

—Es que estoy cabreada porque Uta siempre está con sus historias y me vuelve loca. Tenemos una visión diferente y, a veces, Miranda, las madres somos muy pesadas.

No quise entrar en más detalle y generalicé.

—Yo no discuto contigo —afirmó con voz de buena niña.

—¿Cómo que no? ¿Hablamos de esta mañana al levantarte?

—Eso no es importante —dijo sonriendo—. Tú estás muy enfadada con ella, es diferente.

Se hizo el silencio, caminamos un par de minutos y, de repente, Miranda soltó un misil.

—Mamá, una pregunta: si tuvieras otra madre, tu no serías la misma persona, ¿verdad?

¡Bomba de relojería y todo salta por los aires!

¿¿¿Se puede hacer una pregunta más inteligente???

Yo diría que no.

Ese día descubrí que las mil discrepancias que tenía con mi santa madre y las muchas veces que no nos entendíamos no podían enfurecerme ni desquiciarme porque, ¿sería la misma persona si ella no fuera como es, si no hiciera lo que hace, si no dijera lo que dice y actuara cómo actúa? Tajantemente, NO. Ella ha sido mi guía, me ha educado y acompañado durante mis primeros años de vida y, por tanto, en gran medida soy el resultado de todas sus enseñanzas.

Ver las posibilidades, las salidas, relativizar, buscar la luz… Así me gusta vivir después de muchos años de penumbra y así intento guiar a Miranda —parece que con buenos resultados a juzgar por estos ejemplos—. Tengo la certeza de que le será de gran ayuda y, desde luego, le permitirá ser más consciente del gran milagro que es estar aquí. Tengo una alumna brillante porque me devuelve reflexiones muy sabias y estoy convencidísima de que todos los niños podrían darnos clase en esta materia. Pero es importante que les cultivemos el optimismo y los despertemos a la vida, que los guiemos hacia la luz y les enseñemos a descubrir el sol cada mañana —siempre está, aunque no lo veamos—.

¡Ah! Y no quiero olvidarme de mi tercer deseo a la lámpara de Aladino: la libertad. Por mi experiencia, la libertad llega de la mano del optimismo y el agradecimiento. Cuando conseguí, por fin, cambiar mis gafas y elegir las del buen rollo con su dosis adecuada de gratitud, sentí la poderosa llegada de la liberación. Como un reo al salir de Alcatraz.

Al ser conocedora de la existencia de una vida diferente a la que había estado soportando, entré en un *mood* de euforia en el que le daba valor a todo lo que tenía a mi alrededor. Es más, aprendí un ritual de agradecimiento que practiqué durante muchos meses —tengo que recuperarlo—. Me decía: «gracias por el agua con la que me ducho, gracias por la comida que está en mi nevera, gracias por tener un trabajo, gracias por poder discutir en un momento dado porque es sinónimo de tener ideas propias, gracias porque mi hija me desespere con sus deberes porque eso desarrollará mi paciencia, gracias por no tener novio porque puedo dedicar todo el tiempo para mí...». NO, esto último, no. ¡Quiero un novio, pero ya le he pedido todos mis deseos a Aladino! —broma—.

Saber que existe el lado bueno de las cosas y que mi tarea principal es encontrarlo, me ha supuesto abandonar las cadenas y volar hacia lo que me planteo muy ligera de cargas. Es una pasada vivir así, te lo prometo, aunque sea sin novio —broma recurrente—.

Por último, y brevemente, matizar una frase muy utilizada y que solemos emplear para mantener viva la esperanza:

«Tu mejor momento está por llegar».

Ok, seguro, estoy convencida. Pero, cuidado, no te olvides de que ¡YA estás viviendo un gran momento! Lo que tenga venir, bienvenido sea, pero el momento es ¡¡¡AHORA!!!

Grita fuerte conmigo:

¡Tres hurras por el optimismo!

39

SENTIR PRESENCIA

Nunca había hablado antes de esto —ni con mis hermanas, que eran mis compañeras de tropelías—, pero nunca es tarde para hacer algo que puede ser divertido o interesante. En lo que me ocupa ahora es ambas cosas, ya que me permite volver a mi niñez y escribir sobre algo que considero muy importante para nuestro desarrollo y bienestar.

Voy a hablar de algo que no sé si le ha ocurrido a mucha gente. Desde luego, es la primera vez que lo comento. Yo lo recuerdo perfectamente y vuelve muchas veces a mi cabeza. No soy psicóloga —comentario también muy habitual para dejar claro, siempre y de manera honesta, que esto es un volcado de mis opiniones y experiencias y nunca un trabajo académico— así que no puedo calificarlo como trauma o cosa parecida, pero algo debe haber en mi subconsciente que lo mantiene vivo dentro de mí.

El caso es que, de niña, uno de nuestros hobbies era ir por la casa revisando, mirando y contando todas las fotos que había de cada una de nosotras. Todos los marcos que lucían en el salón, las habitaciones, la sala de estar, el dormitorio principal, el pasillo... Mi hermana mayor y yo recorríamos todas las estancias sin dejar ni una. El objetivo era comprobar, en función de la decoración, cuál de las tres hermanas tenía más protagonismo.

Una mía, otra mía, una tuya, otra mía, aquella tuya, esta mía... Lo cierto es que no sabría decir cuántas había de cada una, ni quién salía victoriosa. Eso no lo tengo claro. Entiendo que las tres. Mi madre es muy fan de la frase «los hijos se quieren como los dedos de la mano, cualquiera que te corten, duele». Pero, a pesar de decirlo a menudo —incluso hoy—, nosotras intentábamos buscar indicios y pruebas de que una de nosotras era la favorita.

Ahora lo pienso y me hace mucha gracia. Me resulta muy infantil y me despierta ternura. Pero estoy segura de la importancia que tiene sentirse querido y presente cuando eres un niño. De hecho, es una de las grandes heridas que puedes experimentar de adulto. Que te tengan en cuenta es importantísimo para cualquiera. Necesitamos ser visibles y tener claro que formamos parte del todo, de las estructuras que nos rodean.

Este hobby, a todas luces poco importante, cobró fuerza cuando leí sobre las heridas infantiles y, aunque aún no sé cuáles me corresponden —o si lo sé, me lo quedo para mí—, me hace tener el tema muy presente en la educación de mi hija. Esas heridas infantiles son cinco. No te identifiques con todas porque, al parecer, solo tenemos una o dos.

—Herida de abandono: se da en personas que han experimentado el abandono en su infancia ya sea por fallecimiento o ausencia de uno de los progenitores por divorcio, trabajo, enfermedad... El niño interpreta que ha sido abandonado y entiende la soledad como un enemigo. Son personas muy dependientes, inseguras y con mucho recelo a todo. Les cuesta establecer vínculos con otros y sienten mucho temor a ser rechazados. Lidiar con esta herida requiere un enorme trabajo interior con un intenso diálogo interno.

—Herida de rechazo: aparece cuando en nuestra niñez hemos sido esquinados por nuestro entorno. Pueden ser los padres o la familia, pero también los amigos del cole. Es muy difícil de evitar porque todos tenemos recuerdos de compañeros de pupitre que no fueron exactamente unos angelitos con nosotros. Genera mucho repudio a uno mismo y mucha incomprensión. Tiende a llevar al aislamiento y, sistemáticamente, la necesidad de aprobación para sentirse merecedores. Es difícil curarse, pero la mejor medicina es dejar de vivirlo todo como algo personal y empezar a entender que la vida lleva sus códigos y sus ritmos sin depender de nosotros.

—Herida de humillación: aparece cuando te han tratado con mucha dureza en tu infancia. «Eres torpe, eres malo, eres un mal deportista...». Es posible que aparezca, también, si el entorno habla abiertamente y sin pudor de la privacidad del niño. Airear los problemas de los más pequeños no es una buena idea. Son niños, pero, al igual que a los adultos, no les gusta que se hable de ellos ni de sus cosas. Ser prudente con su vida es de vital importancia. El resultado de una crianza así es muy cruel, dado que arrastrará una necesidad enfermiza de ganarse el afecto de los demás. Estarán al servicio de cualquiera antes que de a sí mismos. Se hacen cargo de los problemas del mundo y de la humanidad, y quedan asfixiados al mirarse dentro y ver cuáles son sus necesidades. Además, sienten un gran ridículo por ser como son, sienten la burla real o imaginaria y la desaprobación constante. Trabajar para ser consciente de todas sus virtudes será su asignatura pendiente en la edad adulta.

—Herida de la traición: surge cuando el niño se siente traicionado por uno de sus progenitores. Mentirle o no cumplir las promesas y compromisos adquiridos despierta en él una actitud de desconfianza. Se convierten en personas controladoras y dominantes con el único fin de protegerse y evitar ser estafados. Suelen tener un carácter muy fuerte y responder con agresividad ante cualquier circunstancia. Son extremadamente posesivos. No permiten perder cuando consideran que algo es suyo. Es complicado superar algo así, pero estoy segura de que la madurez siempre viene acompañada de consciencia y, por tanto, de capacidad para mirarse al espejo y detectar rasgos tan extremos y desagradables.

—Herida de injusticia: los hijos de padres autoritarios o distantes emocionalmente suelen desarrollar esta herida. Vivirán una infancia volcados en complacerlos y salir airosos de la auditoría a la que sienten que los someten sus progenitores en el día a día. Sentirán que están siempre bajo la mirada y el escrutinio de los demás, de ahí que, en la edad adulta, se traduzca en personas a las que les cuesta relajarse o pedir ayuda. Suelen tener caracteres inflexibles y obsesivos. Es evidente que curarnos de la injusticia supondrá trabajar muy duro en el desarrollo de la tolerancia, la confianza y la paciencia. Se debe intentar abandonar el control para abrazar la certeza, la seguridad y la empatía.

Podría explicar más detalles sobre un tema tan apasionante, pero hay mucha información y muchos libros al respecto. Simplemente quería hacer un pequeño resumen para tenerlo presente y, por qué no, hacerme un poster y colgarlo en mi casa con la enumeración de las heridas —ironía—. Le preguntaré a mi psicóloga si es una buena idea —nuevamente, ironía—.

Sea como sea, los seres humanos aprendemos a interpretar el mundo en los primeros años de vida. En nuestra particular interpretación de la realidad nos influye todo, incluida nuestra forma de ser. De ahí que el mismo hecho pueda ser interpretado de forma diferente por cada uno de nosotros en la infancia. Las experiencias y el cómo las interiorizamos van dejando huellas en nuestro carácter y, a veces, son difíciles de superar.

Hay un libro, *El cuerpo nunca miente*, de Alice Miller, donde, a través de la biografía de personajes como Woolf, Joyce o Proust analiza las consecuencias de la negación o el desconocimiento del sufrimiento infantil. Habla de cómo salir de ese círculo vicioso y nos ayuda a entender cómo el cuerpo llama nuestra atención y nos da pistas para detectarlo y superarlo.

Y por volver a mi camino y a mi libro —a lo Paco Umbral— intento tener las cinco heridas muy vivas en mi mente. No me refiero a cultivarlas y a hacerlas sangrar; no estoy hablando de mí ni de mi Luján niña. Me refiero a que procuro estar muy pendiente de cuando Miranda me habla de cosas importantes para ella o que le han dejado algún impacto. También procuro

El regalo de Miranda

mantener un diálogo tranquilo para saber qué está pasando por esa cabecita.

Me ha enseñado una neuropsicóloga infantil, Pilar Vecina, qué preguntas hacerle:

¿Cómo te sientes?
¿Tú cómo lo ves?
¿Cómo lo has interpretado?
¿Qué lectura haces de lo que ha pasado?
¿Qué importancia le das?
¿Qué emociones crees que sientes y por qué?

Y así, poco a poco ir liberándose de «eso» que le ha dejado huella en su mente para deshacer los nudos que se hayan podido formar.

No siempre es fácil que se concentre en una conversación de este tipo. Por eso creo que es una carga muy dura y soy fiel defensora de una asignatura obligatoria en los colegios impartida por especialistas que puedan, desde la profesionalidad más absoluta, ayudar a nuestros hijos a encajar todas las piezas del puzle de la vida. Podemos tener buenísimas intenciones e intentar por todos los medios ser los mejores padres, pero carecemos del conocimiento y las herramientas necesarias para que eso sea así. Una sociedad emocionalmente sostenible es la garante de un mundo de entendimiento y de evolución.

Estamos viviendo un tiempo en el que las enfermedades mentales han cobrado mucha fuerza y se han hecho muy presentes. Por suerte, empezamos a dialogar sobre los efectos devastadores de una mente en explosión y la necesidad de estar en calma y serenos. Somos un país consumidor de todo tipo de medicación para conciliar el sueño o controlar la ansiedad. Creo que sería absolutamente crucial que nos planteáramos de una vez por todas la importancia de educar y acompañar en el descubrimiento del ser. Ese es el gran aprendizaje y, desde luego, el gran compañero de viaje a lo largo de nuestra vida. Convivimos hasta nuestros últimos días con nosotros mismos y con nuestras mierdas —perdón por la palabrota, pero es así—. Ser capaces de detectarlas y sacarlas de dentro es el mejor legado. Ni álgebra, ni historia, ni química, ni Kumon...

Por cierto, ¿contar las fotos de mi casa era resultado de alguna herida que nunca detectamos? La verdad, no tengo ni la más remota idea. La próxima semana, le pregunto a mi psicóloga.

40

TÚ SÍ QUE VALES

No hace muchos años, había un programa en televisión que se llamaba así. *¡Tú sí que vales!* Era un *talent show* donde los concursantes acudían a demostrar su destreza en determinadas artes y un jurado los validaba con la frase «tú sí que vales» o volvían a su casa con su talento y sus ilusiones en el bolsillo. Era muy divertido y tenía una gran acogida por parte del público. Se trataba de un entretenimiento blanco y familiar. Un gran éxito que estuvo en pantalla varias ediciones y dejó huella en los espectadores.

Una de las cosas que más me preocupan con respecto a la educación y al desarrollo de Miranda es que encuentre su camino sin que se sienta presionada por lo que piensen los demás o, incluso, por los juicios de valor que se vaya construyendo sobre ella misma. Confieso una vez más que, para mí, hacer realidad mis sueños en el ámbito de lo profesional fue muy complicado. Plantear que mi relato de vida pasaba por dedicarme a la comunicación tuvo muchos detractores. Era otra época y, hoy en día, comprendo las reticencias. Sin embargo, mantenerme firme en mi deseo y hacerlo realidad supuso mucho dolor y mucha angustia. Tuve fuertes dudas de si era una buena idea y, fundamentalmente, si sería capaz de convertirme en aquello que había imaginado en mi cabecita. Escuché tantos «noes» y me cuestionaron en tantas ocasiones que, en el acompañamiento de mi hija, priorizo de manera inconsciente y constante alimentar su autoconfianza. Le hablo en multitud de ocasiones de sus aptitudes, de que sus posibilidades son casi infinitas.

Hay un campo de sabiduría que no tuve la suerte de descubrir hasta llegada la cuarentena —que coincide con el momento de mi proceso de crecimiento personal—. Sobre este tema, también pongo mucha atención. Se trata del sentido de posibilidad.

Cultivo en mi hija la posibilidad y el entusiasmo cada día. Considero un gran legado para ella grabarle la idea de que, en todo, hay posibilidad. Soy consciente de la diferencia entre «todo es posible» y «en todo, hay una posibilidad», y creo que este matiz es crucial.

Quiero decir que no se trata de que se piense que verá un unicornio pasar cualquier tarde por nuestro jardín porque todo es posible. Lo que intento es plantearle una vida en la que las metas que deseamos alcanzar siempre tienen posibilidades de éxito y hay que ejecutarlas con responsabilidad y determinación. El resultado lo veremos con el tiempo. El fruto de nuestro trabajo aparecerá con los años y la sensación de haber obtenido un triunfo creo que está garantizada porque el esfuerzo y la confianza son grandes generadores de emociones positivas —y eso es un tremendo éxito, ¿no crees?—. Nunca nos sentimos poderosos después de una tarde tirados en el sofá, pero sí después de correr una maratón. De ahí que acostumbro a manejar con ella

El regalo de Miranda

todos estos conceptos. Parece una utopía tratándose de una niña tan pequeña, pero este tipo de diálogo es posible.

—Miranda, ¿vas a ir a jugar al parque esta tarde? —le pregunté un día cualquiera.

—No, hoy no, no tengo ganas —me contestó con poco ánimo.

—¿Te pasa algo? Te noto disgustada.

—No, lo que pasa es que van a jugar a las carreras de patines y yo lo hago fatal. Así que no voy —comentó resignada.

—Ah, pero pensaba que te encantaba patinar…

—Sí, pero jugar a carreras no quiero porque yo soy malísima y ¡paso! —afirmó con cierto dolor.

—De todas formas, se trata de pasarlo bien un rato y, además, así sigues practicando. Cuando te des cuenta, habrás entrenado tanto que te convertirás en una superpatinadora. Quiero decir, cielo, que sales ganando en todos los casos. Y, por cierto, ¿quién ha dicho que no patinas bien?

—Llevo todo el año yendo a clase de patines y no voy a conseguir hacerlo tan bien como Claudia.

—Pero ¿es una prioridad para ti patinar de manera excelente?

Aquí es donde le planteé, también, el tema de las prioridades.

—Tampoco es lo más importante de mi vida, mamá, pero no me gusta hacer mal las cosas o que mis amigas vean que soy lo peor —reconoció ella.

—No sé si te estás dando cuenta de que te estás limitando por un exceso de perfeccionismo y supuesta falta de talento. Si no lo reflexionas bien, al final lo único que consigues es perderte una tarde divertida con tus amigas por miedo y por lo que piensen los demás. E, insisto, tampoco mejoras porque no te pones a ello, ¿me entiendes?

—Sí, un poco. Y ¿qué hago? —me preguntó un poco perdida ante una situación complicada.

—Piensa realmente qué te está pidiendo el cuerpo. Si te pide ir, vete sin plantearte nada más. Estoy segura de que sabrás ver si este tema es importante para ti y si quieres avanzar y practicar más. Ten confianza en que conseguirás hacerlo muchísimo mejor si lo decides, pero, sobre todo, disfruta y mantén el entusiasmo. Darle tanta importancia o prioridad a tu inseguridad solo te resta capacidad para desarrollarte más.

Intenté que no se concentrara en sus debilidades y se centrase en la posibilidad y en mantener la ilusión.

—Vale, iré.

—¿Quieres que te cuente una cosa de cuando yo era pequeña? —Un cotilleo siempre funciona.

—Sí, sí, mamá, ¡por favor! —exclamó totalmente entregada a repasar mi infancia conmigo.

—Mira, cuando vivía en el pueblo jugábamos al frontón en la plaza de la iglesia. Todas las niñas lo hacían genial y a mí me costaba muchísimo. Eso y el tenis; era un horror cómo manejaba la raqueta. Pero un día me planteé que sufrir todo el tiempo por no hacerlo como ellas no me permitía estar tranquila para aprender y ser más hábil. Pensé, además, que por qué yo no iba a conseguirlo si tampoco era tan complicado. Tenía dos opciones: intentarlo y ver qué pasaba o no intentarlo. Le pedí a una de las niñas mayores que me ayudara y, al cabo de dos meses, no te imaginas lo que mejoré. ¡Gané partidos! Siempre hay una posibilidad de que las cosas salgan bien. ¡Siempre! Solo que, si no lo intentas ni buscas la manera, nunca saldrá.

El regalo de Miranda

Ya hemos hablado anteriormente de cómo, a veces, sin darnos cuenta metemos a nuestros hijos en una espiral de perfección y búsqueda del éxito que no les ayuda. Plantearles ser los mejores o buscar siempre alcanzar el número uno puede mermarles en otras facetas de su vida. De ahí que considere fundamental hablar con ellos a menudo sobre cómo avanzar en la vida buscando sus verdaderas metas y disfrutando a la vez de otros caminos que, en principio, no los llevan a ese destino, pero sí a otro igualmente importante: DISFRUTAR.

Mantener una energía positiva y la mente abierta ante cualquier cosa nos permite sacarle el jugo a todo. Además, nunca se sabe dónde encontraremos una actividad o disciplina en la que nos sentiremos plenos y donde todo cobre sentido. Será seguramente con esa con la que desees crecer en el futuro.

Considero importantísimo practicar constantemente la actitud de apertura. Me refiero a entregarse a las cosas sin miedos ni coacciones. Pensar en si tenemos talento o no puede ser un enorme limitador a la hora de descubrir habilidades. Todos estamos dotados de capacidades y todos podemos sacarles brillo. La diferencia está en la decisión que tomamos y la confianza que depositamos en la realización de ese sueño. Todo es posible porque en todo hay una posibilidad; a lo largo del camino irás descubriendo más pistas que te llevarán a la siguiente toma de decisiones. No creo que tenga más secreto que ese. Sin embargo, nos enfrascamos en conseguir las cosas con demasiada inmediatez o a criticar nuestra falta de destreza a las primeras de cambio. Y esa actitud nos lleva a la desesperanza y al abandono. O a la frustración, que es peor aún.

Vivimos en una sociedad altamente competitiva y resultadista. Ponemos la mirada en la excelencia y en correr desesperadamente hacia la brillantez. Si no destacamos, abandonamos o nos culpamos por no hacerlo, serlo, tenerlo o conseguirlo. Nos apegamos al dato, a los logros que obtenemos; nunca disfrutamos del proceso. Somos yonkis de los resultados.

Hablamos mucho de meritocracia, pero únicamente en su sentido menos rico. Me explico. Lo simplificamos a virtud, esfuerzo y excelencia de las personas sin reparar en que significa también merecimiento. Detrás de esta última acepción se esconde un gran significado.

El mérito lo tienen aquellos que lo intentan sin cesar, aquellos que insisten y persiguen sus ideales o sueños. En ese camino de búsqueda y de realización van forjando y entrenando su destreza, de tal modo que se van convirtiendo en excelentes. Las posibilidades de alcanzar lo que desean se multiplican y aumentan sus opciones de ganar la partida. Hay un enorme aprendizaje y, por tanto, siempre tienen un saldo positivo a la hora de valorar la experiencia. Sin duda, tendrán un conocimiento exhaustivo y podrán usarlo en un camino u otro, siempre en la línea de sus ilusiones primeras. No veo pérdida por ningún sitio ni, por supuesto, fracaso. Veo enriquecimiento y, en conclusión, crecimiento.

Hay una frase que me rechifla: «El que no insiste, desiste, y ahí es cuando perdiste». La he convertido en un mantra. Me ayuda a mantener la esperanza y a cultivar la paciencia en la obtención de resultados. Ha traído mucha paz a mi vida profesional y me ha regalado grandes éxitos en estos últimos años.

Que alguien te diga «tú no vales» no te incapacita, no te lleva a la casilla del «no». Lo hace el hecho de creerte que eso es así y dejar de intentarlo. Pueden decirte muchas cosas y puedes

El regalo de Miranda

recibir muchas opiniones. La cuestión está en qué haces con esas apreciaciones y pareceres absolutamente subjetivos. No podemos consentir a los demás que decidan sobre lo que somos o podemos ser. Es un error perder la inmensa fuerza de la ilusión por palabras vacías del entorno. No nos conocen, en consecuencia, no pueden saber cuán grande es nuestro poder.

Hablé en un capítulo anterior sobre las opiniones de los demás. Insisto en ello. No me define el entorno. No me determina el entorno. No decide sobre mi vida el entorno. No soy permeable a la toxicidad del entorno. La verdad siempre está en mí. Si además le añado entusiasmo e ilusión, tendré una combinación perfecta, porque me convierte en indestructible.

Ojo, que esta actitud es mágica en cualquier faceta de la vida. Vivir agarrado al entusiasmo es vivir anclado en el optimismo. Piensa en los beneficios que te reportaría levantarte cada mañana con las gafas del buen rollo; saltar de la cama sabiendo que, pase lo que pase, será bueno para ti.

Ya sé que ese sería otro tema que podría abordar, pero creo que es fácil entender que con las gafas adecuadas todo cobra sentido; todo viene para contarnos algo y darnos alguna pista de por dónde tenemos que avanzar. Abraza el hoy y todo lo que trae consigo. El mañana te dará las respuestas y te aseguro que te van a gustar. Confía.

POR CONCLUIR...

Poner punto final a esta suerte de reflexiones y anécdotas me resulta complicado porque cada día hay un escenario nuevo junto a mi hija que quiero compartir. Sin embargo, en algún momento hay que parar. Otra gran frase:

«Para que cosas nuevas lleguen a tu vida, otras tienen que salir».

Así que, por mucho que disfrute escribiendo, ha llegado la hora de concluir. He pensado que sería una buena idea recoger una suerte de lecciones que me resuenan con fuerza y de las que tiro habitualmente para seguir hacia adelante. Un listado claro y conciso de «normas» que procuro respetar para no salirme del guion —y, aunque me salga, procuro tenerlas muy interiorizadas para regresar pronto si se produce el desliz—. Iré volcándolas según van apareciendo en mi cabeza porque creo que, de esta forma, de manera inconsciente, mi mente irá seleccionando las que considera fundamentales.

Son las que procuro trasladarle a Miranda para que las tenga muy claras en el futuro. Es una especie de manual de uso, inclu-

El regalo de Miranda

El fracaso es parte del camino hacia el éxito, nunca lo opuesto al éxito. Para alcanzar tu meta irás desechando caminos. No hay más. Vive los momentos de tensión y de lucha como el regalo que son; recuerda que vienen a darte lecciones muy útiles para el futuro, nunca para limitarte o inmovilizarte.

La perfección es una amiga dañina y poco generosa. Hay otros amigos que te serán más útiles. Entrégale tu corazón al progreso, ese siempre responde los wasaps.

Séneca dijo: «Sufrimos más en nuestra imaginación que en la realidad», así que ríete de los monólogos o telenovelas que te vaya planteando tu cabeza. Tu eres muy temática, así que seguro que harás grandes guiones. Ríete con ellos y no les des trascendencia. Son relatos imaginados.

Es importante que no olvides que la verdad y la sabiduría no pueden enseñarse, solo pueden mostrar el camino que conduce a esos destinos. Tú tendrás que transitar por ellos sola, sin gurús ni maestros. El maestro de tu proceso de vida eres tú y sabrás avanzar. Ya verás que cuando conectas con tu verdad, te liberas.

Lleva cargada la cantimplora del optimismo todos los días. Protégela y no dejes que se evapore.

Cielo, es un poco *cringe* lo que voy a exponerte, pero es importante. Las personas pueden ser moscas o abejas. Las personas mosca siempre encuentran, estén donde estén, la mierda en la que apoyarse, aunque estén en un entorno cargado de belleza. Las personas abeja reposan en la miel, en las flores, en lo hermoso. Rodéate de entornos saludables.

La relación más importante que vas a tener en tu vida es la que mantienes contigo misma. Perdónate, quiérete, cuídate y sé amable contigo. Tu alma es tu luz y debes sacarle brillo.

Por cierto, no te olvides de lo importante que será estar en paz y serena. Para eso valida tus sentimientos, todos, sean cuales sean, pero no tardes mucho en aprender a lidiar con ellos, darles su casilla dentro de ti y mantenerlos a raya cuando se desbocan. Nunca pasará nada si tú no les permites que se revolucionen y te organicen un motín. Son buena gente, pero les gusta, a veces, dar la lata.

Y aunque parezca que nunca termino, es porque hay otro ingrediente más con mucha magia: el agradecimiento. No puedo concluir sin agradecerte a ti, Miranda, todo lo que vivimos juntas y la cantidad de cosas que vamos descubriendo —y en mi caso también redescubriendo—. Hemos comentado muchas veces lo importante que es ser agradecido con cada detalle y cada persona que nos ilumina y nos da energía. Tú eres la mayor energía que he sentido nunca y un buen impulso en el trayecto; una buena patada en el culo —perdón, hija, se me escapó—. Ojalá sigamos compartiendo lecciones de vida porque eso será señal de que seguimos en modo apertura y estamos apasionadas con crecer y avanzar.

Y, por último, me despido con un deseo: te deseo que seas muy tú vibrando en tu propio pentagrama.

Con amor, tu alumna,

Mamá

AGRADECIMIENTOS

Me gustaría utilizar este espacio —como se hace en la mayoría de las publicaciones— para hacer un listado de las personas que me han ayudado o han sido responsables del nacimiento de este libro y la historia que contiene. Sin embargo, a todos ellos quiero pedirles perdón porque he decidido que, únicamente, voy a agradecérselo a la protagonista. Considero necesario darle todo el espacio a Miranda —siento mucho que sea así—. Sin ella nada de lo que aquí se recoge hubiera ocurrido y sin ella, nada de lo que planteo se me hubiera pasado por la cabeza. Y ya que estamos, es un lugar y un momento perfecto para agradecerle que esté cada día en mi vida, preocupada y ocupada en escucharme y atender mis regañinas o consejos. Aunque, si me ajustara a la realidad de manera objetiva, son muchas las ocasiones en las que el aprendizaje es unilateral —de ella hacia mí—. Ya lo he expuesto en el libro, pero son tantos los momentos, que es imposible recogerlos en unas páginas. Son días y días de estar juntas, compartir correrías y conversaciones eternas. Por cierto, las últimas que mantenemos —y ya no me da tiempo a reflejar-